わたしの旅ブックス
047

花嫁を探しに、世界一周の旅に出た

後藤 隆一郎

産業編集センター

東アフリカに位置するソマリアは、今回選んだアフリカ縦断ルートで一番の危険地域だ。

1991年の内戦により国土が三つに分断され、事実上の無政府状態が続いている。南部に位置する連邦政府「ソマリア連邦共和国」、1998年自治宣言した「プントランド」、旧英領の「ソマリランド共和国」に分裂し、この三つの地域で内戦が起きている。

また、ソマリア半島に面するアデン湾では多数の海賊行為が報告され、その大多数がプントランドから出撃していることが、米国の無人偵察機や衛星写真などから判明している。

さらに、ソマリア連邦共和国が支配地域としている領域内には、アルカイダとも繋がりがあるイスラム勢力アル・シャバブの支配地が内包され、テロ活動が頻繁に起きている。外務省の危険度マップでは全域が最も危険なレベル4で、渡航禁止勧告が呼びかけられている。俺は数週間のリサーチの末、エチオピアの首都アディスアベバから、東部にあるソマリランドとの国境の街ジジガを目指すことにした。

出発前にバックパックの荷物や必要書類を再点検した。気づくと窓の外は暮れていて、夜の9時を回っている。いよいよ明日、ソマリランドへ向けて出発する。ほとんど情報がない未知の国。無政府状態の未承認国家。謎の独立国家へと。

しかし、その前に俺にはやり残したことがあった。ソマリランドへ入国する前にやらねばならぬこと。それは、遺書を書くことだった。今回だけは生きて帰れる保証はない。ここ最近、ＳＮＳもあまり更新をしていない。アフリカ大陸縦断の旅では数え切れないほどの危険な目にあって来た。
それらを武勇伝のように公開すると日本にいる家族や友人に心配をかけてしまう。それを避けるため情報をセーブしていた。しかし、今回だけは最悪なケースに備え、今の気持ちなどを文章として残しておこう思った。まずは誰に書くかをリストアップした。両親・家族・友人・お世話になった人。そして、最愛の人。考えれば考えるほど名前があがる。名前をあげては消し、あげては消しを繰り返した。これではきりがない。まずは母に宛てて書くことにした。

「お母さんへ
この手紙はエチオピアの首都アディスアベバのタイトゥーホテルというところで書いています。これから、ソマリランドという国に行きます。お母さんにこのことを話したら、直ぐに帰ってきなさい。そんな危険なとこに行ってはダメですと言うに違いありません。だけど……」
筆が止まる。母の悲しむ顔が頭に浮かぶ。小さい頃からいつも俺の味方をしてくれた優しい母。そんな大切な人を悲しませてまで行く必要が、本当にあるのだろうか？　そもそも命を賭けてまで旅する意味って？　ずっと悩んできた疑問が突きつけられる。そして、俺は未だその答えを見つけられずにいた。今だったらやめられる。〝全ては自分自身の選択〟ということはわかりすぎるくらいわかっていた。

花嫁を探しに、世界一周の旅に出た
目次

第1部 世界一周花嫁探しの旅

第2部 風の旅人

0章　おじさんが旅に出る理由

45歳のおじさん人生初めてのバックパッカー

晴天の霹靂だった。

「ねぇ、あんた、わかってるよね」

２０１５年３月。45歳の俺、39歳の妻。

「ここにハンコだけ押してくれればいいから」

結婚して8年目の俺たち夫婦には子供がいない。テレビディレクターである俺は、家庭を顧みず狂気じみた勢いで仕事に集中していた。

なぜ？　そんなに？　番組作りにはそこまでのめり込んでしまう程の物の怪がいる。

常に世の中を観察し、時代に寄り添わなければならない。

テレビ業界の人は言った。

「後藤さん、逝っちゃってるよね」

〝逝っちゃってる〟は、どこまでもクオリティを追求する作り手が揶揄される業界人の褒め文句。

そう呼ばれる自分にどこか酔ってしまっていた。そして、そのナルシズムの影に隠れていた大切なこと。

妻のさみしさに気づいてやれなかった……。

小さな制作会社を経営していた。俺が演出家で妻が経理と総務。2人でなんとか切り盛りして、結婚生活も会社も8年目。ずっと支えてくれてきた妻からの三行半。女の別れの言葉には覚悟があった。

離婚の書類は完璧。

3ヶ月の別居後、妻にもう一度離婚届にハンコを押すように迫られた。もうどうしようもないところまで来ている。ぶるぶる震えながら、自分の名前を書いた。

「何それ？　後藤隆一郎の文字が青いよ」

「え？　あ、三色ボールペンの青で書いた」

書き終わって初めて気づく、三色ボールペンというミステイク。何をやっているんだ俺は……。妻の文字は黒くて綺麗。後藤隆一郎は青で下手クソ。チグハグな感じが2人の関係を物語っていた。

「青で書いちゃった。……ってことは、無効かな」

「青でも役所は大丈夫」

「いや、おかしいって。青だよ。最後の文字が青だとおかしいって」

「……大丈夫。これ、出しとくね」

妻は冷静だった。

これがテレビに人生をかけた男の顚末である。世の中を笑わせる？　楽しませる？　ははは。目の前の妻の気持ちがわからない。自分のことしか見えてない。そんな奴の創るものに価値はあるのか？

45歳の7月、俺は離婚届にハンコを押した。それから1週間後、役所から離婚通知書が届いた。自信を失った。何もする気が起きない。離婚のダメージはボディーブローのように効いてくる。あの日の残像が何度も脳裏をよぎる。別れ際の妻の涙。

なぜ……？

酒を飲み、荒れた。そのうち、立ち上がることができなくなった。

テレビディレクターにとって、8月は年末年始特番のための企画をブレストし、企画書を書かなければならない大切な時期。年末年始の特番が面白く視聴率が良ければ、次の春のレギュラー番組を獲得するチャンスである。毎年、放送作家と鬼のように打ち合わせをし、企画書を提出する夏合宿を続けていた。だけど、今は全く創作意欲が湧かない。

「大切な人を悲しませる男に、人様を楽しませるモノを創る価値はない」

「天才・たけしの元気が出るテレビ!!」から始まった俺のテレビ業界。「カッパが出た！　探索してみよう」のようなシュールな笑いが好きだった。「トリビアの泉」をやっていた時も、毎日24時間、雑学と笑いを追い求め、テレビのことだけを考え続けた。テレビディレクターという職業は25年以上。人生で一番長くやり続けたこと。それは、唯一のアイデンティティーだった。

なのに企画書を書くのをやめた。自分に元気がないのに世の中の人を元気にさせる自信がない。

「おれ、だれ？」

心の声が話しかけてきた。

「きみ、なにもの？」

自分探し？　する？　ベタに？

それから数週間、友達や仕事仲間にセルフポートレートを作っていると嘘をつき、自分のダメなところを聞いて回った。いつもの調子で酒を飲み、冗談めいた会話で盛り上がる。しかし、家に帰り1人になると皆の言葉が胸の奥に突き刺さり、深く考え込んでしまう。まるで自傷行為でもしているかのようだ。今考えると、本当は悩みのない静かな世界に踏み込むきっかけが欲しかっただけなのかもしれない。

妻が家を出る日、彼女にある質問をした。それは、皆にしたのと全く同じ質問である。

「俺を漢字一文字で例えると、何かな」

「何、それ？」

「いや、セルフポートレート作ってるの」妻は明らかにあきれている。

「で、何？」

妻は深く考え込む。俺はそれをじっと観察する。そして俺は、その様子を一眼レフで撮影し始める。

それを見て、さらにあきれる妻。

「『奇』かな」

「え？　奇人の『奇』？　実は、俺が親父を漢字一文字で表すなら『奇』なんだよ。同じだ。遺伝って怖いな。奇人と住むの、大変だよね。やっぱ」

「……そうだね」

「だよね。奇人の『奇』か。そうだよね。大変だよね、うん」

「でもね……」

妻は静かに言葉を添えた。

「あなたの『奇』は奇跡の『奇』だよ。あなたまた、奇跡を起こすかもしれないじゃん。今まで何回も奇跡起こしてきてるし」

優しく笑う妻。

「……俺のこういうとこが、ダメなんだよな」

「うん、そうだね」

妻はまた、優しく微笑んだ。そして、涙をこらえ、目を腫らし、家を出て行った。ドアの閉まる音が聞こえる。茫然自失。何も考えられない。妻のいない部屋は静かだった。

その夜、フランスのコメディ映画『奇人たちの晩餐会』を観た。涙が溢れてきた。

「俺だって、好きで奇人やってるわけじゃないんだよな……」

45歳の奇人は傷ついた。人の気持ちがわからない奇人。思いやりのない奇人。〝逝っちゃってる〟という言葉に酔っていた奇人。飯を食う元気もない。無気力。人生なんてどうでもいい。奇人は10キロ痩せた。

1ヶ月間ほど鬱状態が続き、酒の飲み過ぎとストレスで突然、痛風が発症し、歩けなくなった。心の痛みに体の痛みが加わり、中世ヨーロッパ時代の「拷問」を受けているようだった。

8月下旬、家を出て目黒の街を散歩することにした。ベッドの上でずっと天井だけを見つめる日々が2週間ほど続くと、流石に気が狂いそうになった。このままではやばい。医者に軽い運動を勧められたのもあり、松葉杖をついて外を歩いた。その日は晴天でまだ夏の暑さは続いているが風もあり心地良い。松葉杖で右足を庇いながら、目黒通りの権之助坂を下る。その道は妻とよく歩いた道で、休日に一緒に通った目黒シネマの横を通り過ぎた。坂の下には大鳥神社があり交差する山手通りを渡った道沿いにはお洒落な家具屋が沢山ある。そのコースは休日の散歩に丁度よかった。しかし、その日は家具屋の方に行かず、手前にある目黒川の遊歩道を右に曲がった。川沿いの遊歩道を歩くのは初めてだ。街路樹に覆われた緑の道は、真夏の太陽の光で歩く人に活力を与えているように感じた。しばらく歩くと、公園にあるストリートバスケのリングを見つけた。外国人も交えた若者がゴールを目指し、汗を流している。

中学・高校とバスケットボール一筋に打ち込んできた俺は、何だかそこが神聖な場所のように思えた。あの時も松葉杖を付き、チームメイトの練習を眺めていた。膝の靭帯を切りレギュラーを外されてしまったのだ。走り回るチームメイトを眺めながら「絶望」を感じていた。

「あの頃はバスケが全てだったもんな」

背の小さい選手が3ポイントシュートを決めた。綺麗なフォームだ。

その瞬間、ふとある言葉が脳裏をよぎった。それは〝ホワイトブッダ〟のあの言葉だ。不良に落ちぶれ、どん底に落ちた三井寿を救った言葉。

「あきらめたらそこで試合終了ですよ」

そう、『スラムダンク』ファンが大好きなあの名言。

高校バスケは大分県で準優勝。レギュラーを外されても腐ることもなく、最後まであきらめなかった。

「あきらめたらそこで試合終了ですよ」……か。

奇人は気づいた。バスケはそれで良かった。だが、恋愛においてそれは……

「あきらめなかったらそれはストーカーですよ」になる。

「それはだめだ。元妻に迷惑をかける」

持ち前の努力・根性・気合いという粘り強さが今回ばかりは裏目に出る。

「どうする？　どうすればいい？　どうすれば……」

「俺の名前を言ってみろ！　俺は誰なんだよ」

山王戦の後半、ボロボロになった三井寿の言葉が頭に浮かんだ。

「おう オレは三井。あきらめの悪い男……」

完全に体力を奪われた三井には3ポイントだけが残された武器だった。

ストリートのコートでは190センチ近い黒人選手が、持ち前の跳躍力でリバウンドを取り、そのままゴールを決めた。バスケは才能の世界。身長や運動神経を生まれつき持ち合わせないものには残酷な現実が待っている。三井は生まれつき才能に恵まれている。ついでにイケメンだ。でも俺は……。

「おう、オレは奇人。……あきらめの悪い奇人。ふふ」

自分自身を揶揄し嘲笑する。今の俺には何もない。

「でもね……あなたの『奇』は奇跡の『奇』だよ」

元妻の言葉が頭に浮かぶ。

そうか……。そうかもしれない。きっと、俺に残された唯一のものは「奇」だ。背の小さいバスケプレイヤーだった俺は、フェイクやノールックパスなどトリッキーな動きで「奇襲」を仕掛け大きな選手に対抗していた。元妻がくれた最後の一文字であり、親父の遺伝子、「奇」。

それが俺の唯一無二の武器かもしれない。

その時、ストリートバスケで際立って活躍する外国人選手を見て、あるアイディアが頭に浮かんだ。

「世界一周しながら新しい恋人を探してやる。そしてそれを企画にする」

生まれつき奇人なんだから、そこを否定してもしょうがない。このアイデアで奇跡を起こすしかない。たまたま大学時代の親友が『週刊SPA！』の編集長をしていたので、この企画を相談するとウェブ版の「日刊SPA！」で連載を書いたらどうか？　という話になった。妻に捨てられた哀れな中年男、つまり「俺」が物語の主人公になる。そうすれば、客観的な取材対象として自分自身を見つめ直すことが出来る。

編集部との話し合いの結果「バツイチおじさん 世界一周花嫁探しの旅」というタイトルで連載することが決まった。妻への未練を断ち切るため、恋物語を書きながら「自分探し」をする。体力的にもルックス的にも新しいことにチャレンジするのには最後の年齢だと思った。それは、きっと自分に残された「最後の選択」に違いなかった。

第1部

世界一周花嫁探しの旅

旅の準備・母に離婚を報告する

妻への思いを断ち切るため「世界一周花嫁探しの旅」に出る。そのためには、部屋にある荷物を整理する必要があった。夫婦生活をしている時、整理整頓が苦手な俺は身の回りの世話を全て妻に任せっきりにしていた。

俺は悩んだ。部屋は元妻との思い出や、本や映画のＤＶＤの山。さらには、部屋の一つをテレビの製作会社の事務所として使用していたため、仕事道具もたくさんある。今後、会社をどうするか？　人生をどう生きるのか？　妻への未練をいかに断ち切るか？　何を捨て、何を残すか？　つまり……

「人生において、一番大切なモノは何だ？」

自分が今、深層心理で何に興味を持ち、何を大切にしているのか？　それを知らなければならなかった。

「……あー、そうだったんだ」

いつも丁寧に片づけをしてくれていた妻の思考が読めた。あー、こんな考え方で、こんな風に整理をしてくれていたんだ。妻の考え方がわかればわかるほど、思いが募り、悲しくなり胸が締め付けられる。同じモノを取り出しては同じ場所に戻してしまう。

「切なすぎて、これ以上何も捨てられない」どうしよう？

そうだ、母ちゃんを呼ぼう！　俺は、大分県の実家に住む73歳の母に電話した。

「なー、お母さん、金だすけん、たまには東京遊びにこんかえ？」

「え？　え？　ホントね！　うれしいわー！　あんたがそんなこと言うの、めずらしい〜やん。仕事は大丈夫なん？」

「うん、まー、気分転換にな」

母は何も疑わず、3日後には東京に来てくれた。残暑でまだまだ熱中症のニュースが流れるなか、母と渋谷のハチ公前で待ち合わせをした。何も知らず嬉しそうに手を振る母。活気溢れる渋谷の街に感動し、久しぶりに会う息子の顔を見て、顔がくしゃくしゃになる程ニコニコしている。

嬉しそうな母の顔を見た時、

「もう、離婚の話なんてしなくてもいいじゃないか」

と心の底から思った。しかし、母を泊めれば、離婚したことがバレてしまう。いつまでも隠しきれることではない。俺は覚悟を持って切り出した。

「俺、離婚したんよ。先月。心配かけるけん、言えんかった、ごめんな」

母は一瞬動揺した顔を見せた。しかし、すぐにその顔を、その心を、立て直し気丈な顔を作った。

そして……

「ははははは！」

笑った。

「なんか、そげなことかえ！　気にせんでいいわ。実はな、何となく気づいちょったんよ！」

母は気丈な言葉と態度で息子を傷つけまいとしていた。こんなに歳を取っても俺を心配し、元気いっぱいの笑顔で励ましてくれる。そんな母の前では、45歳の俺もただの子供になってしまう。

「実はな、部屋のモノが捨てられんのよ。手伝ってくれんかえ？」

「いいでー！　母さん、あんたのために、いろいろしたかったたんやけど、奥さんがおったやん。だけんな、それは悪いなーと思ってやらんかったんよ。片付け、うれしいわー」

ずっと独りで妻との思い出と格闘し、なんとか耐えていた。俺は心の奥に、久しぶりの何とも言えない安らぎを感じた。嬉しいでもない、温かいでもない。なんとも心が穏やかになる。

なんだろう、この気持ちは……？

俺はふと、幼い頃に母と歩いた大分の街を思い出した。母と大分のトキハデパートに行って、はぐれてしまった時の映像だ。幼き俺が、不安になり、泣いていたら、遠くからお母さんが見えた。

「あ、お母さんや！」

幼い頃に感じた、あの安堵感。母は今も昔も、俺の絶対的な味方だった。

翌日から、2人で片づけを始めた。母は俺が「それ大切やけん、捨てたらダメ！」といっても
「使わん、使わん、また買えばいいやん」と言ってどんどんモノを捨てていく。

だが、俺が本当に大切だと思うモノは
「あんた、これは大切やろ。とっちょきなさい」

と、残してくれる。どうして俺の気持ちがそこまでわかるんだろう？

「あんた、またテレビに戻るな」

「え？　なんで？」

「高価なパソコンとか服とか捨てても、あんまり文句言わんやん。だけど、そのガムテープとかスケッチブックとかマジックペンは、顔色変えて捨てたらだめっ！　ちゅうやん」

「あ、ほんとや」

「やろ～」

業界用語でいう、カンペやバミリ用のビニテやガムテ。それにスケッチブックにマジックペン。自分をここまで育ててくれたテレビの現場。何日も寝ないで、入念に準備をする本番収録。そこに宿る「魂」を捨てることはできなかった。

「あー、おれ、こんなモノが大切なんや！」

母は俺に本当に大切なことを教えてくれ、大分の実家に帰っていった。片付けだけをして。

「ごめんな……」

母が帰ってしまい、また独りで部屋に残された。寂しくなった俺は、作業途中に撮った母の写真を見た。


涙がでた。

お母さん、大好き。

ありがとう。

旅立ちの日

旅立ちの日を1ヶ月後の10月9日に決めた。東京から実家の大分に戻り、そこから韓国へと飛ぶ計画だ。出発日を決めるとやることが意外と多い。歯を治療したり、予防注射を打ったり、新生銀行で国際キャッシュカードを作って、国際免許をとって、住民票を抜いて、税理士と打ち合わせして、ネットや電話、各種のインフラを解約して……細かい雑務をこなしているうちに旅に持っていくグッズの購入が遅れに遅れた。

東京を出発する前日、新宿のエルブレスというアウトドア専門店で全て揃えることにした。バックパッカーの間では有名な店だ。バックパックは55リットルのものを購入した。人生初のバックパッカー旅のため、店員さんから、万能ナイフの出し入れ方法、ワイヤー式南京錠のセッティングの仕方、細菌を除去して飲める水にしてくれるサバイバルグッズ、グレゴリーのサブバッグの使用方法など実践的なことを学んだ。総重量は23キログラム。思った以上に重い。

世界一周の旅に出る前、もう一つ片付けなければならない物があった。それは、昨年キューバに一人旅に行った時、古いアメ車にインスパイアされて買ってしまった古い原チャリYAMAHAのYBのことだ。

実は、この原チャリを無断購入したことが元妻の逆鱗にふれ、離婚の一つのきっかけにもなった。ある意味、思い出深い代物だ。東京の家は引き払うため、置く場所がない。というわけで、これに乗って東京から大分の実家に帰り、日本を縦断していろんな景色を見て回ってから世界に出ようと思った。無駄なものにこそ物事の本質があったりする。それは男のロマンだ。

しかし、出発の3日前、友人の開いてくれた壮行会である事実に気づいた。

「俺の原チャリ、パワーがなくて、恵比寿ガーデンプレイスの坂も登れる時と登れない時があるんだよね」

「それ、箱根の山、登れなくないっすか？　絶対無理だと思います」

調べてみると、とても越えられるレベルではなかった。急遽、計画を変更。原チャリと一緒にフェリーで北九州まで行き、福岡から大分までぐるぐる回りながら帰ることにした。

そう、柔軟に柔軟に。目的があるわけじゃないんだから。若き日のチェゲバラがやった、『モーターサイクル・ダイアリーズ』の原チャリ帰郷編をやるんだ。

壮行会を開いてくれた友人たちに出発の日時を伝えると、有明のフェリー乗り場まで見送りに来てくれるという。1年以上は戻ってこれない東京。友とのしばしの別れ。10月9日、明日19時の便で俺は出発する。

しかし、出発当日だというのに、旅の準備にまつわる俺のこだわりはまだ続いていた。

その時俺は、新宿エルブレスでギリギリまで旅のグッズのレクチャーを受けていた。話が弾む。時計を見る。まだ大丈夫だ。聞きたいことはまだまだたくさんある。

しかし、熱くなりすぎた俺は、一瞬、時間の経過を忘れていた。改めて時計を見た。

4時間が経っていた……。

慌ててYAMAHAのYBに乗り、有明埠頭のフェリー乗り場に向かう。

いや、まだ大丈夫だ。多少の渋滞があったとしても、原チャリなら有明まで余裕で間に合うレベル。

しかし、俺は肝心なことを忘れていたのだ。

事件はレインボーブリッジを通過する直前に起きた。

『踊る大捜査線2』で織田裕二演じる青島が、上司であり盟友である室井さんに向かって叫んだあの台詞が頭に浮かんだ。それは、似て非なるものだった。

「室井さん、原チャリでレインボーブリッジ通過できません！」

明確に決められた交通ルールだった。50cc以下の原チャリではレインボーブリッジが通行できないことを全く知らなかったのだ。慌てて回り道をし、別ルートで有明埠頭を目指す。

遅れる俺。待つ友人。グループLINEでは「出航直前なのに本人が来ない」「まさか、ウソでしょ？」「これは間に合うのか？」「なんでそんなことになんの？」というトークが矢継ぎ早に展開される、着信音が止まらなくなった。フェリー乗り場には、すでに10人ほどの友人が待ってくれているらしい。しかし、出発直前だというのに、ギリギリまで旅の準備に熱中していた俺は、スマホのバッテリーが1桁になっていることに気づいてなかったのだ。盛り上がるグループLINEによる着信の多さで携帯のバッテリーは減り続け、やがて電源がなくなってしまった。スマホのグーグルマップを頼りに向かっていた俺は、道しるべを失った。一瞬、目の前が真っ暗になった。

なんとか道路の看板を頼りに、有明埠頭へ向かう。友人たちは「あと少しで来るからもう少し待っていてくれ！」とフェリー側と交渉をしてくれているらしい。

俺は原チャリを飛ばした。

今日は世界に出る第一歩なのに、友人が見送りに来てくれているのに、これでフェリーに乗れないのはいくらなんでもかっこ悪すぎる。

スピードを上げた。エンジンの排気音が激しく雄叫びを上げる。

スマホが見られないため正確な時間はわからなかったが、体感ではギリギリ間に合うと思った。母に手伝ってもらった断捨離も終わり、旅の装備も完璧。そんな俺が1年にも及ぶ旅の船出に間に合わない訳がない。俺は猛スピードでコーナーを曲がった。

フェリーが見えた。友人たちの姿も見えた。よし、間に合う！

しかし、到着したのは19時3分。無情にも、3分遅れだった……。出航は定刻どおり。たった3分の遅刻でもアウトはアウトだ。船で働く人たちの時間は、哀しいほど正確だった。

ブオーーーンという汽笛の音とともに、船は俺の目の前で出航して行く。

準備に準備を重ね、やっと迎えた船出の日。そんな第一歩で思いっきりけつまずいた俺を見て、友人たちは腹を抱えて笑っている。

俺は自分が乗るはずだったフェリーに手を振り、見ず知らずの人を見送った。

こうして、「世界一周花嫁探しの旅」の記念すべき初日は、慌ただしく幕を閉じたのだった。

親友と父に離婚と旅の報告をする

フェリーで北九州の門司港に到着すると、原チャリで中学・高校と同じバスケ部だった親友の中道の家に向かった。高校時代、俺が背は低いのに強引に中でシュートを打つプレイヤーだったのに対し、中道は背が高いにも関わらず、決して無理せずスリーポイントシュートを決めるプレイヤーだった。あだ名もスラムダンクの三井と同じ「みっちゃん」。最後の大会でベスト8から決勝リーグに入るのに連続4本のスリーポイントシュートを決め、逆転させた殊勲者だ。性格は真逆で、1対1ではお互いの気持ちがわかりすぎるため、決して勝負がつかない。家族・友達・歴代の彼女、その全てを知り尽くしているこの男に離婚の報告をしなければならなかった。中道は白い二階建ての一軒家を建てていた。穏やかな日差しあふれる部屋に入ると、照れながらもキチンと挨拶をする2人の小さなお子さんと綺麗な奥さんが優しい笑顔で迎えてくれた。ほのぼのとした家族の前で離婚の話は、極めて困難だったため、高校時代の中道カッコつけエピソードなどを話し、奥さんと子供を笑わせた。その後、『アメトーーク！』の博多屋台大好き芸人の話で盛り上がり、2人で中洲の屋台に行くことになった。そこにバスケ部の女子マネージャー京子ちゃんや後輩の古手川も合流し、久しぶりの小さな同窓会が開催された。酒と仲間の力を借り、離婚の話を切り出すチャンスだ。

「実はな、離婚したんよ。結婚式まで来てもらったのに、ごめんな」

にぎやかな屋台の中で、一瞬の静寂が走った。

「まぁ、よくある話っスよ」

古手川がすかさずフォローを入れる。中道の瞳孔が少し開いたのに気づいた。何もしゃべらず、俺の様子を伺っている。1対1の時もこうやって俺の動きを静かに観察し、攻撃を防いだものだ。

「りゅうーちゃん、頑張った。ずるずるいく人もおる中、よく決断した。勇気ある決断よ」

京子ちゃんが優しい言葉で俺を励まそうとする。高校時代、膝の靭帯を切って落ち込んだ時も、こうやって慰めてくれた。彼女の温かい心遣いに何度救われたことか。

その後、昔話に花が咲いたが、中道は離婚に関して沈黙を貫いた。そして、二次会の途中、静かに核心めいたことを喋り始めた。

「隆一郎、前から思いよったんけど、お前には家庭の匂いがせんのよ」

驚いた。それは、元嫁が離婚の話を切り出した時の最初の一言と同じだった。

仕事ばかりに集中していた俺は、家族の幸せについて深く考えてこなかった。

「お金さえ稼いでいれば将来的に家族のためになる」という昭和の考え方を今でも後悔している。

「お前みたいに変わった奴に長年連れ添ってくれたんやけん、感謝しろよ」

「うん。それは、わかっちょん」

中道は冷静沈着な性格に見えるが、隙を見せると、容赦なく俺の心に切り込んでくる。プレイスタイルは高校時代と変わらない。

「まぁ、変わった人間やけん、新しいものを創れたっちゅうのはあるんよ。あと、離婚はどっちが悪いっちゅう訳やないけん」

俺は腰を落としてディフェンスをする。気を抜くと一気に抜かれてしまう。

その後、酒が進むと、俺のワガママさやだらしない部分など、ゆっくりゆっくりとあまり触れられたくない箇所へと迫ってきた。相変わらずのプレッシャーだ。

「それでな、世界一周に出ようかと思うんよ。雑誌に『世界一周花嫁探しの旅』ちゅう企画を出したら通ってな。連載を書きながら旅して、自分を見つめ直そうと思うんや」

いつものトリッキーな戦術で相手の会話をそらそうとした。しかし、その瞬間、急に中道の態度が豹変した。

「あ？　世界一周花嫁探し？　調子乗るなよ。そんな連載を読んだ奥さんの気持ちも考えろ！」

怒りの表情を露わにした。人情家で心優しい彼らしい怒りだ。それは、スリーポイントシュートのように的確に俺の心を射抜いた。

「わかっちょん。わかっちょんっちゃ！」

「わかっちょらんなー」

その後、家族の幸せのためなら、自分のすべてを投げ打ってでも守ることの大切さをこんこんと説教された。深く酔っ払った中道はベロベロになり、こう言った。

「隆一郎、俺はな、もっと早く子供を作れば良かったと思っちょんのよ。それだけ家族4人が一生で過ごす時間が長くなるやろ。それが残念なんよ」

この言葉は読めなかった。真逆な性格、真逆の人生を生きてきた男の言葉。自分のためにのみ時間を費やしてきた俺との違い。中道は確実に次のステージにいた。

「お袋さんと親父さんがどれだけ心配するかわかっちょんのか？　お前、両親にちゃんと顔を突き合わせて報告したんか？　してねーやろ」

それも図星だった。母には離婚の報告をしたが、親父にはしていない。今回の原チャリ帰郷の旅の最終目的は、父に離婚と世界一周の報告をすることだ。

「まぁ、言い出したらきかん、お前の性格やけん、応援するけど。世界一周しながら、ちゃんと『家族』ちゅうもんが何か？　考え直してこい！」

「りゅうちゃん、がんばれ〜できるできる」

旧友たちは相変わらず心に響く言葉を残してくれる。

厳しい言葉の奥にある温かい気持ちに胸の奥が熱くなり、ホロリとした。

翌日、グーグルマップを頼りに原チャリで小倉から大分の実家を目指した。

18歳で上京したので自分の故郷を大人になってからちゃんと見ていなかった。綺麗な街だった。空気も景色も方言も心地いい。

「あー、ここで俺は生まれ育ったんやな」

道の駅で食べた貝汁とおにぎりが美味しかった。中津から国東半島を抜けると別府湾が見えてきた。もう家が近い。途中、あちこちと寄り道をしたので、大分市に到着した時には空が暗くなっていた。

実家では母の手料理を食べ、数日を過ごした。旧友に旅の報告をするなど、旅立ちの準備をいろいろしていると、世界への出発まであと2日となった。なかなかタイミングが難しくて、まだ親父へ離婚の報告はできていない。親父は慶応大卒のインテリで元商社マン。囲碁三段。親の言いつけで20代後半に大分に戻り、母と結婚し、俺たち兄弟姉妹を育てながら残りの人生を過ごした。本人から世界を飛び回った商社時代に未練があるような話を聞いたことがあるが、数年前に胃癌の摘出手術をしてからは、残りの人生の楽しみ方について考え始めたようだ。ただ、かなりわがままな人でものすごーーく面倒臭い。俺の鬱陶しい性格はこの遺伝子のせいである。母や妹も父を煙たがっていて、数日前から我が家では完全に無視をされていた。

「お父さん、たまには2人で飲みに行かんかえ？」

生まれて初めて親父を飲みに誘った。サシで飲むのは初めてだ。父は喜んでOKしてくれた。そして近くの安い焼肉屋に行き、肉をつまみに赤ワインを1本空けた。親父がほろ酔いになり、少しだけ機嫌が良くなったタイミングを見計らい、さりげなく離婚の話を切り出した。

「お父さん、あんな、俺、離婚したんよ」

「おー、大輔に聞いたわい」

なんだ、弟が喋っていたのか。現実はドラマのようには行かない。

そして、もう一つの本題を報告する。

「俺、世界一周に出るつもりなんや。1年くらいかけて」

親父は目をひん剝いた。「中東は行くんか？」

日頃から国際情勢をニュースや新聞でチェックするのが好きな父は、最近ニュースをにぎわせているイスラム国過激派のことを心配しているようだ。そして俺の性格も見抜いていた。

「お前、そういう場所に興味があるやろが」

「うん。行ければ行きたい。全く違う価値観の人たちの生活や考え方を見てみたい。でも安心して。俺もまだ、死にたくない」

親父は何も言わず、もう1杯ワインを飲んだ。そして、

「隆一郎、カラオケに行こうや」

2人で親父が行きつけのお年寄りが集まるカラオケ屋へと向かった。そこには俺の知らなかった親父の顔があった。なんと、我が家では煙たがられている父は、地元のおじいちゃんやおばあちゃんに、かなり人気があるのだ。英語の歌を歌える70代は大分では珍しく、モテるらしい。

「こいつ、俺の息子なんやけどこれから世界一周に出るんよ！　すげーやろ」

父は俺を自慢した。うれしかった。そして、「隆一郎に捧げる」と言い、この曲を歌った。

『My Way』

俺の生まれた1969年にフランク・シナトラが歌った曲で、幼い頃、父の車スカイラインでよく聞いた曲だ。歌詞の内容は死期が近づいた男が誇り高く、自分の生きて来た道について語るという内容。英語が喋れないので、何となくしかわからなかったが、後で調べると、親父が俺に伝えたかったことが理解できた。

俺は自分の人生を旅してきた。そして自分自身で進むべき道を選択してきた。

世界を仕事で周り、大分に戻り、俺たち家族と共に過ごしたのも、自分が選んだ道だ。

そして、その旅先で、母と恋に落ち、俺たちを育て、この大分の街で一生懸命に生きてきた。

時に笑い、時に涙しながらも、大切な家族と過ごした時間は何よりも幸せに満ち溢れている。

俺は自分の人生に一片の後悔もない。なぜなら、全てが自分自身と向き合い、決断した道だからだ。

人生は一度っきりしかない。自分の心のままに勇気を出して進んで行きなさい。

“Yes,it was my way”

「隆一郎、突き進め！」

父なりに考えてくれたセレクトだったと思う。やるじゃん親父。意外と洒落てるじゃないか。ありがとうお父さん。記念に2人で写真を撮った。似ている。遺伝って恐ろしい。これでやり残したことはない。旅の準備はすべて終わった。

2015年10月21日、世界への旅立ちの日。大分空港に母が見送りに来てくれた。そして「これ持って行きなさい」とミルクチョコレートをくれた。1カ国目は韓国。果たしてそこに俺の未来の花嫁はいるのか？　飛行機の中で母からもらったチョコレートを食べると、心地の良い甘さが口の中に広がり、少しだけ涙腺が緩んだ。

1章　韓国

男はつらいよ

午後6時50分。出発4日前に46歳になった俺は韓国の仁川国際空港に到着した。大分空港〜仁川国際空港間はLCCを利用。スカイスキャナーという格安航空券比較サイトを利用し7800円でチケットを購入した。ただし、荷物の重量は23キロ。15キロ以上はオーバーウエイトで1キロにつき700円の追加料金を払わなければならない。荷物が3キロオーバーのため2100円余分にかかってしまった。これから世界中のLCCを利用するので、オーバーチャージ問題には頭を悩ませそうだ。

満を持して降り立った世界一周の始まりの国。興奮しているというよりは、少し緊張しているようだ。浮ついた足をなんとか前に動かし、飛行機から出てくる荷物をピックアップした。が、

「しまった！　早速、機内に忘れ物をした」

バックパックを包む金網だ。出国前、入念に使い方を学習したが、荷物の重量を減らすため金網だけ機内に持ち込んでいたのだ。それを座席に置きっぱなしにしてしまった。今から空港職員に話しても間に合わないだろう。その上、韓国語も英語も喋れない。

「まぁ荷物が一つ減ったとポジティブに考えよう。いや考えるしかない」

俺は23キロのリュックを背負い、市内行きの鉄道に乗るため駅のホームに向かった。しかし、その重さは尋常ではなく、持ち上げるたびに腰の痛みが心配になる。46歳という年齢が重くのしかかってきた。仁川国際空港ターミナル駅から空港鉄道に乗ってソウル駅へ向かうと、ソウル駅ホームには、韓国語と英語に加えて日本語表記の看板があった。それを頼りに地下鉄に乗り換え、ホテルがある最寄りのチョンノサムガ駅にはスムーズに到着した。順調だ。順調なはずだった……。しかし、駅からの道の途中、スマホの充電が切れてしまい、グーグルマップを頼りにしていた俺は完全に迷い子になってしまった。時間は深夜1時。途方にくれる。荷物が重く、足が鉛のように重い。その後、道ゆく人に案内してもらい、なんとかホテルまで辿り着いたが、到着した時刻は深夜3時を回っていた。

「韓国くらいだったら余裕だと思っていたのに……」

改めて、バックパックを背負った一人旅は、海外旅行ツアーやコーディネーターや通訳がついた海外ロケとは全く違うんだなと思った。

翌朝、昨晩石鹸で手洗いした洗濯物をチェックした。全然乾いてない。綿製品はなかなか乾かない、そんな当たり前のことを初めて知った。

さて、今日はどこに行こうか？　それともこのまま寝ようか？　あてどない一人旅。何からも縛られることはない。

いや、違う。花嫁探しの旅だ。

ホテルでゴロゴロして出会えるわけなんかない。俺は慌ててソウルの街に繰り出した。

明洞駅を降り、街を散策していると韓国のテレビ番組がロケをしているのを発見した。清純そうな女性レポーター三人組が街歩きをしている。おそらく「王様のブランチ」のような若いタレントが街を紹介する情報番組だろう。テレビ業界で25年近く働いてきた俺はロケの雰囲気でどんな番組かすぐに理解できる。ディレクターが指示を出し、ADが走り回る。この光景は日本と変わらない。だが、韓国の女性タレントを生で見るのは初めてだ。KARAみたいでものすごく可愛い。

「俺、日本でテレビディレクターをやってるんですよ」

そう言って話しかけてみようかと思った。

が、ロケをしている時、こういう野次馬が一番の迷惑だったのを思い出した。旅の解放感で、少しだけテンションが上がっているのかもしれない。俺は話しかけるのをやめた。

旅行記を書くために、無理に「面白いこと」を仕掛けるのは寒すぎる。

明洞を離れ歩いていると、スマホに新宿ゴールデン街のバー「深夜＋1」のマスターからメッセージが入った。

「サンス駅に知り合いがやっている良いバーがありますよ。名前はわからないんですけど、住所はソガンドン住民センターです」

今夜の目的地が決まった。俺は近くの焼肉屋に入り、冷えたビールを飲んだ。悪くない。サムギョプサルを食べ、会計を済まし、名前の分からぬその店に向かった。

道行く人に「この店に行きたいんですが……」とジェスチャーを混ぜながら日本語で聞いて回った。しかし、グーグルマップを頼りに探し回っても、全然見つからない。

すると、1人の女性が「私、少しなら日本語話せますよ。どうかしたんですか?」と話しかけてくれた。綺麗な日本語を使いこなす女性の名前はソンヨンさん。龍仁大学に通う学生さんらしい。

バーへの行き方を聞くと、自分のスマホで一生懸命検索し、友達にまで電話をして、場所を細かく調べ上げてくれた。なんて優しい人なんだ! そして、日本語で店への行き方を詳しく教えてくれた。本当にありがたい。お礼をしたくなった。

「少し、ビールでも飲みませんか? お礼におごります」

彼女はびっくりした顔をし、ほほを赤く染めた。そして、下を向き、少し考えてからこう言った。

「……イイですよ」

恥ずかしそうにそうつぶやく姿に、思わず胸の鼓動が速くなる。

「どこか行ってみたいお店とかあります? どこでもイイですよ」

「じゃあ、私、行ってみたいビアバーがあるんです」

そのお店は、カフェバーのような洒落た店だった。ソウルのお洒落なお店は東京とそんなに変わら

チョンノサムガ駅近くの屋台街

ない。そして、日本と同じく若い女性は洒落たカフェが好きなようだ。彼女はリンゴでできたビールを頼んだ。俺も同じビールを頼んだ。

「美味しいですね」

「はい〜」

韓国訛りの日本語のおっとりとした喋り方が胸にズキュンと刺さる。サザエさんに出てくるイクラちゃんのような、愛くるしい「はい〜」だ。彼女のあどけない笑顔。純粋そうな瞳。きっとイクラちゃん並みに純粋に違いない。

「今、世界一周花嫁探しの旅をやってるんですよ」

「はい〜、面白いです〜」

なんかウケてる。俺、ここのところ、日本でこんなにウケたことなんてない。いける！　何がいけるかわからないが、なんだか今日いけそうな気がする！

彼女は大阪に住んでいた経験があるらしく、日本のことが大好きらしい。ビールを飲みながら日本のアニメの話や、LINE感覚で韓国ではカカオトークが流行っているなどの話で盛り上がった。

「カカオトーク交換しませんか？」

ドキっとした。思えば日本で、女性から「LINEを交換しませんか？」など言われたことがない。文化交流？　いや、もしかすると、俺に一目惚れしたのかもしれない。

その可能性は捨てきれない。

「どうやってＩＤを作るのですか？」

「はい〜、貸してください」

彼女は俺に尋常ではないくらい体を寄せ、カカオトークでＩＤを作った。その時、俺と彼女の距離は15センチ。これが韓国人のパーソナルスペースなのか？　髪の毛からシャンプーの匂いがする。エキゾチック、なんかエキゾチックだ！


どうやら俺は韓国でモテるのかもしれない。


異国の恋に俺の胸は高鳴った。そして、俺は意を決して誘ってみた。

「さっき探してもらったバーに、このあと一緒に行きませんか？」


すると彼女は2億4千万の笑顔でこう言った。

「ごめんなさい。実は明日、日本に行くんです。大阪の友達に会いに行くので、朝が早いんです」


断られた。優しく。少しへこんだ。軽く落ち込む俺の表情を見た彼女は、何かを思い付いたかのようにバックの中をゴソゴソと探し、お洒落な手さげ袋を取り出した。

「お詫びというか、世界一周の激励にこれ、プレゼントします。さっき買ったんです」

「え？」

「チョコレートです。疲れた時に食べてください」

「……」


俺が大分県にある南大分中という ヤンキー中学の2年生だった時、学校の近くのカットサロン青山で「マッチカット」にした。マッチとはもちろん近藤真彦のことだ。すると、ほんのり人気が出て、後輩を含め複数の女子からバレンタインデーのチョコレートをもらった。いわゆるモテキである。さらに、モテは加速し「るんるん8時だ歌謡大作戦」というローカルラジオの愛のポエムのコーナーで、「南中バスケ部7番さま」というタイトルのハガキが届き、試合を観た他の中学のバスケ部女子からポエム調で愛の告白をされた。すると、

「他校の女にうちの7番を盗られてたまるか！」とヤンキー女子の間で人気が加速し、結構な数の愛の告白を受けた。それ以来、超～久しぶりに女性からチョコレートのプレゼントをもらったのだ。

（大分の母ちゃんは除く）

俺は舞い上がった。

♪テ～、テテテテレテレテ～

突然、頭の中で『男はつらいよ』の寅さんのテーマソングが鳴った。頭の中の寅さんが俺に優しく話しかけてくる。

「この人のためだったら命なんかいらない。もう死んじゃってもいい、そう思う。それが愛ってもんじゃないのかい？」

そうだよな、寅さん。男なら、やらねばならない時がある。まずはあれを確かめなければ！

「彼氏いるんですか？」

勇気を出して聞いてみた。すると……

「はい〜」

イクラちゃんだった。イクラちゃんのようなあどけないイントネーションで残酷な真実を知らされた。

「この後、会います〜はい〜」

♪テ〜、テテテテレテレテ〜

また、頭の中で『男はつらいよ』のテーマソングが鳴り響く。そして、寅さんがふたたび俺に語りかけてきた。

「青年、女に振られた時はじっと耐えて、一言も口を利かず、黙って背中を見せて去るのが、男っていうものじゃないのかい」

うん。そうだ。男なら、日本男児なら、かっこつけなきゃならぬ。しかし、俺にはまだ、寅さんほどの度量はない。

「良かったら記念に、一緒に写真を撮ってください！」

「はい〜」

また、イクラちゃんだった。このあどけなさが、撃沈した俺の悲しみを増幅させる。顔で笑って心で泣いて、一緒に記念写真を撮った。改めて写真を見た。きっと向こうにとってはお父さんくらいの年齢なのだろうな。見知らぬ初老の男性が、挙動不審で困っているから、助けただけなんだろうな。お年寄りを敬う。これが儒教文化か……。

おかげで、上下関係がしっかりしている韓国の儒教の精神を学ぶことが出来た。
「ソンヨンさん、アニョハセヨー！」

彼女とお別れした後、探していたお店がある古い雑居ビルに何とかたどり着いた。看板のないそのお店は、中々渋いバーで、剝き出しのコンクリート壁に設置された棚に数多くのお酒が並べられている。お酒も世界中から取り寄せているようで、見たことのない珍しい酒瓶もあった。

音楽の選曲も世界の民族音楽やジャズなどの渋いものが多く、俺の趣味に合う。そして、新宿ゴールデン街と同じく新米客がこの店に溶け込めるよう、バーテンさんや常連客が気軽に話しかけてくれる。話の内容からこの店は、映画の脚本家、テレビプロデューサーなど業界人が集まる店のようだ。
「俺も日本でテレビのディレクターをやっている」と伝えると、皆が日本のテレビ事情などを質問してきて、俺も韓国のテレビ事情を聞き返した。国は違えど、面白い人は顔でわかる。相手を舐めるように観察するじとっとした暗い目をしている。彼らの話は面白く、とても勉強になるので、片言の英語で頑張ってコミュニケーションをとった。

しばらくすると、隣にキャリアウーマン風の女性が座ってきた。彼女の名前はシウォンさん。外資系コンサルティング会社で働く、酒豪かつパワフルな女性だ。雰囲気から知性を感じる。彼女とはなぜか気が合い、話が盛り上がった。世界一周していると言う話をすると、彼女もバックパッカーでアフリカを一周したことがあるとのこと。旅の仕方やアフリカの話など聞きたいことは山のようにあるのだが、片言の英語では質問さえもちゃんと出来ない。彼女は英語がペラペラなので、俺の言いたいことを探ろうとするが、こちらは英単語さえ出てこない。もどかしい……。ホントに悔しい。

それでも2人で赤ワインを2本空けると、内容のない薄っぺらい会話で話は盛り上がった。すると彼女は酔っ払い、肩に手をかけてきた。韓国の女性は実に積極的だ。

結婚してからは、いつも目黒のスナックで同世代のおじさんと語り合うばかりだった。それはそれで楽しい。だけど、これだよ！　これこれ！　このドキドキ感が大切なんだよ。

俺のテンションはMAXにあがった。

「俺は旅に出たんだ！」

全身で喜びを表現してシウォンさんとの2ショット写真を撮った。

だが、こんなことで喜んでいるわけにはいかない。ドキドキするだけじゃダメだ。この旅で、花嫁を見つけなきゃいけないんだから。

俺は泥酔してしまい、ふらふらになった。そろそろお店も終わりの時間だ。

「英語がしゃべれるようになるから、その時また飲もうね！」

彼女と再び会う約束をすると、マスターが見送ってくれ、ちゃんとたどり着けるようタクシーの運転手にホテルの住所を細かく伝えてくれた。

帰りのタクシーで少し冷静になった。お互いが理解し合うために言語はとても重要だ。

今までは「英語が喋れなくてもなんとかなる」と思い込んでいたけど、それは全くの勘違いだった。

やはり、英語を話せるか話せないかで、旅から得られるものが全然違う。まして、花嫁なんか見つかる訳がない。

翌日、以前から気になっていたフィリピンの格安英語学校について調べた。

「英語を0から学ぶ必要がある」

セブ島にある「韓国式スパルタ英語学校」に1ヶ月間留学することを決めた。まずは、英語が喋れるようになって旅を続ける。俺はセブで生まれ変わり「口下手な寅さん」に別れを告げるのだ。

ソウルのバーで一緒に飲んだシウォンさん

2章　フィリピン

世界の中心で、愛をさけぶ

深夜1時50分。セブマクタン国際空港に到着した。入国カードに書いた英文が不安で、速くなった心臓の鼓動を感じながら入国手続きへと向かう。旅慣れたフリをして余裕の顔で入国カードを渡すと、入国審査官は疑り深い視線を俺に向けた。職業とはいえ、嫌な目つきをしている。昔から警察を見るとなぜか体がこわばってしまう。熱帯雨林のムワッとした湿度が不快さを際立たせ、背中からはうっすらと汗が滲み出る。スマホで気温を確認すると30度を超えていた。入国審査官が舐め回すように俺を見つめると、何も悪いことをしていないのに嘘の表情を作っていた。きっと媚びた表情を浮かべていたに違いない。

「ＯＫ！」

荒々しくスタンプを押され、なんとか入国することができた。ほっと胸をなでおろし、23キロのバックパックを背負ってホテルに向かおうとしたその時、俺はあることに気づいた……。

現地通貨がない。

時間はすでに深夜2時を回っている。やばい。このままでは空港から出ることが出来ない。

いや、冷静になって考えよう。あ！　大丈夫だ。こんな時のために、新生銀行の国際キャッシュカードを準備してきたことを思い出した。このカードは世界中のキャッシュディスペンサーで、現地通貨をレート計算したうえで引き出すことができるという万能カード。世界一周ブログを見ても、多くの旅人が使っている、まさに、旅のライフラインだ。

空港内を見回すと、新生銀行が使えるキャッシュディスペンサーを発見した。カードを入れ、画面をタッチ。全部英語だ。しかし、なんとなくわかりそうな気がする。暗証番号を入れ、3万円分の現地通貨が出るようにボタンをタッチし、最後にEnterボタンを強めに叩いた。

画面が切り替わり、30秒くらい待った。しかし、お金が出てこない。

「あれ？」

何か間違ったか？　画面が何回も切り替わった。英語が全然わからないため、何がどうなっているのか全く理解できない。深夜、シーンと静かな国際空港でガタンガタンという音が響き渡る。そして、マシンの液晶は最初の画面に切り替わった。

「ん？　何が起きた？」

しばらくして、事の重大さに気づいた。どうやら機械がカードを飲み込んでしまったらしい。

なぜだ？　焦って何度かボタンを押した。しかし機械はウンともスンとも言わない。

繰り返すが、このカードは今回の旅のライフラインである。このカードが役に立つことがわかっている分、心の依存度は高かった。密かに忍び寄るこの危機的状況を、俺の野性の勘が察知していく。

あたりを見回すと両替所があった。そこに走って行き、中の人にカタコトの英語で話しかけた。

「ザッツデイスペンサーイズ、ブローキング！　マイカードイズ、インザマシン！」

しかし、両替所の人は完全無視で「空港職員に話せ」と指示を出す。カウンター席の空港職員のところに行ってまた同じ言葉を繰り返した。

「ザッツデイスペンサーイズ、ブローキング！　マイカードイズ、インザマシン！」

しかし、空港職員は「明日また来い」と言うだけ。しつこく1時間近くかけて交渉を試みるも、ますます面倒くさそうな顔をする。伝えたいことが伝えられないもどかしさは怒りへと変わった。

「ユアーエアポートイズ、インターナショナルエアポート、ユアープロブレム！　アーユーオッケー？」

空港職員はちらりと俺を見て、面倒くさそうな顔をし、無視した。時間は深夜の4時近く。空港職員は翌朝までここで待機するようだが、2人いた職員の1人は、俺を無視してカウンターの中で椅子を並べて寝る準備を始めた。ここは国際空港なのに……。なんだよ、その態度は！

しかし、怒っても埒があかない。俺は最後の手段に出た。

「アイハブノーマネー」

泣き落とし作戦だ。涙目になって空港職員に訴えた。

「ヘルプミー！」

俺の虚しい叫び声が静かな空港に響き渡る。

「ヘルプミー！　ヘルプミー！　ヘルプミーーー！」

まるで、映画『世界の中心で、愛をさけぶ』のクライマックスのように何度も何度も叫んだ。頭の中では平井堅の『瞳をとじて』が鳴り響き、カメラがクレーンアップしていく。

しかし、空港職員は電話番号が書かれた紙を俺に渡し、

「ここに3日後の月曜日に電話しろ。深夜は誰もいないし、土日は休みだ」

そう面倒くさそうに伝えるだけだった。所持金がなくては、空港から一歩も出られない。他のクレジットカードを持ってはいたが、このディスペンサーなら飲み込まれる可能性のほうが高い。ここの職員に「セカチュー」作戦が通じない以上、これ以上踏み込むことは「セカオワ」にも繋がりかねないと判断した。

少し落ち着こう。俺は冷静になって打開策を考えてみた。

「あ！　そういえば、海外旅行した時に余っていたお金をいくらか持ってきたはず。あれを両替できないか？」

俺はバックパックの隠しポケットに入れていたお金を取り出すと、そこには以前、上海万博にいった時に余った800元が入っていた。急いで両替所に向かう。

「ディスマネーイズ、エクスチェンジ、オーケー？」

窓口の外貨両替スタッフは無表情でお金を数え始め、現地通貨ペソに交換した。

日本円にして約1万5000円の中国紙幣は、5800ペソになって俺の手元に戻ってきた。

「よし！　とりあえず、これでなんとかなる」

俺はSIMカードを買うため、空港から少し離れた朝方までやっている怪しい路面店に向かった。SIMを差し替えると、新生銀行に電話し、事情を話した。すると、「カードを止めるべき」だと言われた。カードを止めると再発行しなくてはならなくなる。新生銀行の登録住所は東京の家にしているが、今や家がない。その点を確認すると、海外の旅行先に新しいカードを送ってもらうことは出来ないとのこと。銀行と話をし、とりあえず「一時停止」で手を打った。その後、タクシーを捕まえ、事前に予約した1泊3000円のホテルに向かった。これで一晩はなんとかなる。

「今晩もごはんを食べる時間なかった……」

ただ韓国からセブに移動しただけなのに、こうもトラブルに巻き込まれるとは。つくづく自分の英語力のなさに嫌気がさした。

翌日の昼過ぎ、ホテルのロビーに185センチを超えるガッチリとした韓国人と細いフィリピンの男性が迎えにきた。英語学校のスタッフだ。大きな韓国人男性は俺の23キロのバックパックを軽々と持ち上げ、車に積んだ。そして、カタコトの日本語と英語をミックスして話し始めた。

「連絡がないので心配していたんですよ。でも、キャッチアップ出来て良かったです」

その車でセブ島の郊外にある語学学校へと向かった。学校を予約した時、セブ島は美しく楽しげなリゾート地とイメージしていた。しかし、それらは完全に崩れ去った。街全体が薄汚く、退廃的で、そこで生活している人々は明らかに貧しい。道路は舗装されてない場所が多く、でこぼこの茶色い土の道が敷かれている。至る所にゴミが散らかっていて、路上生活者やストリートチルドレンをたくさん見かける。スラム街を横切った時、5歳ほどの男の子を連れたお母さんが、子供と一緒にビニール袋に入ったシンナーを吸っていた。幼い我が子にシンナーを吸わせるなんて……。やるせない気持ちになる。

しばらく車が走ると、景色が変わり、緑が多くなってきた。どうやらかなり山奥のほうへ向かっているらしい。しかし、すれ違う街の人々の顔つきや服装を見ると、ここも決して治安が良いとはいえないようだ。

「さっきお話した件ですが、そのままカードを無くしてしまったんですよ」

「わかりました。学校の方でなんとかなるように致します。ただ、フィリピンなので100%はお約束できませんが」

やがて、外部からの侵入ができないような高い塀で囲まれた建物が見えた。まるで海外ドラマ『プリズンブレイク』に出てくる監獄のような雰囲気だ。

そう、ここが韓国資本のスパルタ式英語学校。

重い門が開く。しかし、そこは退廃的な街並みとは一変してリゾー

外部からの侵入者を防ぐための門

トのような光景が広がった。まるで塀の中にある楽園のようだ。スパルタなのに楽園。その違和感が不気味さを際立たせる。

学校の名前はEnglish Fella2。フィリピン・セブ島の山奥にあるタランバン地区の、韓国資本の格安語学学校だ。費用は、4週間で、教材費や雑費は別にして、授業、宿泊代、3食がついて24万2378円。1ヶ月寝泊りできて英語の勉強も出来るなら、この額は格安といえる。代金は日本にある留学エージェントを経由して入金した。

選択した「Jスパルタコース」では、朝8時から夜6時まで、ほぼノンストップで授業が行われる。フィリピン人の先生が担当するマンツーマンクラスが5時間、グループクラスが2時間。また、TEDやCNN、TOEIC、日本語の文法、ポップソングクラスから一コマを選択できるプレミアムクラスが1時間ある。監視付き自習があり、そこで夜9時半に単語と熟語のテストが行われる。さらに、土日以外は外出禁止で酒も禁止。朝8時から夜10時まで11時間ぶっ続けで勉強をするという、まさに看板に偽りナシの全寮制スパルタ式英語学校なのだ。

韓国資本のスパルタ式格安英語学校

案内してくれた韓国人チューターの話によると、生徒は、韓国人が6割、日本人が2割、台湾、中国人が2割という比率らしい。

到着するとすぐに、晩ごはんの時間になった。ごはんと味噌汁、魚のフライにキムチとフルーツポンチ。韓国人向けに味付けされたような印象だが、全然悪くない。とりあえずホッとした。案内された部屋で1人になると、高校1年の時に味わった「バスケ部地獄の夏合宿」を思い出した。夏が始まるまで監督はまだ、1年生をお客様扱いしてくれて優しかった。先輩たちはシュートを1本落とせば、竹刀で尻バットなのに。そして、優しかった監督の笑顔は、夏合宿で急に鬼の形相へと豹変した。スラムダンクの白髪鬼・安西先生のように。

「なんか、この感触、嫌な予感がする……」

優しすぎる韓国人チューター。楽園のような雰囲気と美味しい学食。この学校が明日にはその笑顔を捨て、鬼の形相へと変化するのではないか？　そう思うと不安で一杯になった。

これから1ヶ月ここで英語漬けの生活になる。果たしてどうなることやら……。

おじさんのフィリピンスパルタ英語留学

英語合宿2日目、ついにスパルタ式授業が始まる。最初に今の自分の実力を測るレベルテストを受けた。試験内容はリスニング・リーディング・文法。大学入試以来の英語のテストだ。そして、スピーキングのテストはマンツーマンで試験官と英語で話す。正直、何言っているのかさっぱりわからない。結果は、34／100点。レベル2、下から2番目のクラスになった。

翌朝、6時半に起きた。蒸し暑い。7時に学食に行き、朝食をとる。朝ごはんをちゃんと食べるのも十数年ぶりかもしれない。

午前中は文法や長文など四つほど授業があり、教科書も会話も全て英語。昼食後、多くの生徒が自習室で午後の授業の宿題をしている。俺は英単語と中学の文法をもう一度勉強した。午後2時から再びマンツーマン授業。自己紹介をするよう先生に言われたが、初めての経験なのでオドオドして何を喋ったか全く覚えていない。しかし、先生たちはこういう生徒に慣れているらしく、生徒の言いたいことを推測して単語を教えてくれる。その単語を頼りに次のセンテンスを探す。こうやってなんとか会話風の授業になっていく。次の授業はグループクラス。ここで初めて先生以外の人たちと合同で授業を受ける。晩ごはんが終わると単語と熟語のテストがあり、その後は次の日の予習。夜10時を過ぎても、韓国、中国、台湾の生徒は自習室から出る気配がない。

ここでやめたら男の恥。いや日本人の恥。俺は負けじと23時30分まで勉強した。

こうして初日は13時間30分、ほぼノンストップで勉強をすることになった。こんなに勉強したのは大学受験のラストスパート以来だ。翌朝、一緒にテストを受けた生徒全員が言っていたのだが、今までの人生で経験したことのない疲れを脳に感じていた。頭が鉛のようにどんよりと重いのだ。おそらく普段使わない脳の部位をフル回転しているからだろう。

授業をしてくれる学校の先生は20代前半から30代前半までのフィリピン女性。この学校に先生として採用されるのはセブ島在住の若い女性にとって名誉らしく、給料も他の就職先と比べるとかなり高いとのことだ。しかし、経済成長はしているとはいえ未だ発展途上国のフィリピンでは貧困層も多く、先生たちの多くは家族に仕送りをしている。遠方からセブ島に出稼ぎにきている人もいる。一方、生徒は、日本、韓国、台湾などの、格安とはいえ海外留学をしているある程度金銭的に余裕がある20代の若者たちや、商社や国際会計を取得するための監査法人などのエリートが多い。国籍は違うが同世代の男女。何が起きてもおかしくない。しかし、恋愛トラブルが発生すると学校としての評判も下がってしまう。学校では先生を厳格に管理し、生徒との恋愛沙汰が発覚すると解雇という厳罰が科される。貧しいフィリピンで高待遇のこの学校を失うと、同じ条件の職場に再就職するのは難しい。学校スタッフは生徒との間で、絶対に色恋の関係にならないよう細心の注意を払っていた。

そうは言っても先生たちは20代を中心とした若い女性。ノリはキャピキャピしていて、雑談も恋愛話やゴシップ、教えてくれる音楽や情報も最新なものが多い。恋愛には発展しないとはいえ、若い女性と一日中話をしていると、こちらも感覚が若返ってきて楽しい。ということで、指導してくれるフィリピンの美人先生が、どんなキャラクターでどのように俺に接しているかを、テンポ良くテレビ番組風に紹介しよう。

テレビ東京「出没！ アド街ック天国」のガールズコレクションをイメージしながら読んで下さい！（BGMはPatti Austinの「Kiss」最後の歌詞が ♪グッドガール〜ってやつ）

N（ナレーション）リザはリーディングの美人先生で男子生徒からの人気も高い。「クイズ$ミリオネア」のみのもんたみたいにタメを使って「コレークト（正解）」と言う。褒めて伸ばすのがうまく、いつも鼻の下が伸びてしまう。

N　一度寝坊したら部屋まで起こしに来てくれたラン。

N　稲川淳二のようなオチをつけて学校の幽霊の話をしてくれる黒魔術師のようなジー。意識低い系だがやるときにはやる。話のセンスがいい。

N　メルは文法の先生。初恋の時、好きな人と一つのイヤホンを2人で聞いたのが一番の思い出という田舎出身の純朴な女の子。

N　スピーキングの先生ジャセットは英語を教えた後、会計師の資格を取るために勉強している真面目な人格者。彼女とはすごく気が合い、いつも冗談を言い合う仲だ。

N　グループクラスの先生ジムは、洋服やファッションの話が大好き。女子生徒のファッションをよく褒める。ジム、俺も褒められた方が伸びる性格だよ！

N　もう1人のグループクラスの先生、マルは現在妊娠中で出産間近。フィリピン女性の結婚観を教えてくれ、俺の離婚の話には興味津々。カトリックの世界は離婚をするのが難しく、裁判に大金がかかるためフィリピンではほとんど離婚がないという。

N　ポップソングクラスのフェイス。音楽が大好きでノリがメチャクチャいいお洒落な文科系女子。TOEIC900点以上の生徒も教えている。この人はモテるよ～

N　以上、セブ島の美人先生コレクションでした。♪グッドガ～ル～

こんな美人な20代の若い先生が、おっさんをビシバシ育ててくれている。同じスパルタでも高校時代、鼻毛を出しながら竹刀を振り回していた日体大出身のバスケの監督とは大違いだ。彼女たちは本当に一生懸命で、疲れて宿題をやってないと目を曇らせ悲しむ。そして優しくこう言う。

「ゴッツー、オーケー、ネクトタイム」

そう言われると本当に心が痛む。だからこそ逃げ場がない。これが、新しい形のスパルタ教育なのだ。外国人の彼女を作ると英語の上達が早い、そんな話もまんざら嘘じゃないと確信した。こうして、いまだかつて体験したことのない英語漬けの日々が刻々と過ぎて行く。

スパルタ英語合宿も2週間が過ぎた頃、学校職員からATMに飲み込まれたカードが戻って来たという連絡を受けた。スタッフが空港にATMを設置した銀行へ連絡をしてくれたとのことだ。

本当に助かった。ありがとうございます。

「これで安心して勉強に打ち込めるぜ！」

しかし、俺には英語学習の他にもう一つやらねばならぬことがある。

そろそろ、世界一周花嫁探しの旅の原稿を書かないと……。

学校が始まって2週間、毎日11時間の勉強をしていたため、恋愛などする暇がない。このままでは連載で書くことがない。困り果てた俺はあることを思いついた。

「とりあえず、学校で勉強する外国人の可愛い娘の写真でも撮って記事としてまとめてみるか」

そこで、男友達にどのクラスに可愛い娘がいるかを聞いて回った。高校時代の放課後の教室、野郎同士で「誰が可愛いか？」を語り合うあれを中年のおじさんが始めたのだ。ただ、勉強にも真剣に取り組んでいるため、プライベートな時間が少なく、全員をチェックすることができない。まして、授業中にカメラで生徒を撮影することなんて許される訳がない。

千載一遇のチャンスを見つけた。月末の金曜日にある「ファンフライデー」いう学校行事だ。先生が主催で、英語を使ったゲームをする。その日なら、学生が一堂に会するので、効率的に学校のマドンナを探すことや写真の撮影も可能だろう。

テレビの世界で激務をこなして来たおじさんは、効率を非常に重視するのである。

そして、金曜日。俺はソニーのカメラα６０００を準備した。連載に登場する女性を綺麗に撮るために選んだカメラだ。首からカメラをぶら下げると、仕事モードのスイッチが入る。学校の常設のスピーカーから音楽が流れてきた。ファンフライデーの始まりの合図だ。中庭で借り物競走が始まると、勉強のストレスから一気に解放されたのか、皆、活き活きとしたイイ表情をしている。

「可愛い子、多いな〜」

俺は写真を撮りまくった。途中から職業病のディレクターモードが発動し、可愛い子を見つけると「キャナイ　ピクチャープリーズ？」と声をかけ、カメラ目線の写真を撮影した。

その時、1人の女性に釘付けになった。超薄〜い顔。一重で切れ長の目。透き通るような白い肌に茶色の瞳。彼女の名はアナベル。韓国人の24歳の女の子だ。

九州出身の俺は、自慢じゃないがめちゃくちゃ顔が濃い。きっと南方系の遺伝子が混じっているのだろう。俺は自分の顔と対照的なアナベルの薄い顔をじっと見つめた。

中学時代、髪型をマッチカットにして己のモテキを体感した。しかし、高校時代に外来種の到来で苦い青春を過ごすことになる。そう、東山紀之に端を発したしょうゆ顔ブームだ。

あの頃、顔の濃い男が多い九州・大分県に住む女性たちの間に衝撃が走った。

「薄い顔って素敵！」

ヒガシのせいで俺のモテキは瞬く間に終焉を迎えるわけだが、今なら遺伝子レベルで自分と違う遠い血を求めた同級生女子の気持ちがわかる。

色黒で無駄に暑っ苦しい顔の俺は、色素の薄いしょうゆ顔のアナベルにくぎ付けになった。

その時、高校時代に流行った少年隊の『君だけに』の歌詞が浮かんだ。

♪君だけに ただ 君だけに
ah めぐり逢うために
僕はさびしさとともに生まれたよ (作詞：康珍化 1991年)

そうだよ。俺は、恋をするため世界を旅しているんだ。

英語学習は手段であって目的ではない。大切なことを思い出した。

週末の休日、一週間分の洗濯と買い出しを終えた後、久しぶりに鏡を見た。高校の頃は前髪のポジションが気になってしょうがなかったので、休み時間の度にトイレへ行き、鏡の前で前髪を整えた。だが、いつからかは忘れたが、その優先順位は下がり、髪型ごときを周りからどう思われようと関係なくなっていた。そんな俺が今、鏡を見つめている。再びカッコつけようとしている。

俺は、白髪交じりで膨張した髪型をまじまじと見つめながら、ふとあることに気づいた。

「まるで宮崎駿のようだ」

宮崎駿の作品には多大な影響を受けてきた。『風の谷のナウシカ』のナウシカなんてまさに好みのタイプである。彼の描く男性像『もののけ姫』のアシタカや『天空の城ラピュタ』のパズー、みな素敵だが、決して宮崎駿本人に似ていない。彼らは天才の頭脳から生み出されたキャラクターなのだ。

俺はパズーやアシタカの髪型を詳細に思い出しながら、ある仮説を立てた。

「もしかすると、宮崎駿本人に似ているって微妙?」

俺は、フィリピンのセブ島の床屋に行く決心をした。海外で床屋に行くのには相当な勇気がいる。外国人の髪型が微妙に日本人好みではないのを思い出して欲しい。国ごとにカッコイイ男性像が違うのだろう。しかし背に腹は代えられない。アヤラモールというショッピングモールの地下一階の床屋に入った。店内は白い床にウッディーな壁でデザインされたセブ島にしてはお洒落な内装だ。が、やはり、理容師さんの髪型は自分の好みと何かが違う。髪型リストを渡され、「横をバリカンで刈り上げ、上を伸ばすのがセブ島の最先端スタイルでオススメです」と説明を受けた。

俺は、「ノー、ノー」と言い、その髪型を断った。

微妙なセンスを英語で伝えなければならない。

「ヘアーカラー　イズ　ブラック！」

「サイド　イズ　ベリー　ショート。バット、ノーバリカン！」

アナベルに好かれるために失敗は許されない。

そして数十分後。イイ感じに仕上がった。かなり若返った。宮崎駿感は微塵もない。こうして俺は恋する男に生まれ変わり、月曜日の授業に臨んだ。

すると、その日から学校の先生の態度が急変した。リザは「ゴッツー、ユアヘアスタイル、グッド」と目をキラキラさせていた。リザだけでなくラン、ジー、メル、ジャセット、すべての先生の態度がこれまでと違う。そういえば、先生たちも20代前半の乙女。まさに恋する年齢だ。髪型を変えた俺を生徒ではなく、男として意識しだしたのかもしれない。

学校の休み時間、韓国人女性グループだけでなく、台湾人女性グループも俺をチラチラみてヒソヒソ話をしている。黒髪で若返る。それだけで、ここまで学園生活が変わるものなのか……。

俺はここで学んだ英語力を駆使して、最強のルックスを手に入れたのだ。

「ありがとう、セブ島の理容師さん」

その日の夜、晩ごはんを食べていると、日本人クラスメイトのYUKIが俺に話しかけてきた。

「ごっつさん、変な日本人の噂を聞きましたよ。なんか、先週末のファンフライデーの時、写真を撮りまくっている変なおじさんがいて、学校中で『その人、変態なんじゃないか』って噂が広がっているらしいですよ」

嫌ぁ〜な汗が出た。俺は気づかぬうちに「変態」だと思われていたのだ。

そうか、美人教師や校内の女性たちが妙によそよそしかったのは、モテはじめたのではなく
「あいつが変態おじさんじゃね？」とヒソヒソ話をしていたってことか……。

狭い校内で新参者の中年おじさんが写真を撮りまくっていたら、そりゃドン引きするよな。

「ふーん。そのおじさんキモいね。俺も先生にその人が誰か聞いてみよ」

俺は冷戦下の秘密警察のごとく事実を隠蔽したのであった。

学校生活も4週間目に突入していた。そろそろ卒業テストがある。不眠不休の勢いで、ここまで勉強してきた。英語力がついている自信はある。

「最後にちゃんとレベルアップして、この英語学校を卒業しよう」

テスト開始5分前、教室に入り深呼吸をする。試験官が入ってきた。いよいよテスト開始だ。ところが、試験が始まる前に事件が起きた。試験官が試験の進め方や注意事項を英語で説明するのだが、まずこれが全く理解できない。ほどなくしてリスニングのテストが始まったが、速すぎて全くついていけない。リスニングが終わり、しばらく様子を見ていると、周りの人たちは一向にテストを終えようとしない。「もしかして……」

案の定、試験は続いていた。試験官の言うことが聞き取れないのも自分の実力。最後まで問題の意味すらわからないうちに試験は終わった。結果は数時間後に出た。

レベル2（34／100点）→レベル2（40／100点）

1ヶ月もの間、苦労して勉強したのに、たった6点しか伸びていなかった。

「大学受験の頃と全然違う……」

この結果にはさすがにこたえた。

歳をとってからの新しい言語習得は難しいと聞いていたが、ここまでとは……。

「1ヶ月で無理なら、もう1ヶ月延長だ」

俺はあきらめの悪い男――。24万円振り込み、もう1ヶ月の延長を決めた。これが、おじさんが戦いながら身につけた絶対に負けない技術である。

自分の実力が身に沁みてわかった俺は、さらに勉強に身を入れた。だが、体は悲鳴をあげ、背中の痛みからなのか謎の高熱が出る。持参した解熱鎮痛剤で対処するも、疲れはピークを迎えていた。

格安英語学校での生活も6週目を過ぎたある日のこと。

授業と授業の合間の休憩時間、廊下の長椅子に座って次の授業の予習をしていると、左隣にアナベルの親友の韓国人女子ジェーンが座った。すると、アナベルが俺の前を通り過ぎ、ジェーンを挟んだ奥の席に座った。ちらりと横を向くとジェーンと目が合う。俺は少しビビりながら「ハーイ」と声をかけた。するとジェーンもニコリと笑い「ハーイ」と返事をした。

「マイネーム　イズ　ゴッツ」

「アイノウ、アイノウ」

えっ、アイノウ……？　どうやら俺の名前をすでに知っているようだ。狭い学校に6週間も一緒にいるのだから、知っていてもおかしくない。ジェーンの向こう側にいるアナベルに気づかれないようにチラ見すると、彼女は俺をじっと見つめ、こちらの話を真剣に聞いている。ドキッとした。初めて近くで見るアナベルはやっぱり可愛い。目の色が予想以上に茶色く、少し青みもある。会話をうまく繋いで、アナベルと話をしようと思った。しかし、ジェーンも俺も互いに拙い英語力なので会話がもたない。結局、アナベルと話すことはできず、簡単な挨拶だけで各々の授業に向かった。

「もどかしい……」

まるで恋する中学生のような気持ちになった。まぁ、客観的にみると、若い娘に恋するキモい中年おじさんなのだが。

7週目に突入すると授業にも慣れてきて、少しだけ余裕が出てきた。午前中の授業が終わり、昼食後のコーヒーを飲んでいる時、ふとスティーブ・ジョブズは大学で興味のある授業しか受けず、その結果として文字芸術（calligraphy）に巡り会い、そのセレンディピティが後にマッキントッシュのフォント開発に役立ったという話を思い出した。

「今まで英語力を伸ばすため効率だけを追求し、授業を取っていたけど、毎日いろんな授業を受けてみるのも楽しいかも」。9限目のプレミアムクラスは、好きな授業を取ることが出来る。俺はその日から様々な授業に参加してみることにした。TEDのムービーを見て、そのテーマで議論をするクラス。字幕なしの映画を観て、台詞から会話を学ぶクラス。発音だけに特化したクラス。いろいろ受けてみると、知的好奇心が刺激され、くたくただけど毎日が楽しくなってきた。

「今日は何の授業を受けようか？」

そう悩んでいると、大きな歌声が耳に飛び込んできた。そこはポップソングという授業で、英語の曲を歌って勉強するクラスだ。先生から音楽は発音の勉強になると聞いていたので、受講してみることにした。

教室を覗くと、若い女の子たち7～8人と男の子1人がすごく元気なノリで歌っている。ちょっと気後れしながらも、勇気を出して中に入ってみた。すると、「Yeah!　Welcome!」という黄色い歓声を受けた。やばい。これはかなり恥ずかしい。

美人先生のフェイスもノリが良く、自己紹介の代わりに1曲歌えと言う。しかもアカペラで。自慢じゃないが、酒も飲んでないのにアカペラで歌うなんて、中学校の音楽の授業以来やったことがない。

「歌え！　歌え！」と、黄色い掛け声で盛り上がる。

その英語訛りから韓国人女子グループと言うのがわかった。どうしよう……。死ぬほど恥ずかしいが、ここで教室を飛び出るのは、もっと恥ずかしい。この圧倒的なノリの中で覚悟を決めた。

「やったれ！」

俺は日本語でサザンオールスターズの『いとしのエリー』を、桑田佳祐のモノマネで真剣に歌った。伝わるかどうかなんて考えず、魂で熱唱した。

♪エーーーーリィィィィーーー
歌い終わると歓声と大拍手が起きた。恥ずかしさからの解放と歌い切った興奮で、脳内からアドレナリンがドクドク出るのを感じる。少し冷静になり、どんな生徒がいるのかを見回してみた。

「えっ、アナベルがいる！」

なんとその韓国人女子グループの中に、憧れのアナベルがいるのだ。俺は、アナベルの前で『いとしのエリー』を全力で歌ってしまった。「恥ずかしすぎる……」

しかし、魂をこめた俺の歌は国籍、年齢、言葉の壁を一気に飛び超えたようで、改めて自己紹介をすると、矢継ぎ早に「仕事は？」「彼女はいるのか？」「好きなタイプの芸能人は？」など合コンのような質問が飛んできた。その流れで、憧れのアナベルが俺に質問した。

「ゴッツー　ドゥー　ユー　ハブ　ア　チャイルド（子供はいるの？）」

アナベルは俺の名前を知っていた。そして、俺は子持ちに見えるらしい。

「ノー」

そう返事をすると、アナベルは大きく頷いた。ずっと話したいと思っていた女性と初めて交わした会話が「子供いるの？」とは、シュールすぎるくらいシュールな展開だ。

それから毎日そのクラスに通い、一緒に英語の歌を唄うようになると、皆と驚くほど仲良くなった。学食では、韓国人女子グループに日本人のおじさんが1人だけ混じり、一緒にごはんを食べるという異常事態も発生している。

アナベルは、廊下ですれ違う時「ハーイ　ゴッツー！」とハイタッチをしてくる。

「これは運命の流れなのかもしれない……」

しかし、楽しい時間はあまりにも過ぎるのが早い。せっかくみんなと仲良くなれたのに、そろそろ二度目の卒業が近づいている。卒業予定日は12月24日のクリスマスイブ。

しかし、クリスマス休暇の予定は今のところ白紙。アナベルと過ごす予定なんかない。しかも、まもなく卒業テスト。ちゃんと納得のいく成績を残した後に、アナベルを誘い、一緒にクリスマスイブを過ごしてから卒業を迎える。そんな風にモチベーションを変え、ラストスパートで猛勉強をした。

クリスマス休暇の3日前。3回目のレベルテストを受けた。今度は試験官が英語で喋る諸注意が聞き取れた。これだけでも進歩である。テストを受けると、比較的簡単に思えた。また、時間配分を失敗し、長文を2問残したが、前回よりは手応えを感じた。結果は51／100点　レベル3に昇格した。

【初日】結果：レベル2（34／100点）
【2ヶ月後】結果：レベル2（40／100点）
【3ヶ月後】結果：レベル3（51／100点）

正直、納得のできる結果ではないし、やはり英語学習はそんなに甘くないのだと痛感した。けど、勉強すればするほどちょっとずつ伸びていく。そして、英語を理解すればするほど外国人との親交が深まっていく。そんなことを肌身で感じられた2ヶ月だった。

先生にレベルアップしたことを告げると、自分のことのように喜んでくれた。ジャセットは握手をしながらジャンプをして喜んでくれた。実は俺、成績が伸びなくて結構ヘコんでいた。こんなポンコツ生徒のためにそこまで喜んでくれるなんて……。先生の笑顔を見ていたら、なんだか泣けてきた。歳を取るとどうも涙腺が緩い。

俺は、これからも継続的に英語を勉強することを心に決めた。

翌日、最後のポップソングクラスの授業に向かっていると、俺ともう1人の男子、22歳の韓国人ライアンが話しかけてきた。

「ゴッツ、クリスマスはどうするの？　一緒にカモテス島に行かない？」
「今のところ決めてないけど、島か、行ってみたい」
「本当？　ごっつが来てくれたら絶対楽しくなるよ」

ライアンは、そのままポップソングクラスに入ると「ごっつもカモテス島にジョインするぞ！　しかも日本人1人で」とクラスメイトに報告した。すると、クラスの女子グループが「イエーィ！」と狂喜乱舞した。その中にアナベルもいた。

「アナベルもカモテス島行くんだ！」

まさか、直接誘ってもないのに、アナベルとクリスマスを過ごすことができるなんて。これは、この2ヶ月間、スパルタ式英語合宿を頑張ったご褒美なのかもしれない。

俺はこの2泊3日のクリスマス旅行を「卒業旅行」だと銘打ち、いろんなことをシミュレーションした。そして「アナベルに自分の想いを伝えるならここしかない」という結論に達する。

MERRY X'MAS IN SUMMER

12月24日、早朝4時30分。前日にライアンが買い込んだビール30本とチャミスル40本、そして、ダンボール1箱分の韓国の辛ラーメンを車に積み込み出発した。たった2泊しかないのにすごい量だ。ちなみにライアンは、前日飲みすぎて遅刻。後から合流となった。車は出発し、男3女5の計8人でカモテス島行きの船が出港するダナオ港に向かう。

港に到着すると、クリスマスイブをビーチで過ごしたい人が多いのか、ものすごく混んでいて、予定していた8時発の船には乗れないかもしれないとのことだ。いきなり足止めをくらう。偶然、そこで台湾人のロイを見かけた。

ロイはアナベルやジェーンと仲が良い台湾人で元消防士。背が高くガタイも良い男だ。前回のお休みの時、彼女たちと一緒にボホール島へ行ったらしい。アナベルが「船に乗れなくて困っているの」と彼に話しかけると、即座に動いてダフ屋と交渉し、俺たち全員のチケットをゲットしてくれた。異様に動きが良い。実は学校で、ロイがアナベルかジェーンのどちらかを狙っているとの噂が立っていた。俺にとってはかなりの危険人物だ。

高速船でセブ島から2時間ほど進むと、深緑の木々で覆われたカモテス島が見えてきた。カモテス島は大自然が豊かな離島で、透明度が高いコバルトブルーの海水と白い砂浜のビーチが有名なこぢんまりした島だ。フィリピン人の間でも最も美しい島の一つといわれている。あまり観光化されていないので、田舎の島とも呼ばれ、のんびりと過ごすには最適な場所らしい。

船を降りると、観光客目当てのバイクタクシーや車体を赤や緑などデコトラ風に派手に塗装した、ジプニーと呼ばれる乗り合いトラックが10台近く待っていた。一番年上の女性のエマが、8人乗りのジプニーを丸1日貸切りで交渉し、値段を下げた。男性は交渉に参加せず女子たちとお喋りをしている。韓国でも今の時代は女性の方がしっかりしているようだ。ジプニーの荷台に腰掛けると「乾杯!」という大きな掛け声が上がり、全員が瓶ビールをラッパ飲みで喉の奥に流し込んだ。おしとやかそうなアナベルもラッパ飲みをしている。そのギャップに胸がドキッとした。

ホテルに到着すると、海辺のレストランで遅めのランチ。そこでも全員ビール。みんなで乾杯した後、こっそりアナベルと目を合わせて小さく乾杯した。強い太陽の光とコバルトブルーの海が、彼女をビールのCMに起用されたアイドルに変貌させる。海の青さと白い肌というミスマッチを狙った演出だ。そして、全員で水着になり、ビーチへ。

やった！　アナベルのビキニ姿が見られる！

しかし、大変残念なことにアナベルはビキニ姿ではなく、日に焼けないようラッシュガードを着ていた。クーー！（ジョン・カビラ風）

俺はおじさんであることを忘れ、韓国の若者と一緒にコバルトブルーの海に飛び込んだ。

日が沈み、辺りが暗くなってきた。いよいよ、真夏のクリスマスイブ。初めての経験だ。どんなディナーなのか？　どんなパーティーをするのか？　実は全く知らされていない。遅刻したライアンがやっと到着したので聞いてみた。

「クリスマスイブの夕食どうするの？」

「この部屋でパーティーだよ！」

宅飲みなんて大学生以来だ。妙にテンションがあがる。

「いよいよアナベルとのクリスマスイブ！」

夜7時になると、女子たちがお湯を持って部屋に入ってきた。そして、大量の辛ラーメンのカップにお湯を入れ始める。俺はアナベルに話しかけた。

「もしかして、今日の晩ごはんって辛ラーメンだけ？」

「そうよ〜」

クリスマスイブにカップラーメン。文句一つ言わずニコニコしているアナベルを愛おしく感じた。

「今日は飲むよ〜ごっつー」

アナベルはもう、何の気兼ねもなく自然にごっつと呼ぶ。俺はまだ恥ずかしくて彼女を真っ直ぐ見れない。カップラーメンができると、大量のチャミスルとビールが開けられ、クリスマスパーティーが始まった。外はいつしか大雨になっていた。しかし、逆にそれが部屋の密室度を高め、異様な盛り上がりを見せる。それにしても韓国の若者はよく飲む。昔の体育会系大学生のように、男女構わずチャミスルを一気させられる。酒が強い俺も、彼らの飲むペースにびっくりした。流石に買いすぎだろうと思っていた箱いっぱいのチャミスルが次から次へと無くなっていく。アナベルを見ると、負けじと飲んでいた。白い肌がピンク色になり、さらに可愛くなっている。すると、酔っ払ったアナベルが俺にこんなことを言ってきた。

「アイ　トークド　ジェーン　アバウト　ゴッツー　ユー　ルックライク　キャット　イン　シュレック（ずっと前からジェーンと盛り上がっていたんだけど、ごっつーってシュレックに出てくる長靴を履いた猫にそっくりだよね）」

すると、女子たちが「似てる〜似てる〜」と大騒ぎで盛り上がった。

カモテス島での宅飲みクリスマスパーティー

ん？　ちょっと待てよ。……ってことは、アナベルはずっと前から俺の噂をしていたってこと？　テンションが急速にあがり始めた。

「なんかいい感じだぞ！」

俺は、全体の空気を壊さず、アナベルと話せるチャンスが来るのを待った。

3時間ぐらい酒を飲むと、さすがにみんな酔っ払ってきた。アナベルは目をとろーんとさせながら、よく喋りよく笑っている。おしとやかなイメージがあるが、割と活発な娘なのかもしれない。女子達がベッドに座って歌を唄ったり、じゃれたりし始めた。アナベルと2人っきりで喋りたいが、そんなことをしたら男たちにヒンシュクを買う。せっかく誘ってくれたライアンの面子を潰す訳にはいかない。俺は男同士で酒を酌み交わし親交を深めた。

すると、突然ドアが開いた。ロイと台湾人グループが料理をおみやげに部屋に入ってきたのだ。すでに酔っ払っていた俺たちは突然の来客に盛り上がった。ロイはマシンガントークを繰り広げ、韓国の男たちを酒で潰し始めた。気の良い彼らは「受けて立つぞ！」という感じで酒を飲み、心よく彼を受け入れた。ロイはひとしきり男子たちと酒を酌み交わすと、おもむろにアナベルの隣に座った。そしてひたすらアナベルを口説きだした。アナベルはかなり酔っ払っている。男たちの間で「なんだこいつ」という空気が流れた。しかし、ロイはそんなのお構いなしで口説きまくる。俺はライアンたちと飲みながら、こっそりと2人の会話を一言一句に聞き耳を立てた。すると、

「アナベル、外に出て2人で話そうよ！」

強引にアナベルを誘うロイの声が耳に入った。

えっ……。

いや、大丈夫だ。そんな安い口説き文句にアナベルが乗るわけない。俺はその様子をチラチラ見ながら、全神経を集中させ2人の声のみを拾い上げた。英語のリスニングテストとは比べ物にならないほどの集中力だ。ところが、アナベルは照れた表情こそ見せるが、ロイの誘いを完全に拒絶しようとしない。そして、2人はおもむろに席を立ち、ドアを開け、外に消えていった。

「………」

俺は頭を整理整頓しようとしたが、酔っ払っているためさらに混乱した。トイレかもしれない。そう思うことにしたが、10分経っても一向に帰ってくる気配がない。2人のことが気になりすぎて、盛り上がるみんなの声が一切聞こえなくなった。まるでスローモーション映像の飲み会をVTRでチェックしているような奇妙な感覚だ。

20分後、ロイとアナベルは部屋に帰ってきた。「おー」と男女の歓声が上がる。他の人達も抜け出していた2人のことが気になっていたようだ。俺は動物的な感覚を研ぎ澄ませ、ロイとアナベルの顔を見た。

「あれ？　なんか2人とも、ちょっとだけすっきりしていない？」

いやいやいや。そんなことある訳がない。おそらく、酔い覚ましに散歩でもしていたのだろう。もしくは、普通にトイレにでも行ってすっきりしたのだろう。

だが、ロイと2人で消えた事実は、俺の心の奥深くにぐさりと突き刺さった。そして、部屋に戻ってきた2人は、終始ずっといい感じだった。

多分、2人はキスをした……。

明らかに変わった2人の雰囲気からそのことを察した。ロイは恋する瞳でアナベルを見つめている。

そして、アナベルも……。

俺は頭を冷やすため、外に出て夜の海風にあたりに行った。真夏のクリスマスは小雨の音と波の音が混じりあい、何とも言えない爽やかなメロディーを奏でている。

雨のおかげで夜風も少しひんやりとして気持ちがいい。

アナベルのすっきりとした顔が頭に浮かび、波のように押し寄せる。

彼女の透き通るような白い肌と嬉しそうにロイを見つめる茶色の瞳がよせては消え、よせては消える。

頭の中にKUWATA BANDの名曲『MERRY X'MAS IN SUMMER』の一節が流れてきた。

Let it be この夏は もうこれきりね
夢見るよな 甘い Brown-eyes
お別れで 濡れてた （作詞：桑田佳祐　1992年）

韓国の若者と青春するおじさん

俺はフラれた。告白する前にフラれた。若い男女の恋をおじさんが邪魔しちゃいけない。本能的にそう感じた。人生初の真夏のクリスマスは、恋をするのに年齢をとりすぎてしまったという現実を痛感させられる何とも切ない夜となった。

それでも密な国際交流はとても刺激的で、忘れられない大切な思い出となった……。

「ごっつーまたねー」

俺は再び23キロのバックパックを背負い旅人に戻った。学校の去り際、全員で『蛍の光』を熱唱してくれた。アナベルから「ごっつがいなくなると寂しいよー」というカカオトークのメッセージが入った。本当に女ってやつは……。

こうして2ヶ月にも及んだセブ島の英語スパルタ&恋の合宿は幕を閉じた。

3章　タイ

深夜特急で時の旅へ

沢木耕太郎の『深夜特急』を真似て、タイ北部にある古都チェンマイ行き22時発の深夜特急のチケットを取った。ドミトリーで慌ててパッキングをし、バックパックを背負い、タイの首都バンコクの中心部にあるフアランポーン駅へと向かう。ネットではベッド付きの寝台列車を予約したつもりだったのになぜか失敗しており、一般席になってしまった。その辺は相変わらずだ。ということで、横になれない14時間にも及ぶ長旅が始まる。バンコク〜チェンマイ間の距離は東京〜青森より少しだけ近い690キロ。運賃は451バーツ（1461円）。俺は、銀河鉄道999に乗るつもりで電車に乗った。

「もしかして隣の人がメーテルのような人かもしれない」

実は俺の初恋の人、『銀河鉄道999』に出てくるロングヘアーの美人メーテルなのだ。流行りの二次元愛は幼い頃にちゃんと経験している。淡い気持ち、いや、薄汚い下心を持って指定された席を探した。

隣の人はメーテルではなく、30歳くらいのインドネシアのおっさんだった。

プロのスケートボーダーだそうで、休暇でチェンマイに遊びに行くらしい。

「俺、イスラム教徒なんだ。今、イスラム教徒ってテロのせいで嫌われているだろ？　俺はすごく敬虔なるムスリムだから、テロの件が残念でしょうがないんだよね」

彼は、そのような話を何度も繰り返し喋った。

そうだよな。イスラム教徒のほとんどの人は真面目に普通に暮らしているんだよな。

フェイスブックを交換すると、彼はアナキン・スカイウォーカーという偽名を使用していた。

それは『スターウォーズ』のダーズベーダーがダークサイドに堕ちる前の名前だ。フェイスブックは実名が基本ルールなのだが、そんなことも気にしない、ある意味において、ルールに縛られない自由な奴らしい。話は盛り上がり、仲良くなった。

ふと、彼が俺の目を盗み、車内の席の窓に向かい何かを吸っていることに気づく。

「それ、何？」

「うん。マリファナ。でも俺、敬虔なるムスリムだからマリファナはだめなんだよね。ばれたらやばいことになる。殺されるかも」

「俺、吸ったことないんだよね。日本じゃ禁止されているし」

「吸う？」

「いや、いい。吸わない」

「チェンマイにはマリファナ仲間がいてみんな面白い奴らだから、一緒に合流して楽しもうぜ！」

どうやら、目の前にいるアナキンことダースベーダーは、離婚で傷ついた心の闇に入り込み、暗黒面（ダークサイド）に引き込もうとしている。だめだ。こんな安易な方法でどん底から這い上がるのは俺のポリシーに反する。

「ごめん、俺、マリファナやりたくないからそのパーティーに参加しないわ」

そう言って断った。すると、ダースベーダーは、

「俺、本当は敬虔なムスリムなんだよね」

と言い、ずっと俺に気を使いながらマリファナを吸い続けた。

チェンマイ駅に到着し、この旅で初めての「日本人宿」を予約した。一度「日本人宿」というものに泊まってみたかったというのもあるが、日本の旅人と深い話がしたかった。

選んだ宿は「Slow House」。『ドラゴンボール』に出てくる「精神と時の部屋」のように、なんとなく時間がゆっくり流れているような印象を受け、名前に惹かれてこの宿を選んだ。

宿に到着すると、たくさんの若者がゴロゴロしながらスマホをいじっていた。フロントには「働いたら負けでしょう」と書かれたTシャツが売られている。うん。なんかいい宿かも。気楽な雰囲気だ。

到着してすぐに宿のオーナーのあゆみさんとタイ人のクッキーちゃんの3人で、チェンマイ名物料理「カオソーイ」と呼ばれる麺料理を食べに行った。カオソーイは、ココナッツミルク入りのスパイシーなカレースープに平打ちの麺を加えたラーメンのような料理だ。

「めちゃくちゃ美味い！」

飽和している日本のラーメン業界に新しい風を巻き起こすかもしれないほどの衝撃的な味だった。あゆみさんもクッキーちゃんも心が綺麗な癒し系美人。宿の隣にはタイマッサージ店があり、1時間150バーツ（474円）と激安。どうやらここは、疲れを癒すのに最高の環境のようだ。

俺は長居することに決め、1週間分のお金を払った。

その夜、1人でナイトマーケットに向かった。ナイトマーケットとは文字通り夜の市場で、日本のお祭りのような屋台が1キロ以上も並ぶにぎやかな場所だ。そこに来る人は、白人が3割、中国人・日本人・韓国人などのアジア系が3割で、残りはタイ人の観光客が占めている。マーケットには、タイの食べ物だけでなく、洋服やアクセサリーなど、何でも売っていて見ているだけでも楽しい。頭を空っぽにして、気の向くままに歩いた。

「綺麗だなあ～　岩井俊二監督が撮影する淡くて色鮮やかなフィルム映像みたいだな」

感慨にふけりながら、甘美な気分を味わっていた。その時、急にお腹が痛くなってきた。俺はあまりお腹が強いほうではなく、アジアにきてよくお腹を壊す。夕方に食べた唐辛子がいっぱい入ったガパオライスが原因かもしれない。やばい。ここは2キロ続くナイトマーケットの真ん中、トイレがあるようなお店やレストランが一軒もない。

チェンマイ名物料理「カオソーイ」

連なるナイトマーケット群の中でトイレを探した。しかし、探しても探しても、トイレもトイレがありそうなお店も見当たらない。いやいや、そんな訳がない。働いている人が用を足すためのトイレがきっと近くにあるはずだ。大丈夫大丈夫。始めは余裕をかましていたが、徐々にやばくなってきた。シンプルに言うと、うんこがもれそうになっている。

やばいやばい。日常の中で生まれた突然のピンチだ。こんなににぎわっているナイトマーケットでうんこなんか漏らしたら大惨事になる。

昔、「トリビアの泉」の〝トリビアの種〟というコーナーで「心理学者と肛門科医師が考える、うんこをしたい時にもうちょっと我慢できる方法は？」というVTRを撮ったことがある。その検証結果は「10秒ごとに『うんこは腸に留まるぞ』と言い、肛門の筋肉を締め静かに歩く」だった。俺はそれを忠実に守り、10秒ごとに「うんこは腸に留まるぞ」と言い、肛門の筋肉を締め、静かに歩いた。トイレを探しながら、必死に便意をコントロールしようとするその動きは、周りから見たら奇妙奇天烈なおじさんに映っただろう。すると突然、奇跡のような体験がおきた。まるで、神様が「こっちに来なさい」とお誘いして下さっているような、光り輝く道を見つけたのだ。

これが最後のチャンスかもしれない（うんこをもらさないための）。

俺は導かれるまま、その道を歩いた。すると、そこはお寺だった。あとで知ったのだが、そこは南伝と呼ばれるチェンマイでも格式の高いお寺らしく、光の道は参道の灯籠に淡い光が灯されていたようだ。お坊さんにお願いし、トイレをお借りした。

「お釈迦様ありがとうございます」

そう呟きながらトイレから出ると、助けてくれたお坊さんが、「お金はドネーション（寄付）でいいから瞑想をやりませんか？」とお声がけして下さった。これは運命の導きだ。そう思い、瞑想の指導を受けることにした。まずは1時間の英語のカウンセリング。アメリカ人グループに混じり、瞑想の意味を聞いた。

チェンマイのお坊さんは心理カウンセラーのように質問に何でも答えてくれ、インターネットを使い、仏教の知識をわかりやすく説明してくれた。英語もペラペラだ。

日本の仏教にも新しい潮流が生まれてきてはいるが、皆に伝わるわかりやすい説明をグローバルな言葉で伝えるチェンマイのお坊さんに、本来仏教があるべき姿を見たような気がした。（本来お経の意味って理解しやすいほうが良いと思うんだけどな……ま、いろんな意見があるんだよね。宗派とか、きっと）

その後、メディテーションルームに通され、床に敷かれた座布団の上で座禅を組み、2時間半の瞑想が開始された。瞑想は自分自身を観察することから始まる。鼻で息を吸い自分の呼吸を観察する。そして心を観察する。自分自身を観察し続けることで、いつの日か、気づきを得るらしい。1時間の瞑想の途中、白人女性は気分が悪くなってしまった。するとお坊さんは「どうぞ、リラックスして休んでください」と優しく声をかけた。

俺は瞑想しながら離婚で沈没していった自分の心について考えた。本当は考えちゃいけないんだけどね。瞑想中は。

「なんで俺はここまで心が落ちてしまったのだろう?」「どこかに隠している自分の弱さがあるはずだ」そんなことを考えていると、1時間があっという間に過ぎていった。

お坊さんは他にも瞑想方法を教えてくれた。まずは立ったままする瞑想。立って目を閉じるというシンプルな瞑想法だ。次は、歩きながらする瞑想。すり足で右足、左足を交互に動かしながら前に進む。5歩ほど進むとゆっくりと両足を元来た方向に回転させ、また同じ道を歩き出す。行ったり来たり、目を瞑りながら、ひたすら繰り返す。最後に、寝たままする瞑想法。お釈迦様が片手で頭を支え、横たわっている仏像を見たことがある人も多いと思うが、まさにあの姿で目を閉じ瞑想をするのだ。

瞑想って、ずっと座禅を組んで目を瞑るだけだと思っていたのにいろんな方法があるんだ。それを知れただけでも本当に良い経験をさせてもらったと思う。うんこがもれそうになったのもきっとお釈迦様の導きだったんだろう。

「コップンカップ(ありがとうございます)。ガウタマ・シッダールタ」

こうして、俺のチェンマイの初日は過ぎていった。

Romanticが止まらない

チェンマイの日本人宿SlowHouseには旅人がたくさんいた。オーナーのあゆみさんも、バックパッカーで世界中を渡り歩いた旅人だ。仲良くなった廣田賢司さんはアフリカなどハードな国を中心に陸路で世界一周したとのこと。これから日本へ帰るので、最後にチェンマイでゆっくり過ごすらしい。

旅人のスタイルもデジタルの影響で変わってきている。

旅を始めてみてわかったのは、パスポート・スマホ・クレジットカードさえあればほとんどの国に気軽にいけるということ。そして、バックパッカーとして旅している人はやはり20代が多い。旅する前に聞いていた、宿の旅ノートで情報交換したり、旅について酒を飲みながら語り合ったり、そんなノリはあまりない。たまにそういう時間もあるが、大部分の若い旅人はスマホで情報収集をしている。ゆえに会話も少ない。だけど、人との距離感が絶妙にいい。

おじさんになるとつい「最近の若い奴は……」「昔のバックパッカーは……」と語りたがるが、古代エジプトの壁画にも書かれているその言葉は、進化を受け入れられない年寄りの戯言に違いない。

「ノスタルジーに浸っている暇はない」

真夏のクリスマス事件で沈没していた心が徐々に回復し、水面から少しだけ顔を出しつつある。そんなとき、宿のオーナーのあゆみさんからお誘いがあった。

「ごっつさん、今日、宿でバーベキューするんで参加しませんか？」

宿の庭の小さな溜まり場でバーベキューが始まった。10人くらいの若者が集まり、ワイワイと盛り上がっている。その中で、一人の美女がタイのシンハービールの瓶を片手に飲んでいた。

「かなり可愛い」

彼女の名前はゆみさん（本人希望で仮名）、26歳。おっとりした雰囲気が心地よい。女子一人旅でバンコク～チェンマイ～ベトナムのホーチミンを回るそうだ。ところが、バンコクがイマイチ面白くなかったので、急遽予定を変えチェンマイに来たという。行動力があるし、機転も利く。

ゆみさんと他愛のない会話で盛り上がり、チェンマイを見下ろすステープ山頂にある標高1080メートルの黄金の寺ドイステープに行こうという話になった。そこはパワースポットとしても有名で、そのお寺から見るチェンマイの夜景は最高らしい。そのままトゥクトゥクという小型乗り合いバスをレンタルし、一緒にバーベキューをした若い男子2人とゆみさんと俺の4人でドイステープ寺院に向かった。ドイステープ寺院は格式の高いお寺だった。中心部には仏舎利（仏陀の遺骨）が納められている美しく装飾が施された高さ22メートルの黄金の仏塔があり、その周りにはエメラルドや黄金の仏像が所狭しと立ち並んでいる。寺院のほとんどが黄金に装飾されていて幻想的な雰囲気に包まれていた。皆で静かにお祈りをした。

寺の荘厳さに飲まれ神妙な雰囲気になった後、チェンマイの街が一望できるスポットに行き、夜景を眺めた。綺麗だ。

ゆみさんを見ると、うっとりとした目をしている。その横顔も綺麗だ。

「ロマンティックだなぁ～」

頭の中で、80年代のドラマ『毎度おさわがせします』のテーマ曲、C-C-Bの『Romanticが止まらない』が流れた。

♪誰か *Romantic* 止めて *Romantic*

胸が〜　胸が〜　苦しくなる〜
惑う瞳に　甘く　溺れて
Hold me tight　せ〜つなさ〜は
止まらない　（作詞：松本隆　1985年）

久々に、心躍る瞬間だった。

翌日、宿の共用スペースでゆみさんと『スラムダンク』について話をした。ゆみさんもスラダンの大ファンらしい。これは俺にとってものすごく重要なポイントだ。話は異様に盛り上がった。

「ゆみさん、明日はどんな予定なの？」

「私、この宿出て、別の宿に移るんです」

「……あ、そうなんだ。チェンマイでは何をする予定？」

「さっき見つけたツアー会社で、象に乗るツアーに申し込んじゃいました」

「俺も行こうかな〜」

「行きましょうよ！」

話が決まると、急いでツアー会社に行き、申し込みを済ませた。よし、なんかうまくいってるぞ。

翌朝、7時30分にツアー会社のバンが宿に迎えにきた。バスに乗り込むと10人ぐらいの白人に混じり、ゆみさんがこちらに向かって手を振っている。一眼レフを首にぶら下げ、タイパンツという出立ちだ。下北沢あたりにいるカルチャー系女子みたいですごく似合っている。

一瞬、胸がドキっとした。

その後、バンで1時間ほど走り、メーサ・エレファント・キャンプという象に乗れる場所に着いた。

ざっと見ただけで自然の中に50〜60頭の象がいる。タイ人のガイドが注意点も含めさまざまな説明を英語でしてくれた。ゆみさんは英語ガイドをあまり理解できなかったため、俺がそれを聞き取り、通訳をする。

「セブ島でスパルタ合宿、やっといてよかった……」

卒業時はレベル3の英語力だったが、旅を続けることで少しずつ上達しているようだ。脳裏には「努力は必ず報われる」というAKB48全盛期の高橋みなみの名言が浮かんだ。続いておぎやはぎの小木の「そんなわけねーだろう」というツッコミも頭に浮かんだが、そちらはすぐにもみ消した。

やがて、2人で象に乗った。そして、ちょっと調子に乗ってみた。

「なんだか新婚旅行みたいだね」

「確かに〜」

象の背中は予想より遥かに不安定だ。キャーキャー言いながら川を渡ったり、餌である木の枝を一緒に食べさせたりした。象の鼻が俺たちのほうに近づき、たまに「ブヒッ!」と息を吹きかける。その度に、ゆみさんはきゃーと俺のほうに近寄ってくる。

もうこれはデートだ。どこからどうみてもデートだ。デート以外の何物でもない。

しかも、2人は今、不安定な象の背中の上にいる。この状況って恋が生まれやすいよね。つーか、俺自身が吊り橋効果の影響をすでに受けているかも。

やがて、象の上での揺れは俺の心の揺れへと変わった。ゆみさんはメトロノームの音のように規則正しく、秩序を持って俺の心の奥に入り込んでくる。

深ーく深ーく。ゆっくりゆっくり。

今、象に乗った中年の「恋する感覚」が、頭の奥の方から引っ張り出されようとしている。まぁ、シンプルに象の上ではしゃぐ彼女の笑顔がものすごく可愛かったという単純な話かもしれないが。

象から降りると、写真が売られていた。よく遊園地のジェットコースター的なアトラクションで降りる時に写真が売られている、あれと同じシステムだ。

だが、ゆみさんはその写真を見て、気になるコメントを残した。

「なんだかお忍び旅行みたいですね」

少し冷静になった。考えてみれば歳の差は20歳。2ショットの写真には、妙な違和感がある。こちらはデート感覚だったが、写真は忠実に、そして正確に、その状況を捉えていた。仲睦まじいカップルというより、ワケありカップルだ。

「たしかに、『フライデー』とかに盗撮された芸能人の不倫お忍び旅行みたいだね」

「……なんで、こんなにゴシップ感があるんだろう」

俺は必死にごまかそうとした。このゴシップ感は「歳の差から来るワケあり感」が原因だとバレるとまずい。

「ゆみさんがかぶってる黒いキャップのせいじゃない？」

「たしかに。この帽子にマスクだったら完全に『フライデー』ですね」

俺は昔の芸能界みたいにそのゴシップを闇に葬った。

その後、川沿いのレストランのテラス席に2人で座り、タイカレーを食べた。食後は1時間ほどの川下り。日差しが強いので、現地の人がかぶる麦わら帽子を貸してくれた。麦わら帽子をかぶったゆみさんは、まるで少女漫画のおてんばな主人公みたいで一段と可愛い。

その後、車で移動し、ツアーに組み込まれていた首長族の村に到着すると、そこには、タイとミャンマーに広く住むカレン・パドゥン族という民族がいた。若い女性たちは美しい刺繍で編まれた民族衣装を着用し、真鍮のリングを長い首に巻き、観光客を迎え入れる。しかし、彼女たちがまるで見世物小屋のように扱われていると思った。首の長い美しい少女たちは必死に作り笑いを見せていたが、その不自然な笑顔が、より複雑な気持ちにさせる。

白人観光客は大きなシャッター音を立て、一眼レフで彼女たちを撮影していた。俺たちは1人の少女にお金を払い、一緒に写真を撮った。それが適切な行動だったのかどうかは分

麦わら帽子を被りピン川下り

らない。しかし、カレン族は、こういった方法でお金を稼ぎ、生計を立てている。

その後、村に併設されたお土産屋に行くと、ゆみさんはカレン族の作ったブレスレットを手に取り、じっと眺めていた。

「これ、あの娘が付けていたのと同じだ。可愛いかも」

流石、タイ好きカルチャー女子。俺が気付かないようなとこまで見ている。

「安いし、それプレゼントするよ」

「え？　本当ですか？　超うれしいー」

作り笑顔ではなく、本当に喜んでいるように見えた。俺はこう見えてもディレクターだ。そのくらいはわかる。ゆみさんはプレゼントしたブレスレットを左の手首に巻いた。

「似合うよ」

「本当ですかー」

彼女は左腕をあげ、手首に巻かれた美しい刺繍の絵柄を、角度を変えながら何度も見つめた。無邪気に喜ぶ笑顔に胸がキュンキュンする。

今の俺たち、どこからどう見ても、ワケなしカップルだよな。いや、むしろ新婚さんいらっしゃい

カレン・パドゥン族の少女

だ。

恋心らしきものが、ゆらゆらと動き始めた。久々に感じたドキドキ感。恋愛感覚を取り戻し始めた、と思った。

「よかったら、このツアー終わりで、素敵なレストラン探して2人で晩ごはんでも食べません？」

勇気を出して誘ってみた。

「いいですよ～行きましょう」

「ビールでも飲みながら」

「ビール飲みたい！」

こうして、20歳下の素敵な女性とお酒を飲みながらディナーをすることとなった。

ツアー帰りのバスからチェンマイの太陽がステープ山に近づいているのが見えた。澄み切った空がその濃い青色をそのまま濃い赤黄色に移し替えようとしている。両方の色に共通する濃さは、まるで俺の強い想いみたいで、妙にバタ臭い、油ギッシュな、いや一途な心を投影しているかのように感じた。ごめんなさい。正直に言います。窓から差し込んだ光に照らされたゆみさんの横顔がものすごーく可愛かったです。

あなたの気持ちを知りたくて

チェンマイへの到着が近づく車で、ゆみさんが「iPadのタッチペンを買いたい」と言ったのを聞き、さりげなくiPhoneでアップル製品を取り扱っている店を調べた。海外で欲しいものをすぐに見つけるのはなかなか難しい。

「できる男だと思われたい」

単純な動機だった。若くもない。イケメンでもない。肉体が美しいわけでもない。おじさんがモテるには使える男になるしかなかった。

ツアーガイドに英語で交渉し、アップル製品を専門的に扱っている店の近くで降ろしてもらった。ラッキーなことにその店でゆみさんの買いたい商品が見つかった。運は良い方向に傾いている。晩ごはんデートがスムーズに行くよう専門店の近くのお店はなんとなくはリサーチしておいた。そこはニマンヘミンと呼ばれるエリアで、日本でいう表参道・代官山みたいな洒落なお店が数多く集まる場所だ。

「この辺、いい店が多いらしいッスよ。ぶらぶらしてレストラン探しません？」

「ぶらぶらも良いですね〜」

「で、いい感じの店があったら入りましょうよ」

俺にとっても見知らぬ街チェンマイ。不安はある。それを察してか、こちらが不安な気持ちにならないよう絶妙な間合いで、ゆみさんは言葉を返してくれる。

「本当にいい娘だな〜。優しいし、気もよく回る」

彼女への気持ちが徐々に高まっていく。しかし、まだ正確に「恋心」だと認定するのは早計だと思った。若い娘に恋をすると確実に傷つく。

アナベルとロイとの真夏のクリスマスキス事件からやっと再浮上しつつあるのに、また辛い思いはしたくない。ここは慎重に慎重に。

10分ほど歩き、パブに隣接している中華系のレストランに入った。

「喉乾いた〜。暑いからビール飲みたい」

店員さんにシンハービールを2本オーダーした。しかし、

「あと、10分は売れないんです」

タイにはお酒を売る時間の法律があって、14時〜17時まではお酒を売ってはいけないという。象ツアーを満喫した俺たちは、一日中灼熱の太陽の下で大量の汗をかいていた。当然、喉はカラカラだ。

他愛のない話をしながら10分ほど待つことに。

そして夕方5時。店員さんが「待たせてごめんなさいね」と言いながらビールを運んできた。

「かんぱーい!」

やっとありつけた水分、いや、ビールをグビグビ飲んだ。

「うま〜い! 喉が乾いてたから、超最高ですね〜」

2人で何品か、空芯菜などお酒のあてになるようなものを頼んだ。そして、ビールを片手に今日の出来事を振り返る。悪くない。いい雰囲気だ。

ビールをもう1本ずつ飲み干すと、2人は少しほろ酔い気分になり、なんとなく盛り上がって来た。

気づくと窓の外は暗くなり、夜になっている。

「店変えて、別のとこで食べながら飲みます？」

「そうですね。ちょっと違うものも食べたいし」

俺たちはベジタリアンフードの店に行った。

「これがスーパーフードか」

「ごっつさん、OL化してますよ」

ゆみさんはアサイーボウルを食べる俺を見ながらクスクスと笑った。

さらに店を変え、3軒目の店に向かうと、そこはソファーがある野外のお店だった。

「お、ワインがある。ワイン頼みません？　アジアにきてずっとビールなんだよな〜」

「あ、いいですね〜。ビール、お腹ふくれちゃいますもんね」

俺は普段、日本ではビールをほとんど飲まない。しかし、旅に出てから、コスパや安全性を考え、ビールしか飲んでいなかった。赤ワインがサーブされると、2人で1本軽々と空けた。すきっ腹でビールとワインを飲んだからなのか、2人はずいぶんと酔っ払ってきた。そのままワインは2本目へと進んだ。気づくと時刻は夜10時過ぎ。

日本ならここから楽しくなるところだが、ここは異国の街チェンマイ。あまり羽目を外すと危険だ。ゆみさんもかなり酔っ払ってきている。俺は少し責任を感じ始めた。

「彼女をドミトリーに送り返さねば。万が一危険があったらこれは俺の責任だ」

お会計をすませ、トゥクトゥクを呼び、30分ぐらい離れた彼女のドミトリーまで送っていくことにした。チェンマイは京都のように小さくて情緒ある伝統的な街だ。

旧市街の周りにはお濠があり、その内側には外敵の侵入を防ぐため、ランナー王朝時代に築かれた遺跡のような壁がぐるりと囲む。その壁が夜はライトアップされ、幻想的に浮かび上がっている。ロマンティックが止まらないお城の外壁を見ながら2人はドミトリーへ向かった。夜風がとても心地いい。外の景色を眺めるゆみさんは一段と美しく見えた。

しかし、幸せな時間は短く、あっと言う間に彼女のドミトリーに着いてしまった。夜が遅いので、エントランスの鍵は当然のように閉まっている。彼女が鍵を探すためハンドバッグを開けた時、事件は起きた。

「……あれ？」

ゆみさんは少し焦っているようだった。

「おかしいな。財布がない」

「え？　マジ！　現金はいくら？」

「1万円くらいなんですけど」

「カードとかは？」

「入ってます。どうしよう……」

「カード会社に連絡して、その後、今日行ったお店に戻ろう。カードはそれ1枚？」

「一応、こんなこともあるかもしれないので別のカードを1枚ドミに置いてます」

俺は、カード会社の番号を検索し、スカイプ電話でカード会社の人に事情を話した。そして、彼女に代わった。ゆみさんはこんなトラブルは初めてらしく、かなり混乱した様子で話をしている。今にも泣きそうだ。セブ島の空港で世界対応のキャッシュカードがATMに飲み込まれた時のことを思い出した。

「海外で財布を無くすって、あれ以上の事件だよな」

ゆみさんは一時的にカードを止めた。その後、もう一度トゥクトゥクに乗り、今まで飲んでいた店に戻った。

ここは海外、日本とは違い、そう簡単に出てくる訳がない。しかし、チェンマイは伝統的な仏教の街。人々の優しさを信じるしかなかったが、期待は虚しく財布は出てこなかった。

その後、もう一度トゥクトゥクに乗り、彼女の宿に向かう。

「……警察に行こうかな」彼女は半べそでそう言った。

俺は、トゥクトゥクから降りると即座に、近くにいた30代くらいの女性に警察の場所を聞いた。その女性はチェンマイに長く住むフィリピンから来たダンサーだった。一通り事情を説明すると、

「大丈夫、大丈夫。カードを止めたんでしょ。今日は眠って明日、警察に行けばいいじゃない。せっかくの旅なんだから、嫌なことを忘れて旅を楽しみなさい。あなたの旅は絶対素晴らしいものになるわ！」そう言ってゆみさんを優しく抱き寄せた。

すると、彼女はいろいろな感情から解き放たれたのか、ポロポロと涙を流した。俺はその涙を見て、心臓をギュッと強く握られたような気持ちになった。ゆみさんがフィリピン人女性に「サンキュー」とお礼を言うと、フィリピン人女性はさらにギュッと強く抱きしめた。彼女はダンサーの腕の中でもう少し泣いた。ゆみさんの不安が徐々に和らいでいっているのを感じる。

「俺がついていながら、なんでこんな悲しい気持ちにさせてしまったんだろう」

強く責任を感じた。世の男は女性の涙に弱い。当然、俺も。俺の場合、人一倍弱いかも。

翌日、一緒に警察に行く約束をした後、もう一度彼女をドミに送り届けた。

その帰り道、1人トゥクトゥクに乗りながら、元妻のことを思い出していた。

「私、今の職場辞めようかな……」

俺は元妻のそんな愚痴に対して、理路整然となぜ仕事を辞めるのかを質問した。でもそれは間違いだった。ただずっと愚痴だけを聞いてあげれば良かったのに……。

今回も全く同じだ。

ゆみさんが求めていたのは、警察を探すことではなく、心の不安を一緒に共有してあげることだったのかも……。俺は女の人の気持ちが、本当にわからない。

「あれ？　俺、何でこんなこと考えているんだろう？」

ただの責任感なのか？　それとも恋なのか？

ゆみさんは、失恋の防御のために作られた俺の心の城壁に、いとも簡単に侵入している。

翌朝。眠っていると、ブルブルっと震える携帯の振動で目が覚めた。LINEを開くと丁寧なお礼のメッセージが入っていた。

「おはようございます。昨日はお迷惑をおかけしました。一緒に探してもらったり、いろんな手続きも手伝っていただいて本当にありがとうございました」

やはり、すごくいい娘だ。改めて確信した。ふと思った。彼女は今、現金を1円も持っていないはず。大丈夫なのか？　すかさずLINEを返した。

「警察、行くの？　だったら一緒に行くよ」

「え？　いいんですか？」

「なるべく早く、そっちのドミトリーに向かいます」

「ありがとうございます。今日も引き続きご迷惑をかけてすみません。よろしくお願いします」

Slow Houseの旅人に話を聞くと「大使館に行った後、警察に行ったほうが出てくる可能性が高いかもよ」と言っていた。ゆみさんは明日ベトナム・ホーチミンに出国する。なるべくはやく事務処理を済ませて、最後のチェンマイを楽しませてあげたい。親切な人が財布を警察に届けてくれていればベストだが……。彼女の泊まっているドミトリーの前でゆみさんと合流し、今日のプランを聞いた。

「警察の他に、今日どうしても行きたいとこある？」

「最後なんで、モン族の市場に行きたいです」

モン族とは東南アジアや中国の山岳地方で生活する少数民族。クリント・イーストウッド監督の映画『グラントリノ』でも独特な風習をもつ少数部族として登場する。伝統技術で作られた色鮮やかで繊細な模様の衣装や小物がチェンマイの市場で売られていて、ここを目当てにチェンマイに来る女子も多い人気スポットだ。

そこに行けば、ゆみさんの心は癒されるに違いない。

2人は急いで日本大使館、警察へと足を運んだ。しかし、海外での事務手続きは思いのほか時間がかかった。カード会社に提出する必要書類も「セブ島レベル3」の英語で書くには骨がおれる。

さらにトゥクトゥクで移動する道が激混みしており、時間はあっという間に過ぎていく。彼女のテンションがみるみる下がって行くのが手に取るようにわかった。そんな意気消沈しているゆみさんに、さらに悲しい事実を伝えねばならなかった。

「ごめん、時間を逆算するとモン族の市場が開いてる時間には間に合わないと思う」

「そうですか。行きたかったな。でも、しょうがないですよね。うん。明日の朝、早く起きればやってるかもしれないし……」

そう言うとさらに悲しそうな顔をし、外の景色を眺めた。また、胸がギュッと締め付けられる。

「海外だと財布は出て来る可能性が低いから、書類をあきらめて、今

チェンマイのモン族市場

日は一日楽しもうよ！」

そう提案すれば良かったのかもしれない。俺は激しく後悔した。

すべての事務手続きが完了した後、2人で晩ごはんを食べることになった。チェンマイ最後のディナーだ。彼女が行きたがっていた、有名なベジタリアンレストランに行った。俺は食事をしながら、なんとか彼女を励まそうと試みる。

「海外で大使館や警察に行けるって良い経験だと思うよ。普通のOLさんとかのブログ見ても行くとこ決まってるじゃん。絶対、この経験、後でいい思い出になると思うよ」

「そうですね。ポジティブに考えないと」

言葉とは裏腹にゆみさんの表情は暗かった。その時、一匹の飼い猫がレストランの中を横切った。

「あ、可愛い〜」

ゆみさんの表情にいつもの笑顔が戻った。

「こんな時に、こんな表情するんだ」

象の上で見たあの素敵な笑顔だ。胸がキュンとなる。

その笑顔を見て、自然とこんな言葉が出てきた。

「……俺も明日、ホーチミン、いこうかなぁ」

「え？　ホーチミンくるんですか？」

一瞬嬉しそうな顔をしているかのように見えた。

「俺、宿に戻ってチケット取れるか検索してみるわ。もしどうしてもモン族の小物欲しいなら、ナイトマーケットにもモン族のお土産屋あると思うから、連れて行くよ」

「ありがとうございます。でも、大丈夫です。本当にありがとうございました。助かりました」

彼女は深々とお辞儀をした。


その夜はお酒を一滴も飲まず、急いで宿に戻り、スカイスキャナーでベトナム・ホーチミン行きの格安フライトチケットを取った。翌日13時にチェンマイ空港から出発だ。お世話になった宿のオーナーのあゆみさんに、明日宿を出ることを告げた。

「ごっつさん、どうしたんですか急に？」

「いや、別に。なんとなく。ウェブの連載に細かいことは書きますよ」

あゆみさんはニヤリと笑った。

「女でしょ？」

女の勘は鋭い。

翌日、チェンマイ空港に向かうトゥクトゥクの中、俺の胸はかなり高鳴っていた。やはり、これは恋心なのか？　彼女のことを思うと、胸が苦しくなる。脳内にまたあの曲が流れ始めた。

♪誰か *Romantic* 止めて *Romantic*

胸が〜　胸が〜　苦しくなる〜
惑う瞳に　甘く　溺れて
Hold me tight　せ〜つなさ〜は
止まらない（作詞：杉本隆　1985年）

時間がなかったためホーチミンがどんな場所か、ほとんどリサーチしていない。ゆみさんはA（仮名）という日本人ドミトリーに宿泊している。情報はそれだけだ。それでも、国境を越え、ゆみさんにもう一度会いたいと強く思った。胸に生まれた感情の正体が恋心かどうかを確かめなければ。

俺は新たな覚悟を決め、チェンマイを旅立った。

4章　ベトナム

恋愛リアリティーショー

タイ・チェンマイ空港で事件は起きた。

「申し訳ないですが、ベトナム行きのチケットだけでなく、ベトナムからの出国チケットがないと入国出来ないです。チェックインもできません」

「え？　でも、このホーチミンからバスでカンボジアの国境を越える予定ですけど」

「だめです。飛行機のチケットでないとチェックインできないルールに変わったんですよ」

何度も食い下がったがチェックインをさせてくれない。飛行機の出発は13時。この時、すでに時刻は12時15分。このままではベトナムに入国できない。

仕方がないので、その場でスカイスキャナーを検索し、ホーチミン〜カンボジア・プノンペン行きのチケットを予約した。だが、いくら待っても予約確定のメール返信がない。出国まで30分を切った。別の空港職員が心配して近くで待機してくれている。

「急がないと乗れないかもしれないですよ」

事情を説明していると、やっと確定メールが届いた。職員は一緒に喜んでくれたが、とにかく時間がない。大急ぎでチェックイン手続きを始める。

出発時刻が迫っているため、23キロのバックパックを手荷物として預けることが出来ず、機内持ち込みとなった。荷物を背負い機内へ向かって猛ダッシュで走る。ところが、荷物検査の時、ハサミやサバイバルグッズの万能ナイフなどさまざまなものが没収された。結構な金額の品々なので、交渉しようとしたが時間がない。あきらめるしかなかった。

そして、何とか機内へすべりこむと、俺の大きなバックパックを見たＣＡさんが、

「お荷物、よろしければこちらでお預かりしますよ」

と言ってくれた。座席の上の荷物棚には大きすぎて入らないからだと思う。

「ご安心ください。荷物ゲートから出てくるように手配しておきますので」

飛行機は1時間ほどのフライトの後、乗り換えのバンコク・ドンムアン空港に到着した。

しかし、そこでまた事件が起きる。

ＣＡさんが預かってくれた俺のバックパックが、荷物ゲートから出てこない。なんでだろう。なんで移動するたびになにか事件が起こるんだろう。やばい。あれがなかったら本当に困る。荷物の重量を減らそう減らそうとは思ってはいたが、全部なくなるのは減りすぎだ。

結局、俺のバックパックは最後まで出てこなかった。空港職員に相談すると、空港の別の部屋に通され、荷物が出てくるのを待つこととなった。

「ゆみさんとの再会までには、いろいろと困難が待ち受けているなあ」

だが、困難があればあるほど心の炎は燃え上がる。空港職員は手元にある荷物のバーコードを読み取り、デジタルの地図で今荷物がどこにあるかをチェックしていた。格安航空とはいえ進化している。

1時間後、荷物が見つかった。愛しのバックパックとの再会だ。

「よかった。これで、きっとゆみさんとも再会できる」

ゆみさんにLINEした。「うまく入国できたかな？」

「入国審査を無事クリアして今、宿にチェックインしたところです。今どこにいるんですか？」

「バンコクで、今から飛行機です。入国審査成功したらビール一杯付き合ってね」

「宿、どこ取ったんですか？」

「同じ宿だよ」

そこで、LINEは一旦途絶えた。

「……ん？　何かおかしい！」

直感的に、嫌な予感がした。いつもの彼女なら「待ってまーす」とかのメッセージが返ってくるはずなのに。しかし、ベトナムのネット環境は不安定だと聞く。Wi-Fiが常にある環境にいるかわからない。宿に到着してバタバタとしているんだろう。

その後、飛行機に乗り、21時過ぎにホーチミンのタンソンニャット国際空港に着いた。すかさず、ゆみさんにLINEした。

「ホーチミンに着いたよ」

しかし、返信がない。既読すら付かない。

22時半くらいに日本人宿に到着すると、ドアの鍵がかけられ電気は消えていた。ベルを鳴らすと日本語が話せるスタッフが出てきた。

「今朝、急遽予約した後藤隆一郎です」

「お待ちしておりました」

宿の説明を一通り受けた後、ドミトリーの二段ベッドの上に寝転がり、すぐ真上にある天井を見つめた。

「なんか勢いできちゃったけど、迷惑だったかもなぁ……」

少し、後悔した。

そもそもこの宿、ゆみさんの泊まっている宿であっているのかな？　ＬＩＮＥをしてみた。

「Ａという宿に着いたよ」

しかし、いくら待っても既読にならない。その日はバタバタで、朝から何も口にすることが出来なかったので、晩ごはんを食べに夜の街に繰り出すことにした。ホーチミンの夜はかなりにぎわっていて、古い雑居ビルに設置されたベトナム語・中国語・アルファベット表記の派手な電飾が入り混じっている。煩雑ではあるが、一人歩きしてもさほど危険がないように感じた。娼婦やストリートチルドレンはいるが、フィリピンほどしつこくはない。

10分ほど歩くと、屋台が連なる繁華街があり、ＢＢＱと英語で書かれた屋台を見つけた。

店先に並べられた食材を選び、串刺しで焼いてくれるというスタイルだ。日本の焼き鳥と同じく店先に食欲をそそる匂いを漂わせている。お腹が空いていたので、即座にその店に決めると、鳥肉と海老などを選び、野外に簡易に設置された椅子に座った。

サイゴンビールとＢＢＱが香ばしい匂いを漂わせながら運ばれてきた。

「すべてがうまくいきますように」

夜空に向かって乾杯をし、串刺しの海老を頬張った。「美味い」。すると、ジーパンに突っ込んだ携帯がブルっと震えた。ゆみさんからのＬＩＮＥだ。

「今、同じ宿の人とスムージー飲みに行ってきて帰ってきました！ 玄関のところにいます」

俺は何度も何度もＬＩＮＥを読み返した。

よかった。嫌われたわけじゃなかった……

新しい異国に来て、誰も知らない街での初めての夜。友達はおろか、どこを見渡しても日本人はいない。密かにさみしいものだ。いや、ほんとはめちゃくちゃさみしい。

そんな時、ゆみさんからのＬＩＮＥ。

慌ててビールとＢＢＱをかきこみ、宿に戻ると、小さい庭で4〜5人の日本人男子グループがワイワイやっていた。そこにゆみさんの姿はない。俺は「こんにちは〜」と挨拶をした。

しかし、あまり反応が良くない。どこか拒絶されているようにも感じる。

「俺、この人たちと合わないかも」

会って1分で直感した。

やがて、ゆみさんが2階から降りてきた。目と目があったが、こちらは男性グループに混じっているので、手だけ振って挨拶する。ゆみさんはニコリと笑い、また2階のドミトリーに戻っていった。

翌昼、ゆっくり起きると、ゆみさんは関西弁の綺麗な女性と一緒にいた。

「ごっつさん、おはようございます」

「あ、おはよう！　どこか出かけるの？」

「2人でその辺をウロウロして可愛い小物とか探そうかなと思ってます」

2人揃うと、「絶対目立つだろな」というぐらい綺麗な二人組だ。

それから、この連載の原稿を書き始めた。ドミトリー近くのカフェを探し、コンセントを借り、原稿を書いた。あまりはかどらない。上の空で全く書く気が起きない。

「一緒に行きたかったな。でも……」

実は、ゆみさんにほんのり避けられているような気がしていたので、「一緒に行きたい」という言葉が出てこなかった。彼女たちが帰ってきた後、ゆみさんと関西の美人、宿のオーナーさんの友達グループと「一緒に晩ごはんを食べに行こう」という話になった。お店は偶然にも昨日と同じBBQの大きな屋台だ。席に座ると、関西美人のお姉さんが気を使って俺に話しかけてくれた。常識ある大人の振る舞いだ。しかし俺は「ゆみさんが右斜め前にいるのに、知らない女性と仲良くするのはどうなんだろう？」と思ったり、他の人たちが喋っている大人の会話、いわゆる上辺のトークみたいなものに相槌を打ちながら「このトーク、中身がないな〜」などと失礼なことを思っていた。そして途中から話をすること自体が面倒くさくなった。

ゆみさんと二人きりで話したい。

頭の中はそれしかなかった。しばらく静観していると、突然、蛇口をひねったような激しく太い雨が降り出し、食事会は急遽中止になった。熱帯雨林特有のゴーゴーと鳴り響く滝のような雨に打たれながらも、内心ホッとしている自分がいた。

宿に戻ると、ノリが合わない若者男子たちがギラギラとした目で待ち侘びていた。男たちが、「今から手作りのベトナム料理を作るから買い出しに行う!」と女子に話しかける。

それから、昔フジテレビでやっていた「あいのり」のような恋愛リアリティーショーが始まった。料理ができる男は料理を自慢し、これから世界を旅すると豪語する男は夢を語る。ギターが弾ける男はさりげなくアーティスト気取り。股間はギンギラギンのはずなのに、上辺だけはさりげない爽やかスマイル。

「このノリ、俺が一番ダメなやつだわ」

俺の心はみるみる引いていった。そして、そこに居合わせるゆみさんを見た。

「え?」

笑っている。象に乗っていた時の、あの最高の笑顔だ。

考えてみれば彼女は26歳のOL女子。今は旅をポジティブに楽しもうとしている。

そうだよな。このノリが普通で素直な若者のノリなんだろうな、きっと。

俺がいなくても、彼女は笑顔になっていた。俺がいなくても、彼女は旅を楽しんでいた。

「俺、邪魔だな」

そう痛感すると、物凄い孤独感が押し寄せてきた。

次の日、ゆみさんとあいのり仲間はホーチミンのはずれの街へバスを乗り継ぎ、ぶらり旅をしていた。俺はカフェでこの連載を書いた。ゆみさんに会いたくてやってきたホーチミン。もう一度話したくてやってきたホーチミン。

それなのに……。キーボードを叩きながら、ふと気づいた。

「俺、もしかして、ホーチミンで放置されてる?」

俺がホーチミンに来てからゆみさんはずっと他の女性と一緒にいるので、ほぼ話をしていない。夜、ツアーから帰ってきたゆみさんグループとすれ違った時、彼女と一瞬目があった。彼女はなんだか申し訳なさそうな表情を浮かべている。

考えてみれば彼女にとっては小旅行。チェンマイはチェンマイ、ホーチミンはホーチミンで楽しみたい。そう考えるのが普通だろう。俺は覚悟を決めた。

バックパッカー街「ブイビエン通り」

「こんなおっさんが近くにいたら迷惑だ。この宿を出よう」

その夜、トイレに行くため廊下に出ると、階段で偶然にもゆみさんとばったり会った。ホーチミンに来て、初めて二人っきりで話す。

「俺、ホーチミンは合わないかも。もう次の国に行こうと思ってるんだよね」

嘘をついた。

「そうなんですか。私もまだ、ホーチミンの良さがわからないんです」

それだけ会話を交わすと、彼女は彼女のグループへ戻り、俺はベッドの上で新しい宿を検索した。

翌朝、慌ててパッキングをし、お世話になった宿のオーナーに挨拶をした。

「どうしたんですか？　急に」

「近くにブイビエン通りというバックパッカー街があるじゃないですか？　そこの安宿にも泊まってみたくて」

「たしかに、それはそれで楽しいと思いますよ」

「短い間でしたが、ありがとうございました」

結局、ゆみさんには言わず、日本人宿を出た。そして、中国人が経営する宿に移った。ベッドの傍に荷物を置いた時、ふと考える。

「多分もう、ゆみさんと会うことはないだろうな」

そう思うと、なんだか胸が苦しくなった。

気分転換にホーチミンの街をぶらぶらしていると、セブ島のスパルタ英語学校で意気投合した20代のバックパッカーの友達から連絡が入った。元アップルストアの店員でイケメンなのにイイ奴という三拍子揃った男だ。

「ごっつさんに以前お話しした、僕が兄貴として慕っている先輩がホーチミンに住んでるんですよ。最近、テレビ局を辞めたばかりで何となくごっつさんと気が合いそうなんですよね。繋ぎましょうか？」

「相変わらず良いタイミングで連絡くれるねー。よろしく頼む」

一人だとネガティブになり塞ぎ込む一方なので、彼からの提案は本当にありがたい。

待ち合わせした30代の男性は、馬見新さんという方で元読売テレビのカメラマン。同じ業界人同士、すぐさま気が合った。

「私はたった今、20歳下の女性にフラれました」

出会ったばかりの馬見新さんにそう報告すると、ゲラゲラと笑った。

「ごっつさん、とりあえず飲みましょう」

そう言って男臭いノリで失恋酒につき合ってくれた。

その流れで、ナイトマーケットのB級グルメ失恋やけ食いツアーも敢行。カエルの唐揚げ、アヒルの舌の甘辛炒め、生牡蠣、豚の腸、バインミーと呼ばれるフランスパンに、ハムやパテ、パクチーなどを挟んだベトナムのサンドイッチ、牛肉のフォー。シメはシーシャと呼ばれる水煙草を吸った。失恋で落ち込んだ俺を元気づけてくれた馬見新さんに感謝し「また会おう！」と固い握手を交わし、お別れをした。

部屋に戻り、一人になると、また胸が苦しくなった。胸が締め付けられる。苦しい。

脳内にC-C-Bのあの曲が流れ始めた。

胸が〜　胸が〜　苦しくなる〜

いや、違う。この胸の苦しみは、失恋が原因ではない。ロマンチックが原因でもない。食あたりだ。お腹が痛くて体全体がヒリヒリとして、全く寝れない。

B級グルメツアーの何かにあたったのだと容易に想像がついた。ドミトリーの共用ベッドだと、夜中に何度もトイレに行って他の宿泊者に迷惑をかけるので、個室に変更することにした。中国人オーナーに「窓はないけど13ドルでいいよ」と言われ、交渉する気力もないので、そのままその個室に移った。熱を測ると38度7分。5分に一度はトイレ。起き上がる気力もない。

途中、脱水症状になったが、水を買いに行く気力もない。

ただただ、ぼーとしていた。病は気からというが、なんだか虚しくなる。

「見知らぬ国に女性を追いかけてきて、俺、一人で何してるんだろう？」

そこから、気力もどんどん低下し、窓のない部屋で、色んなことを考えた。

「ゆみさん、今頃、楽しんでるかなあ？」

「ゆみさん、イケメンとの素敵な出会いあったのかなあ？」

「ゆみさんも結局イケメンが好きなんだろうなあ」

「イケメンに生まれてきたら人生変わったかな？」

そして……

「若いっていいな……」


その後、まるまる3日間、ほとんど飲まず食わず、ただただベッドに横たわった。

「そういえば、ゆみさん、今晩がホーチミンラストナイトだ」

人間とは不思議なモノで、こんな状態でも、気になる女性に連絡を取ろうとする。

「一応LINEしておこう」

ゆみさんの性格を考えると、そろそろあの不気味なニセの青春ノリに飽きているかもしれない。淡い期待を込めてLINEしてみた。

「宿を移りました。体調崩してずっと寝てます」

7時間後、返信が来た。

「そうだったんですか。大丈夫ですか？　バンコクのホテルにいるんですか？」

すかさず返信する。

「まだ、ホーチミンだよ」

その後、既読は付かなかった。

4日後になんとか熱が下がり、窓のない部屋から出て、食事をすることができた。


タイの北部チェンマイで胸の奥に生まれたゆみさんへの気持ちが恋なのか？

国境を越え、ホーチミンまで確かめに来た結果……

「ホーチミンで放置民になった」

これが、今回の恋の結末だった。

もちろん、ゆみさんが悪いわけではない。宿で会った若者たちも悪くない。ただ俺が嫉妬に狂っていただけだ。あんな大人気ない態度をとって恥ずかしい。

ゆみさんのフォローのために書いておくが、Wi-Fiスポットの少ないホーチミンではLINEを見れる環境は少ない。彼女は旅の途中の香港の空港でこのLINEを見ることが出来たようで、病気の励ましと丁寧な旅のお礼の返信を頂いた。やっぱり良い娘だ。

脳内にまた、80年代ドラマ『毎度おさわがせします』のテーマ曲が流れてきた。


本当に「毎度おさわがせします」だなぁ、俺の恋は……。

5章 カンボジア

吉凶入り混じる運の流れに乗る

カンボジアの首都・プノンペンに到着し、俺は街をぶらぶらしていた。そこは、ホーチミンやバンコクに比べると、首都とは思えないほど煩雑であった。舗装されていない赤土の道路があるかと思えば、所々に建設中の高層ビルも立ち並んでいる。土の上に置かれたビリヤード台で二十歳前後の青年たちが裸足で賭けビリヤードをしているのを見かけた。建物の外に置かれた椅子で床屋が客の髪を切っている。この光景は、どこか懐かしい昭和の街を想起させ、近代化されていない一面を覗かせていた。しかし、その反面、安い金額で4Gの高速通信回線が利用できるなど、古いものと新しいものがぶつかり合い、その摩擦によるエネルギーで渦巻く街は、「早く近代化してくれ！」と待ち望んでいるかのように見えた。

宿に戻り、夕飯を食べる店を調べていると、面白そうな店を発見した。その名は「平壌冷麺館」。北朝鮮が海外展開する国営レストランで、外貨を稼ぐために東南アジアを中心にチェーン店として運営されているらしい。かつて池上彰の「学べる!!ニュースショー！」という番組で北朝鮮を担当し、取材したことがある。未だ独裁政権が続く国家は、情報統制が敷かれていて、手に入れたどの情報にも希少性があった。そんな国がカンボジアでどのようにして外貨を稼いでいるのか？　どんな人が働いているのか？　どんな料理を提供しているのか？　そんなことに興味が湧いた。カンボジアはかつて社会主義を採用していたので、今も国家間で何らかの付き合いがあるのだろう。俺は1ドルほど払い、バイクタクシーにニケツすると、その店へと向かった。

店内に入ると、テレビでよく見る喜び組みたいな衣装を着た10代後半から20代前半の女性が、ウエイトレスとして働いていた。皆、綺麗だ。アイドルデビューしてもおかしくない娘もいる。彼女たちには素朴で純情な雰囲気があるが、少しばかり哀しみのようなものも感じる。

北朝鮮料理ってどんなものなのか？　興味津々でメニューを見てみると、名物の平壌冷麺、韓国お好み焼きのパジョンや揚げた魚に甘辛ソースをかけた魚料理、海鮮の炒め物や辛いキムチなどがある。羽根つき餃子もあった。韓国料理に少し中国料理が加わったような品揃えだ。

俺はこの店名物の平壌冷麺と朝鮮の海苔巻きキンパを頼んだ。冷麺は綺麗なウエイトレスさんが席まで来て、長い麺をハサミで切ってくれた。どれも美味しいが、韓国のものに比べると少し素朴さと質素さがあり、さっぱりとした味わいがした。

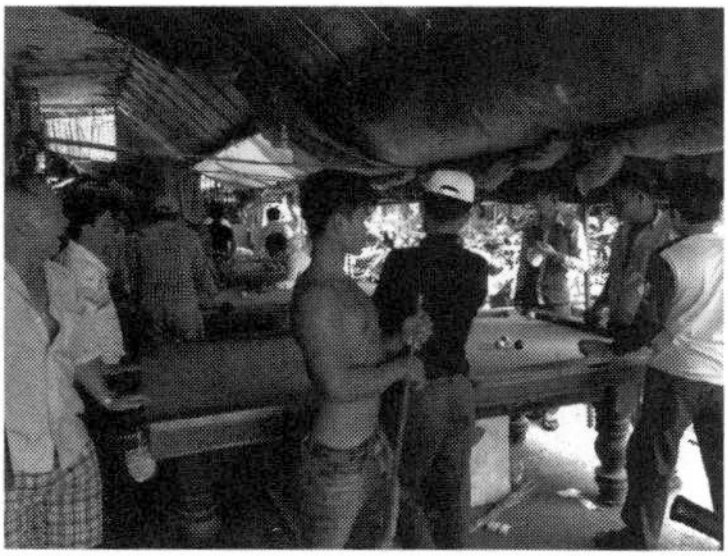
プノンペンで賭けビリヤードを楽しむ若者

店内の様子を見ていると、かなり通い詰めている男性客がいるのがわかった。ウエイトレスと常連客とがかなり仲睦まじく喋っている。まるで北朝鮮が経営するメイド喫茶みたいだ。1時間ほど経つと、ウエイトレスが全員奥の部屋に消えていった。どうやら何かが始まるようだ。

ビールを飲みながら待っていると、その娘たちが舞台衣装に着替え、歌を歌い、ダンスを始めた。まさにテレビで観る喜び組の舞台と一緒だ。

日本語でテレサテンの『時の流れに身をまかせ』を歌ったのが印象的だった。ここに訪れる客の母国のヒットソングをそれぞれ歌っているのだろう。

ショー終了後、禁止されているはずだが、2ショット写真をお願いしてみると、快くではないがOKしてくれた。横に並ぶと顔がものすごく小さく、肌が白く艶っぽいのがわかる。何故か背徳感を感じ、ドキドキした……。

こんなチャンスもなかなかないので英語での取材を試みる。

「プノンペンは楽しいの？」

「全然、楽しくない。ここ好きじゃない」

「国に帰りたい？」

「早く帰りたい。お母さんに会いたい」

「彼氏とかいるの？」

この質問をすると、態度が一変して冷たくなった。マナー違反なのか？　国からの命令なのか？

どうやらふさわしくない質問をしてしまったようだ。

「ごめんなさい。変な質問して」

ぺこりとお辞儀をして謝った。彼女は「大丈夫ですよ」という表情で笑ってくれたが、その笑顔は完璧に作られたもので、プロの仕草のように感じた。喜び組のあの精密な笑顔だ。

「きっと、故郷に残した彼氏や親友がいるに違いない。両親も心配しているだろう」

そう思ったら複雑な気持ちが入り混じった。そして、お国のために働いている若い彼女たちに思いを馳せた。

お会計は、ビール1本と冷麺とキンパで22・5ドル（2550円）。歌もダンスもあり、喜び組がテーブルに担当として付いてくれてこの値段。仕事の付き合いで良く行った西麻布の感覚で言うと安いと思う。

この店に通い詰めれば、国家を越えた禁断の恋物語が生まれるかもしれない。

しかし、それは政治の問題ではなく、倫理の問題としてやってはいけない気がする。

俺は、後ろ髪を惹かれる思いで「平壌冷麺館」を後にした。

翌日も街を散策し、面白い出来事や素敵な出会いを探した。翌日も。その翌日も。

ダラダラと時間だけが過ぎていく。このままではマズい。

「世界一周花嫁探しの旅に繋がる何かを見つけないと」

しかし、4〜5日の間、同じ宿に滞在し、昼だけでなく、夜も一人で飲みに出かけたりしてみたが、誰とも会わないし何も起きない。さすがに今回ばかりは困り果てた。

「運の流れを変えなければ……」

運の流れといえば博打。俺はカジノに行くことにした。カジノには吉凶さまざまな運がうごめきあっている。その運にぴょんと飛び乗ってみようと思ったのだ。

トゥクトゥクを飛ばし、ナグワールド&ホテルエンターテイメントというカジノに向かった。トンレサップ川沿いの高級リゾート地にきらびやかに輝くド派手なホテルが見えた。俺が泊まっているバックパッカー街の安宿とは何もかもが違っている。中に入ると派手な音楽が流れ、綺麗に着飾った女性がたくさんいた。

2フロアー全てがカジノで、至る所にスロットマシンがある。メインフロアーにはルーレットやブラックジャックがあり、多くの人でにぎわっていた。

運を摑みに来たとはいえ、今は無収入。こんなところでうん十万円もスられるわけにはいかない。沢木耕太郎の『深夜特急』香港・マカオ編では博打の話が出て来る。若き主人公は、保険を賭けるように生きて来たこれまでの人生を変えるため、全財産をかけた大勝負に出る。そこで価値観の大転換が起きるのだが、俺の場合、そんなことをする気はさらさらない。長い間、浮き沈みが激しいエンターテイメントの世界に身を置いてきた人生はもともと博打のようなもので、こんな所で余計な運を使いたくない。

カジノに来たのは吉凶交わる運を感じ取り、良くない流れを変えるのが目的で、決してお金儲けのために来たわけではない。そのことを頭で再確認し、賭場に入った。

辺りを見回すとほとんどが中国人だ。高額なチップと中国語が飛び交う。賭ける金額のレートを見て近年の中国経済の発展を肌で感じた。

さて、どのテーブルでどのカジノをしようか？

しばらく様子を見ているとものすごく混んでいる席とガラガラな席があることに気づいた。会場の隅っこにあるルーレットのテーブルには20分以上客がなく、ディーラーがボーッと突っ立っている。

俺は、あることを思いついた。

あの席に座り、一回でも賭けに勝ったら周りに注目されるくらい騒いでやろう。

ルーレットのディーラーは狙ったところに百発百中入れられると聞く。俺が誘い水となって他のお客さんが集まれば、ある程度までは俺を勝たしてくれるのではないか？　そう仮説を立てた。

俺はオドオドしたふりをしてルーレットの前に座った。

そして5ドル分のチップを黒に置いた。当たった時の、自然な芝居をイメージする。

ルーレットの球は転がり……見事に黒へと的中。

「おし！」白々しくならないように、さりげなくガッツポーズをした。

次はチップ2枚10ドル分を赤に置くと、ルーレットの玉は転がり、赤に落ちた。

今度はもう少し派手に「よっしゃ〜」とガッツポーズをした。

すると、暇そうな中国人のおばさん二人組が、俺のテーブルに寄ってきた。賭けもせず何やら中国語で喋っている。俺はチップ2枚を手元に残し、10ドル分のチップを赤に置いた。するとルーレットの球は赤に入った。3連続の当たりだ。

「キタキタキタキタ、北方謙三、男ならソープへ行け！」

日本語のくだらない駄洒落を大声で叫ぶと、中国人のおばちゃん二人組がニコニコしながら中国語で話しかけてきた。ルーレットが回ると、おばちゃん達は1人100ドル近くのチップを様々な数字に置いた。

「1回1万円以上賭けるんだ。おばちゃん、金持ってるなぁ」

おばちゃん2人のうち、1人は少し勝ち、1人はかなり負けた。

俺は、黒に置いた。おばちゃんの1人は俺の運に乗っかるよう黒に少額のチップを置いた。玉は転がり、黒に落ちる。当たった。俺は確信した。

「このディーラーは俺ら3人を餌に、他の客を呼び込もうとしている。俺は少額しか賭けない割に大騒ぎして卓を盛り上げる都合がいい日本人。多分、しばらく勝たしてくれる」

仮説は当たった。それから、わずか数回ほど負けたがその後は4回連続で当たり続けた。

他のテーブルから、中国人客がたくさんやってきて、べらぼうな金額を賭けていくようになった。ディーラーは、大きな金額を賭けた人は少さく負けさせ、小さな金額を賭けた人は勝たせるという方法で卓を演出している。俺は、知らず知らずのうちに2万円近く勝っていた。ディーラーは、少額で賭ける俺を勝たせ続けた。俺の連続勝利が続くと、場は異様な盛り上がりを見せた。気づくとテーブルは満席。途中から、隣にいた中国人のおばちゃんは俺が勝つたび、大声で「はーー！」と奇妙な雄叫びをあげた。テーブルの盛り上がりが最高潮を迎えた時、俺は大博打に出ることにした。2万5000円分をすべて赤に置いた。ここで勝てば5万円。負ければ0円。赤黒の二択だが、当たれば5連勝。結構すごい確率だ。この時、テーブルのベッディングエリアの数字のほぼ全部にチップが貼られた。俺の連続勝利で場が盛り上がり、多くの客が高額チップを賭けたのだ。ディーラーの投げた玉は「シュー」という音を立て、今まで以上の勢いでルーレットの側面を回る。全員が固唾を飲んで玉を見つめる。やがて玉の回る勢いが落ちると、コロンコロンとルーレットの数字の上を転がる。

「赤、来い！」

俺は大声を出した。赤、黒、赤、黒、赤……

「止まれ！」

玉は赤で止まった。俺はここ一番の大勝負に勝ったのだ。

手持ち金5ドルが、たった30分で500ドルになった。

隣の中国人のおばさんが「はーー！」と大声で叫び、自分の勝利でもないのに大喜びでハイタッチをしてきた。このノリは恥ずかしいけど、テンションは最高潮なのでハイタッチで応えた。おばちゃんはなぜか興奮していてアドレナリンの影響で逝ってしまっているような異常な目をしている。その瞬間、俺はビビッときた。

「多くの人が既に〝場〟にのめり込んでいる。テレビ演出家の俺がこの卓を演出するなら、さっきのがクライマックスだ。後は、緩やかに下らせるだろう」

引き際だと思った。俺は勝利したチップを受け取ると、ディーラーにお辞儀をし、その卓から離れた。中国人のおばさんが「なんで、今、離れるんだよ！」と大騒ぎしながら、換金所に向かう俺に付いて来た。そして、「勝ったのだからチップをくれ！」と謎の交渉を受ける。おばさんがハイタッチをして来た理由をやっと理解した。「ノーノー！」と言い、おばさんを追い払うと、換金所で500ドル（約56000円）を手にした。

「やったぜ！」

俺はディーラーに勝たせてもらったのか？ ただ運が良かったのかはわからない。一つだけ言えるのは、このお金を持ったままここに居座ると、欲が出て、また賭けてしまいそうだということだ。俺は、急いでホテルの出口に向かった。

エントランス付近まで歩くと、赤青と煌めく派手なレーザー光線と爆音のクラブミュージックが聞こえてきた。

「ホテルが運営しているクラブかな？」

興味本位で中を覗いてみる。そこは、キレイな女性と金持ちそうな男がたくさんいるディスコクラブだった。入場料は無料。ただ、カクテルなどが1杯5ドル（560円）する。カンボジアのビールが1本半ドル（56円）と考えると、結構いい値段だ。

「ま、勝ったから1杯くらいいいか〜」

そう思い、佐野元春の『IT'S ALRIGHT』の歌詞に出てくる「マティーニ」を頼んだ。

俺は、勝利の美酒に浸りながら、一人で乾杯をした。その時、

「ごっつさん！」

大きな声で俺を呼ぶのが聞こえた。声のほうを見ると、ベトナムで失恋酒に付き合ってくれた馬見新さんが俺を見て、大爆笑している。

「何でこんなとこにいるんスか？」

「こっちが聞きたいわ！」

「ごっつさん、これからフィリピン人の女の子2人と飲むんですけど合流しません？」

「え？　行く行く！」

「携帯、持ってますよね？　じゃあ、1時間後に店の住所を送るので、来てください。仕事がちょっとだけ残っていて、あと少しで終わるんで」

カジノでのギャンブルを終えた直後に、馬見新さんとまさかの再会。運の流れのようなものを感じる。この流れが吉と出るのか凶と出るのかわからないが、とりあえず面白そうなのでこの流れに身をまかせることにした。

「やっとプノンペンが動き始めた……」

この後、プノンペンで運命の人と出会うことになるとは、この時、微塵たりとも感じていなかった

……。

言葉の壁とプライベートレッスン

1時間ほどマティーニを飲みながら時間を潰していると、馬見新さんからメッセージが入った。

「フィリピン人女性2人組と飲んでます。住所は……」

俺はカジノホテルに横付けしているバイクタクシーを捕まえ、運転手とニケツし、夜のプノンペンの路地裏を10分ほど走った。そこで、古い雑居ビルにド派手に輝くピンクと青の人目を引く看板を見つけた。

雑居ビルの階段をおそるおそる登り、最上階に近づくと、大爆音の音楽が聞こえてきた。いわゆるクラブのようだ。フロアに入ると、カジノホテルの富裕層と違い、ローカルの若い男女が楽しそうに踊っていた。中には白人もちらほらいるが、少しラフで普段着に近い格好をしているので、おそらく観光客ではなく現地に長く住む欧米人だろう。薬物などで乱れている様子もなく、特に危険は無さそうなので、人をかき分け馬見新さんを探した。「いた！」

ドレスアップした綺麗なフィリピン人女性2人と、男性の4人で踊っている。

「うぃっす！」

「あ!?　ごっつさん。よくわかりましたね」

「なんとかね」

「紹介します。ホーチミンのクラブで仲良くなったビーナスとそのお友達です」

「ハーイ！」

「ビーナスはこっちで英語の先生やってるんスよ」

ビーナスはどことなく日本人っぽい可愛い顔立ちをしていた。セブ島の語学学校でお世話になったので、「フィリピン人の英語の先生」というだけで好印象だった。ちなみに、結構俺の好みのタイプでもある。

その後、皆は楽しそうに踊っていたが、46歳の俺はさすがにそのノリにはついていけず、ビールを飲みながらその様子を1時間ほど眺めていた。カジノで飲んだマティーニとビールをちゃんぽんしたせいか、少しばかり酔いが回っている。

深夜2時近くにクラブを出ると、もう一軒行こうという話になり、皆でトゥクトゥクに相乗りした。5分ほど走ると、暗がりの中にきらびやかな歓楽街が現れた。ストリートには娼婦がたくさんいる。安いキャバクラのような店や、高級そうな雰囲気の良い中華料理店や日本食レストランが立ち並ぶ。

「これがプノンペンナイトか！」

トゥクトゥクを降りると、ビーナスがよく行くというバーに入った。店内は少し寂れていて、奥にはビリヤード台が置いてある。ビールの値段を確認すると、かなり安い店だとわかった。

しばらく5人で盛り上がった後、俺は皆と離れ、カウンターに座った。カウンターには5〜6人の若いカンボジア人女性が働いている。

女の子の1人が「立体の五目並べ」のようなゲームをやろうと話しかけてきた。

「負けたら、全員にテキーラおごってね」

頭をフル回転させ駆け引きしたカジノのルーレットに比べると、なんとも理不尽な賭けだが、今宵は大勝ちしている。しかも現在、5連勝中。

「いいよ！　俺が負けたら奢るよ」

そう言うとカウンターは盛り上がった。ルーレットに続き、今夜2回目の真剣勝負が始まる。実はこの手のゲーム、そんなに弱い方ではない。中学時代、将棋を始めて3ヶ月で大分県3位の同級生に勝利した。フジテレビの「Jukugo Awase」という番組で自らボードゲームを開発したこともある。向こうは手慣れた感じでゲームを始めたが、初めてするゲームにも関わらず圧勝した。2人目、3人目と挑戦者が現れたが、連勝は続く。俺が勝つたびに「あー」という溜息まじりの声が店内にこだまする。4人目の女性に入れ替わった。クールそうな美人な娘だ。他の娘たちの応援の質が変わった。どうやら皆、彼女にかなりの期待をしているようだ。ゲームが始まるとすぐにあることに気づいた。

「あれ？　この娘、他の娘たちと思考回路が違う」

論理的に先の先まで読む。冷静で、くだらないミスをしない。勝負は白熱し、長時間続いた。クール美人は長考せずに即切りの判断で淡々とゲームを進めていく。他の女の子たちも盛り上がり、一手ごとにどよめきが起きる。結果、最後の最後に一手差で俺が負けた。

「やったー」

女の子達は歓喜の声を上げた。約束の1杯3ドルのテキーラを5人分おごる羽目に。しかし、ゲームに勝利したクール美人は、静かに微笑むだけで淡々とボードゲームの後片付けをしている。

「この女の子、かっこいい！」

俺はあっという間にこのクール美人のことが気に入ってしまった。

彼女の名前はエラ。27歳で、このお店で働きながら大学に通い、会計士を目指しているとのこと。

ゲームが終わり周りを見回すと、フィリピン人のビーナスたちの姿が見当たらない。

「あれ？　ビーナスたちは？」

「どっかいなくなっちゃいました」

「あ、そう」

「ごっつさん、この後どうします？」

「さっき、ボードゲームで負けたエラって娘がいるんだけど、すぐそこにある日本料理屋さんに誘ってみようかなと思ってる」

「じゃあ、誘って下さい。俺も付き合いますよ」

馬見新さんは「本当にできるの？」という目で俺を見て、ニヤリと笑った。かっこつけた手前、エラを誘い出さねばならない。しかも英語で。勇気を出し、彼女に話しかけた。

「あの、エラ、さっきの勝負楽しかったよ」

「私もよ」

「もし良かったら、すぐ近くの日本料理屋に行かない？」

「いいよ。友達も一緒でいい？」

「勿論。こっちも、もう1人日本人の友達がいるから」

成功した。良かった。男としての小さなプライドは保たれた。

10分後、お店から歩いて1分くらいの場所にあるお蕎麦をメインにした日本料理屋に入り、お蕎麦と天ぷら、カリフォルニア巻きを注文した。エラは天ぷらとお寿司に興味があるが、一度も食べたことがないとのことだ。

「天ぷらとお寿司、食べてみる？」

「うん。挑戦してみる」

海老の天ぷらとカリフォルニア巻きが来た。彼女は好奇心と恐怖を同居させながら未知なる食べ物を覗き込む。そして、お箸を器用に使い、躊躇せず、海老天にガブリとかぶりついた。表情が歪む。どうやら口に合わなかったようだ。そのまま、うまいともまずいとも言わず、時間をかけて咀嚼し海老天を飲み込んだ。続いて、カリフォルニア巻き。こちらに至っては、三口ぐらい噛んだところで全てをティッシュに吐き出してしまった。そして、瞳を潤ませながらクールな表情を歪ませ、ニコリと笑った。その笑顔を見て俺も笑った。

ホーチミンのナイトマーケットでよくわからない腸の煮込みを食べ、食中毒になり、ごはんが怖くなったのを思い出した。気を使って食べてくれたのかもしれない。良い娘だな。

その後、エラは店に戻って働かなければならないらしく、ＬＩＮＥを交換しお別れをした。翌日、昼前に目が覚めるとメッセージが入っていた。エラからだ。

「昨日はありがとう。楽しかった」

思い切ってごはんに誘ってみようと思った。生まれて初めて英語の文章で外国人女性をデートに誘う。誘い文句の文法や単語が間違ってないかを何度もチェックし送信した。

「今日、良かったら一緒にごはん食べませんか？」

「いいよ」とあっさりＯＫしてくれた。

「どこかおいしいレストラン知ってる？」

「知ってるけど、あなたの好みがわからないわ。何食べたい？」

「何でもイイよ」

「今、どこに泊まってるの？　私、あなたのホテルまでトゥクトゥクで迎えに行って、レストランまで連れていくよ」

「本当？　ありがとう。何時にしようか？」

お互いにぎこちない英語のやり取りだがＯＫをもらった。約束は3時間後の15時。

「よっし！デートだデート！外国人と初デート！」

46年の人生で、アポ入れから待ち合わせまでをクリアし、生まれて初めて外国人とのデートが決まった。胸がドキドキと高鳴っている。

俺は慌ててシャワーを浴びた。髭をそり、爪を切り、身だしなみを整える。鏡で髪型を何回もチェックし、鼻毛も抜いた。約束の時間より少し早くメッセージが入った。

「着いたよ〜」

慌ててホテルの外に出ると、トゥクトゥクから身を乗り出したエラがこっちに向かって手を振っている。キリンの可愛いマークが入った白いTシャツに赤いバッグ。昼間のエラは白いシャツと小麦色の肌がマッチしていて清純そうに見えた。クールな立ち振る舞いの夜とは違い、爽やかな印象だ。

「わざわざ、ありがとう！」

「いいよ〜」

「で、どこのレストランにしたの？」

「タイ料理のおいしいレストランがあるからそこを予約した。タイ料理大丈夫？」

「もちろん！　タイ料理、大好き」

トゥクトゥクを走らせながら、昨夜のボードゲームの話で盛り上がる。お互いに英語が得意ではないため、探り探りの会話ではあったが、それでも彼女は何度か笑ってくれた。

風に髪をなびかせながらクールに笑う彼女には、パンジーの花のような優美さがある。

楽しい時間は軽やかに流れ、中心街にある上品なタイ料理のレストランへと到着した。

車から降り、ドライバーに運賃を払おうとするとエラがそれを制した。

「大丈夫。今日、貸し切っているから。彼、仲良くっていつも安くしてくれるの」

なるほど。1日トゥクトゥクを貸し切る。プノンペンの若者はこういうデートをするのか。

その後、2人でタイ料理を食べながら、お互いのことについて話をした。どこに住んでいるのか？どんな仕事をしているのか？　しかし、対面して話をすると本格的な言葉の壁にぶち当たってしまう。お互いの英語力は低く、おそらく50％くらいしか理解し合えてない。

フィリピンの英語学校の先生は理解力が高いので、こちらの拙い英語を類推し、上手に会話を成立させてくれた。発音が悪くても理解してくれる。

ところが、英語が拙い同士だとお互いの言いたいことが理解できず、途中で会話が途切れてしまう。

「全然、深い話ができない……」

もどかしい思いをしながらも、頑張ってカタコトの英語で話をしていると、あっという間に2時間半が過ぎた。彼女は30分後の20時にはお店に行かなきゃいけない。

タイ料理屋を出ると、トゥクトゥク走らせ、メコン川のリバーサイドに夕日を見に行った。夕方のプノンペンは強い日差しの日中に比べるとずっと涼しく、時折流れてくる風が心地良い。2人で沈みゆく夕日を眺めた。夕焼けで薄いオレンジ色に染まったエラの横顔は昼とも夜とも違う表情を見せる。色っぽい……。

夕日が沈むと、空が一番綺麗なマジックアワーと呼ばれる時間に差し掛かった。青い空がピンク色に染まり綺麗なグラデーションを見せている。日が暮れるまで2人でメコン川のリバーサイドを散歩した。

「また、会いましょう」

「うん。また会おう！」

お別れの挨拶をすると、彼女は夜のお店へと向かった。仕事とはいえ、他の男の人とお酒を飲む姿を想像すると切ない。

ホテルのベッドに横たわり、天井を見上げた。

「フィリピンでもっと英語の勉強を頑張っておけば良かった」

2ヶ月も勉強したのに全然成長しない自分の頭の悪さを心底憎んだ。そして、ベッドに転がりながら、スマホでプノンペンにある安い英語学校を検索した。

「そうだ！」あることが頭に閃く。

「クラブで会ったフィリピン人のビーナス、英語の先生やってるって言っていたな」

ビーナスとはフェイスブックで友達になっている。そのままメッセージを送った。

「どうも。この間、馬見新さんと一緒にクラブで会ったごっつだよ。覚えてる？」

すると、すぐに返信が来た。

「どうも、ごっつ。この間は楽しかったよ。ありがとう！」

「ねぇ、ビーナスって英語の先生なの？　今、プノンペンで英語の先生を探しているんだけど、俺の先生になってくれないかな？」

「え？　いいよ。まだ、カンボジアにいるの？」

「うん。教えてほしいのは、リスニングと会話かな。1時間いくら？」

「個人授業だと通常は20ドルなんだけど、お友達価格の15ドルでいいよ」

「そこをなんとか8ドルでお願いできない？　その代わり1日4時間、1週間契約したい」

「……8ドルか。まぁ、いいよ！　やってあげる」

「本当？　ありがとうー」

ビーナスの個人授業料は1日32ドル、1週間の合計金額は224ドルだ。決して安い額ではないが、背に腹は代えられない。俺はカジノで勝った500ドルをプライベートレッスンの費用に充てることにした。

翌日、ビーナスが指定したカフェに行くと、この間、踊り狂っていたビーナスとはまるで別人のような、爽やかな美人が自然光の溢れるテーブルの前で微笑んでいた。

「ビーナス。ありがとうね」

「オッケーよ！　さぁ、早速やろっか」

まず初めに、彼女は俺の今の英語力をテストした。その後2人で話し合い、リスニングは会話しながら勉強する運びとなった。

初日は久しぶりに、4時間ぶっ続けで英語をしゃべり続けた。スパルタ英語学校の8時間に比べると圧倒的に少ないが、ぐったりくたびれる。

「ごっつ、よく続けて4時間も踏ん張ったね。偉い！」

「ありがとう！　明日も同じ時間にこの場所でいい？」

「うん。そうしましょ！」

レッスンが終わると、ビーナスはカフェでビールを二つ注文した。ここが、セブ島のスパルタ学校と違うところだ。もともとは友達の関係から始まっている。

「乾杯！」

2人で乾杯し、ビーナスの家庭のこと、趣味、どうしてプノンペンにいるのかなどを聞いた。俺は離婚の話、世界一周の話、日本での仕事などの話をした。やはり、片方の英語力が高いと深いところまで話ができる。美人先生と楽しくお酒が飲みながら会話をする放課後の授業は最高だ。

「このプライベートレッスン、なかなかいいかも」

ビーナスと別れると、バイクタクシーでエラに会うためお店に向かった。彼女は俺が来てくれたことをすごく喜んでくれた。

「ちょっとだけ抜け出して、近くでごはん食べない？」

ローカルなお店で安いハンバーガーを一緒に食べた。相変わらずぎこちない会話だったが、お互いに一生懸命にコミュニケーションを取ろうとしたので、昨日より少しエラのことが理解できた気がする。俺は思い切ってデートを申し込んでみることにした。

「エラ、お休みってあるの？」

「うん。週に1回だけあるよ」

「良かったら、お休みの日、俺とデートしない？」

「……明後日、お休みなんだけど、空いてるよ」

「え？　ホント⁉　じゃあ、ごはん食べに行こう」

デートの約束をすると、バイクタクシーを拾いお別れをした。エラは俺の姿が消えるまでずっと手を振ってくれた。

「やった〜！」

テンションがマックスに上がった。運の流れを変えたあのカジノで勝って以来、何もかもうまく行きすぎている。しかし、勝負の世界で永遠に勝ち続けることはない。気をつけねば。そう自分に言い聞かせ、心の手綱を締めた。

ホテルに戻りスマホを見ると、メッセージが入っていた。ビーナスからだ。メッセージを開くと、ドキッとすることが書いてあった。

「明日のプライベートレッスンなんだけど、もしよかったら、私の部屋でやらない？」

え？　ビーナスの部屋……？　たしか、彼女は一人暮らしのはず……。

俺は、シルビア・クリステル演じるフランス映画『エマニエル夫人』を思い出した。平穏すぎる日常に退屈さを感じていたバンコク在住外交官の妻であるエマニエルは、知人の紹介で「性の儀式」を受ける。儀式を受けた夫人は次第にその内に秘めた欲望を開花させ、大胆で超絶にエロい女性へと変貌していくという内容だ。今では信じられないが、俺が中学時代の80年代には、『エマニエル夫人』

のようなエロい映画がテレビで放映されていた。シルビア・クリステル主演の『卒業試験』『プライベートレッスン』『さようならエマニエル夫人』などの官能映画を深夜にこっそりと観たものだ。やがて、それらの作品は我ら童貞中学生男子の間で、「高尚な性の教科書」という地位まで上り詰め、伝説のエロ映画へと昇華していった。その頃、俺もシルビア様に何回お世話になったかわからない。

エラとの距離を縮めるために始めたプライベートレッスン。しかし、その前にビーナスとの距離が縮まりそうな予感がした。果たして彼女はどんな手ほどきをしてくれるのだろうか。椅子に座ってレッスンするのか。もしかしてベッドの上に腰掛けるのか。英語だけでなく、実技もあるのか。その場合、4時間で足りるのか。

俺は、彼女の秘めた欲望をちゃんと開花させることが出来るのだろうか。

妄想は、ハンマー投げをする室伏広治の投擲フォームのように、遠心力を増しながら高速でフル回転していった。そして「アアア！」という叫び声の後に、美しい弧を描き空高く舞い上がった。その妄想に『エマニエル夫人』のテーマ曲が淫靡に重なりあう。

♪ *Mélodie d'amour chantait le cœur d'Emmanuelle Qui bat cœur à corps perdu*

∧エマニエルの心に歌いかけた愛のメロディーは迷える肉体をときめかす∨（作詞：ピエール・バシュレ）

「アアア！」（脳内で何度もコダマする室伏広治の叫び声）

何かが大きく動き始める気配を感じる。

今夜のプノンペンは少し蒸し暑かったが、のぼせるような恋をするにはちょうどいい気温のように思えた。

カンボジア恋物語

「明日のプライベートレッスンなんだけど、もしよかったら、私の部屋でやらない？」

もしかしてだけど……

もしかしてだけど……

それっておいらを誘ってるんじゃないのぉ〜♪　（©どぶろっく）

妄想をMAXに膨らませながらも、一応クールを装いメッセージに返信した。

「OK！」

「明日の14時。着いたら外から#61のブザーを鳴らしてね」

「OK！　OK！」

しまった……。

〝アメリカンポジティブ馬鹿〟のように「ＯＫ！」を連発してしまった。

でも、まぁ、そうなるさ。一人暮らしの女の子の部屋でプライベートレッスン。しかも20代の美人で顔は好み。テンションが上がらない訳がない。これってフィリピンでは普通なことなの？　それともプノンペンの若者文化？

翌朝、一応何があっても良いように入念にシャワーを浴びた。一応。

12時過ぎにゲストハウスを出ると、1ドルバイクタクシーを拾い、グーグルマップを見ながら指示された住所を探した。10分ほどで到着すると、そこには若き建築家が住む雑居ビルのような変わった形の建物があった。剝き出しのコンクリート。大きな深緑の門。何かが変わっている……。

「女の子がこんなマンションに一人暮らしって……」

そういえば、エマニエル夫人も大金持ちだった。もしかしてビーナスもすげー金持ちなのかな？お金落ちのお嬢さまがその有り余る時間を愉しむために、俺を誘った……？

またもや脳内iTunesに「エマニエル夫人のテーマ」の曲がかかる。その淫靡なメロディーに少し興奮し、高揚した。その一方で、異国で見知らぬ家に入ることを少し警戒している。ビーナスは美人局で中から怖い男が出て来る可能性もある。おそるおそる#61のボタンを押すと「ブー」と低音でブザーが鳴り響いた。

しかし、2分経っても誰もでてこない。もう一度鳴らしてみた。

「ブーブー」反応がない。

「もしかして馬見新さんの考えたドッキリ？」

隠しカメラがないか周りをキョロキョロ見渡した。

「ごめん、ちょっと待って！　今行く」

イヤホン越しに若い女性の声が聞こえてきた。クリアな英語の発音。透き通った声。ビーナスだ。

しばらく待っていると「グォーン」という大きな音を立て、深緑の門が開いた。中から白い無地の半袖Tシャツにむっちりとした小麦色の太ももを露わにした短パン姿の彼女が現れた。少しアンニュイな彼女もセクシーだ。

「3階に私の部屋があるの。ついて来て」

家の中の階段を上がるとドアがあり、広くて白い大きな応接間に通された。大きなソファとテーブルがあり、部屋の隅にミシンとマネキンが置いてある。

「へぇ〜いいとこ住んでるんだね」

ビーナスはふふっと笑った。

「こっちが私の部屋よ」

彼女は俺を部屋の中へ招き入れた。ドキドキしながら中に入る。部屋は8畳ぐらいの広さで、女の子の一人暮らしの割には物が沢山ある。

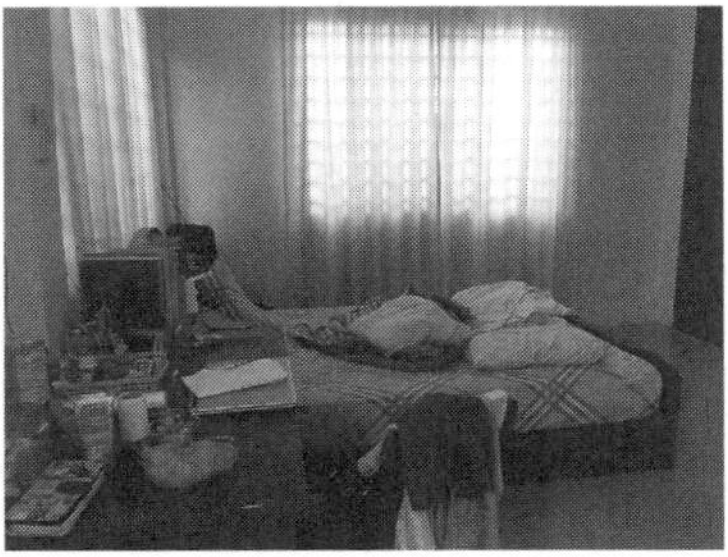

ビーナスの一人暮らしの部屋

靴は10足以上あり、ベッドのシーツは乱れていた。

「ここでするのか……この乱れたベッドの上で、プライベートレッスンを」

俺はごくりと唾を飲み込んだ。

ふとビーナスと目があった。彼女は俺の目をじっと見つめている。

「ねぇ、こっちに来て……」

そう言うと、応接室にある2人がけのソファに招かれた。

「はいはい、直接じゃなく一旦お話しつつのパターンね」

言われるがままに彼女について行く。俺がソファにそっと腰掛けると、彼女は少し遅れて目の前の席に座った。

そして、俺をじっと見つめてこう言った。

「さぁ、レッスン始めましょうか」

脳内iTunesの「エマニエル夫人のテーマ」のボリュームが上がる。

やばい、ほんとにドキドキが止まらない。

「あ、あの……どうして今日、部屋でレッスンなの？　き、昨日までカフェだったじゃん？」

俺は動揺を隠しながら質問した。ビーナスは俺の目をじっと見つめた。相槌は打たない。ただただ、真剣に俺の目を見つめている。そして、持っていた水を一口飲んでこう言った。

「予算削減のためよ」

「ん？」

「だから、予算削減！　カフェだとお金がかかるでしょ。それ、こっち持ちじゃない。時給も8ドルと安く交渉されたし。だからここにしたの。ここだと無料だし」

「な、なるほど！」

そっか。俺がお金を値切ったからここなのね。エマニエル夫人的なことではないのね。恥ずかしすぎるのでアメリカンポジティブ馬鹿のフリをした。

「OK！OK！OK！」

3回連続で返事をした。その突き抜けた明るさは、格ゲーで連打する主人公の打撃のような「OK！」だった。と同時に、脳内iTunesにある「エマニエル夫人のテーマ」をこっそり削除した。ついでに室伏広治のハンマーも……。

こうして始まったプライベートレッスンはきっちり4時間続き、今日もぶっ続けでしゃべりまくった。翌日、エラとのデートの日も念には念を入れて時間ギリギリまでビーナスに英語を習う。会話の能力が高まったところで、エラとデートをするという作戦だ。

デートの待ち合わせ場所は彼女の働くお店。エラは休日にもかかわらず、待ち合わせ場所に自ら働くお店を選んだ。それだけ、お店が生活の一部だということなのか……。

授業が終わり、バイクタクシーで待ち合わせ場所へ向かう。少し早く着いたのでカウンターでカンボジア産のアンカービールを飲んでいると、ほどなくしてエラが現れた。

「待たせてごめん。早くから待ってるって友達に聞いたわ」

「いいよ。俺が勝手に早く着いちゃっただけだよ」

休日のエラのファッションはアメカジスタイルで黒い長袖のTシャツに白っぽいミニスカートだ。

「チアガールの放課後みたいで可愛い！」

いよいよエラとの休日デートだ。お店を出ようとすると、カウンターにいるエラの同僚の女の子たち数名が「ヒュー！」と応援を送った。外に出てトゥクトゥクを拾おうとすると、エラがそれを制した。

「この間のトゥクトゥクドライバーにお願いして、待って貰ってるの。今日は1日、彼を貸し切るけどいいよね？」

「うん、大丈夫だよ」

そう言い、トゥクトゥクに乗り込んだ。

「行きたいお店、決めた？」

「うん。中華レストランで行きたい場所があるの」

トゥクトゥクで10分ほど走ると、地元の人しかいない中華レストランに到着した。観光客用の中華レストランほど高級店ではないが、地元の人が行くのに少し奮発するぐらいのお店だ。

「好きなもの頼んでいいよ！」

そう言うと、エラは海鮮スープに牛肉と玉ねぎとキノコを甘辛く煮た回鍋肉、空芯菜炒めを選んだ。俺は赤ワインを頼んだ。中華と赤ワインの相性が良いのは西麻布界隈のレストランで勉強済みだ。お店のスタッフは、赤ワインがオーダーされると、メニューに載っているにもかかわらず大慌てし始めた。値段は1本15ドル（1500円）くらいの安ワインなのだがここでは滅多に出ないようで、店員3人で「どうやってコルクを開けるのか？」と真剣に話し合っている。その慌てぶりがあまりにも面白かったので、ニヤニヤしていたら、エラと目が合い、2人でクスクスと笑った。

「乾杯」

ワイングラスではなくコップに注がれた赤ワインで乾杯した。

料理はどれも美味しく、あっという間に平らげてしまった。

「プノンペンの中華美味しいね」

「うん。このお店、友達のオススメなの。ずっと来たかったんだ」

赤ワインも進み、いい感じになってきた。休日だからかエラの顔がいつもより艶々している。エラは俺が何を喋っても静かにクスクスと笑う。1回目のデートより明らかに話は盛り上がっている。

「この後、どこに行こうかな？」

次の展開を考えていると、ふと、何か違和感を感じた。

エラの斜め後ろのテーブルに、見覚えのある男性がいる。ごはんを食べている時は全く気づかなかったが、その席に始めからずっと座っていた。誰だろう。どこかで会ったような……。

年齢は30～35歳、おそらくプノンペンのローカルな人だろう。ローカルなカンボジア人で知っているのはビーナスのゲイ友達くらいだけど、ゲイっぽくはない。

わからん……。でも見たことあるんだよなぁ。俺は釈然としないままエラに聞いてみた。

「エラ、後ろの人、どこかであったような気がするんだけど……知ってる?」

「知ってるよ。彼は私たちのトゥクトゥクドライバーよ」

あ、そうか! 道理で知っているはずだ。

「でも、なんで彼は俺らの席のすぐ後ろでごはん食べてるの?」

「彼もごはん食べるタイミングがここしかないから」

ふーん、プノンペンではそんな感じなのかぁ……。いやいやいや! デートしているカップルの後ろでトゥクトゥクドライバーが飯を食っていたらデートにならないだろう。

内心ムッとした。だが、彼はエラと仲良しなので邪険に扱うことはできないし、もしかするとこれはプノンペンでは一般的なスタイルなのかもしれない。

俺は状況を飲み込むことにした。だが、頭の片隅にこんな疑念が湧く。

「もしかして、エラが俺を警戒してあのドライバーにお願いし、守ってもらってる?」

そう考えると、複雑な気持ちになった。ごはんを食べ終え、トゥクトゥクに乗り込むと、ドライバーはすでに運転席にいた。彼は後ろを一切振り向かず、ずっと前を向いている。

「この後、どこに行きたい? 私がよく行くお店があるけど、そこにする?」

エラの知っている店だと、またトゥクトゥクドライバーが付いてくるかもしれない。

「この近くに俺の知ってるバーがあるんだけど、そこにしない? 良い雰囲気のお店だよ」

一度、英会話授業のあとでビーナスと彼女のゲイ仲間と飲みに行った店がある。あそこなら、雑居ビルの屋上にある狭いバーだし、ごはんを食べるような店ではない。ドライバーが付いて来たら絶対に不自然だ。

トゥクトゥクドライバーにグーグルマップにピン刺しされた住所を見せ、そこに向かう。

到着すると、ドライバーが付いて来ていないのを確認し、雑居ビルに入った。

今にも崩れそうな細い鉄の螺旋階段で屋上を目指す。俺が先に登り、エラは後から付いて来る。5階に到着する寸前に「到着したよ」と言い、手を差し出すと、エラは軽く手を握った。エラの手は小さくて柔らかい。2秒くらいだったが、クールな彼女の体温を感じた。

席に座り、俺はアンカービールを頼み、エラはフルーツカクテルを頼んだ。

時計を見ると22時を少し回っている。

それから2人でいろんな話をした。彼女の通っている会計学校の友達の話や、お店のお客さんの話。エラも俺に沢山質問した。離婚の話や日本での仕事の話、特にこの連載「世界一周花嫁探しの旅」の話を一番熱心に聞いた。気づけば、彼女のカンボジア訛りの英語が少しずつ聞き取れるようになっている。彼女もまた、俺の癖の強い日本語訛りの英語を少しずつ理解できるようになっていた。

「プノンペンで英語習ってるの？」

「うん。1時間8ドルで4時間のマンツーマンレッスンを受けてる」

「4時間も。すごいね」

「セブ島のスパルタ学校に比べれば大したことないよ。この間、カジノで500ドル勝ったからそのお金を英語の勉強に充ててる」

「どうしてプノンペンで英語を習おうと思ったの？」

「うん、エラと会って、英語で話をするじゃん。でも、なかなかお互いに理解できないのがもどかしくて」

「……」

「エラのこと、もっと深く知りたいなぁと思って英語を習っているんだよ」

軽い告白みたいになってしまった。日本語だと恥ずかしくて使えないような言葉も、英語だとすんなり言えてしまう。英語の表現をあまり知らないからシンプルでわかりやすく伝えようとすると、どうしても直接的な表現になる。いや、もしかすると、海外では俺の奥に潜む「ジェームズ・ボンド」が殻を破って飛び出すのかもしれない。いずれにせよ、俺は期せずしてエラに告白めいたことを言ってしまった。

「嬉しい。今日は2人の英語、通じるもんね」

おーーーなんかうまくいってる。プノンペンに来てよかった。

エラの顔を見るとほんのり赤くなり、艶っぽい。女の顔に変わっている。これはどう贔屓目に見ても、かなーりイイ雰囲気だ。

「これは恋？」

胸の奥底から赤ピンク色の情熱、いや、情動が湧き上がる。このまま自分の今の気持ちを素直に伝えよう。

「……エラ……あの」

心の衝動を言葉に変えようとしたが、悲しいかな言葉が出てこない。

ああ。心のジェームズ・ボンドがいつものごとく門を閉じようとしている。土壇場に来てビビってしまった。ダメだダメだ。こんなチャンス、絶対に逃してはダメだ。

俺はエラの目を見つめた。エラは俺の目をじっと見つめている。

その瞳は少し潤んでいるように見えた。

「あのね。俺。あの、あれ……だれ？」

後ろのカウンターに見慣れた男が座っていた。トゥクトゥクドライバーだ。

「あいつ、あの階段登って5階まで来たんだ。店の名前も知らないはずだから5階までの店、全部探してきたってことか！」

結構カチンときた。そして、感情にまかせ、ついエラにこんなことを言ってしまった。

「なんなの、あのトゥクトゥクドライバー？　もしかして、エラのボディーガード？　俺、そんなに怪しい？」

「……違うの」

「違うって何が違うの？　もしかして彼氏？」

「違うの。彼はただのトゥクトゥクドライバーよ」

「じゃあ、帰ってもらうように話していい？　お金はここまでで1日分払うよ」

「ちょっと待って、家まで送ってもらう約束しているの」

「じゃあ、彼と一緒に帰れば？　だって、疑われているみたいで気分が悪いよ」

かなり大人げないことを言ってしまった。でも、それは本音だ。

エラは下を向き、しばらく押し黙っている。

やがて、俺の顔を見て、目を潤ませながらぽつりぽつりと喋り始めた。

「私、お店から1時間くらい離れたとこに住んでるの」

「うん」

「会計士の学校に通っているから、お金節約してるのね。で、交通費を浮かすため安いバイクを買ったの。それで通ったほうが節約できるから。2ヶ月前、お店が終わった後、朝5時にバイクで家に帰ってたの。で、信号待ちしてたのね。そしたら、10人組ぐらいの男たちが私を襲ってきたの」

「……え？」

「私、バイクから引きずり下ろされて、ボコボコに殴られた。抵抗したら殺されると思ったから、もう、すべて彼らの言う通りにしたの。だけど、私のバックや時計を全部取り上げられて、最後はバイクも一緒に盗まれた。それから、怖くて、怖くて……」エラは涙を流した。

「その時、あのトゥクトゥクドライバーが助けてくれて、家まで送ってくれたの」

トゥクトゥクドライバーの顔を見た。

改めて見ると本当に気の良い優しそうな顔をしている。

「レイプのようなことはされなかったの？」と聞こうと思ったがやめた。

「それから彼、ずっと無料で私を送り迎えしてくれて。それで、申し訳ないから最近は安い金額だけど料金を払うようにしているの」

「じゃあ、今日も彼、心配してるのかな？」

「わからないわ」

しばらく沈黙が続いた。

雑居ビルの下にあるクラブから「ドンドンドン」という大きなクラブミュージックが鳴り響いている。時計を見ると23時30分を回っていた。

彼女を家まで送るには、あのトゥクトゥクドライバーに頼むのが一番安全だと思った。

「帰ろうか」

「……うん」

俺はトゥクトゥクドライバーに今日1日の料金に加え、エラの帰りの運賃も払った。

彼は少しびっくりした表情をしたが「サンキュー」といい、ニコリと笑った。

「エラを家までよろしくお願いします」

ここ数日の間、見向きもしなかったドライバーと初めてちゃんと目を見て話をした。

すると、彼は自然な笑顔で、

「OK！」と言い、軽く手を上げた。

その「OK！」はアメリカンポジティブ野郎のバカな「OK！」ではなく、使命感と責任感に満ちた「OK！」だった。

俺はエラに手を振った。エラは曇った表情のままこちらをちらりと見ると、一瞬だけ手を挙げた。その後、彼女は一度も振り向かず、彼のトゥクトゥクで家路へと向かった。

4日後、プノンペンを去る決意をした。

キャピトルというバックパッカー宿で格安バスのチケットを4ドルで購入し、22キロのバックパックを背負う。次の目的地はアンコールワットのあるシェムリアップだ。

バスが出発して30分ほど走ったところで、エラにLINEを送った。

「プノンペンを去り、シェムリアップに向かっているバスの中です」

「ありがとうエラ。君のおかげで素敵な思い出ができました」

エラと一緒にいる時に撮影した数枚の写真を送った。バスは進み、空が大分暗くなってきた。

エラから返信がきた。ウサギの女の子が涙を流しているスタンプだ。

「寂しくて泣いてる？　笑」

「今日、ごはんを食べられなかったの。お腹はすいてるんだけど、食べられなかった」

「何か心配事でもあるの？」

「友達が私のバッグを盗んで消えてしまったの、それで、お金がなくて、今日は何も食べられなかった。今、妹に連絡して少しお金を送ってもらえるように頼んだの。でも、返事がないの」

俺は少し返信に悩んだ。そしてこう返信した。

「ごめんね。助けたいけど、今はシェムリアップの近くだからすぐには助けることが出来ないよ。本当にごめんね」

「大丈夫。ただ、ただ聞いてほしかっただけ」

LINEキャラクターのムーンが泣いているスタンプが送られてきた。

返信に悩んだが、同じムーンが泣いているスタンプを送った。


そのスタンプを最後にエラとの連絡は途絶えた。

バスの窓からカンボジアの夕日が見える。綺麗な夕日だ。

ふと、涙が流れた。なぜだろう。

失恋の悲しみでもない。もう会えないという寂しさでもない。

どんな感情かわからない。

綺麗な夕日を見て、ただ泣いた。

それは、旅に出て初めて流した涙だった。

6章　タイ

バンコクの街角で出会った中国人女性

カンボジア・シェムリアップを去り、12ドルの格安バンでタイのバンコクに向かった。2回目のバンコクだ。これでタイ・ベトナム・カンボジアと東南アジアをぐるっと一周したことになる。

国境を越えバンコクの高層ビル街を見るとなんだか懐かしい感じがした。

バックパッカーの聖地カオサン通りでバスを降り、バーガーキングでお腹を満たすと、冬物を預けていたサトーンという繁華街の裏路地にある1泊900円のゲストハウス「カーマバンコク」へ向かった。

翌朝、ゆっくり起きて洗濯をし、ドミトリーの二段ベッドでプノンペンのエラとの思い出を書いた。落ち着けてWi-Fi環境がいい宿にいる時が連載を書くチャンスだ。

かなり集中したのか結構な時間が経ったようで、お腹が減っていると気づいた頃には、空が真っ暗になっていた。俺は散歩もかねて1キロほど先にある「アジアンパーク」へと向かう。そこは、最近オープンした若者に人気のアミューズメントパークで、アジア各国の料理がある。しかし、観光スポットということもありパーク内の屋台は結構な値段がする。仕方ないので、そこで食べるのをあきらめ、路上にあるローカル屋台で、空芯菜とグリーンカレーとLEOビールを頼んだ。カレーはめちゃくちゃ辛く大量の汗をかきながらビールを流し込んでいると、隣で飲んでいるグループの若い女性と目があった。雰囲気から中国人女性のようだ。俺がにこりと社交的に笑うと、その女性が話しかけてきた。

「1人ですか？」

「はい。そうですけど」

「良かったらこっちのグループに混じりません？」

よく見ると中東系の顔をした男子3人と中国人の彼女が一緒に飲んでいる。一体どういう組み合わせなのだろう？

「みなさんお友達ですか？」

「いや、違うんです。私も1人でごはんを食べていて、このグループの人に声をかけられたんです」

すると、奥にいた中東系グループの1人が俺に声をかけてきた。

「ヘイ！　ブラザー。どこの国から来たんだ？」

「日本だよ」

「一緒に飲もうぜ、日本のブラザー！」

ブラザーって兄弟だよね。やけに馴れ馴れしいけど、あっち流のコミュニケーションかもしれない。まぁでも、中東の人や中国人と飲んだことないから飲んでみるか。

男性3人組はアジアンパークで路面店をやっているイラン人だと教えてくれた。しかし、その雰囲気は、90年代、渋谷のセンター街で違法のテレフォンカードを売っていたイラン人に似ていて、どことなく危険な匂いがする。イスラム教徒のはずなのに酒を飲んでいるというのも少し変だ。俺は財布がスラれてないか、首かけのバックを握りしめ、確認した。中国人女子は20代後半で、人生初めての一人旅でタイに来て、近くのホテルに泊まっているらしい。お腹が空いたので屋台に来たところ、イラン人男性に声をかけられ一緒に飲むことになったそうだ。イラン人男子は中国人女子に何かとしてお酒を飲まそうとしていた。彼女が一口でもお酒を飲むと、すかさずグラスにビールを注ぐ。途中から一気コールをかけ、嫌がる彼女に無理やりビールを飲ませようとしていた。俺にも「ヘイ、ブラザー！」と言い、お酒を注いでくるが、適当にあしらい自分のペースで飲んだ。30分ぐらい経った辺りで、おしっこに行きたくなり席を立った。

近くのカフェで用を足し、店外に出ると、一緒に飲んでいた中国人女性がコンビニの前で待っていた。何かあったのか？

「ねぇ、助けて欲しい。何度も帰ろうとするんだけど、帰してくれないの」

「そうなんだ。お酒は結構飲んだの？」

「何回か一気させられた。怖いから、断ったら何かされそうな気がして……」

彼女は怯えた目をしている。

「いいよ、俺が連れて帰ってあげる」

俺は密かに2人分の会計を済ませ、屋台に戻った。イラン人グループは男同士で何やら盛り上がっている。

「わるい！　彼女、もうホテルに帰って休みたいんだって。俺、ドミトリーが近いから送ってくよ」

「それはないよブラザー、飲もうぜ！」

「いや、もう疲れた。帰って寝たい。悪いな。俺と彼女の分はすでにお会計済ませたから」

中国人女性はだまって様子をうかがっている。

「今日はありがとう！　楽しかったよ」

そうやって握手を求めると、イラン人3人は渋々握手をした。しかし、屋台を離れようとした時、男達がやってきた。

「ヘイブラザー、この子はお前が連れて帰るのか？」

「あーそうだよ。送ってく」

「この娘には俺たちが結構お酒を奢ったんだ。もしこの子を連れて帰るなら、俺たち全員分のお金をお前が払えよ。男ならわかるだろう、ブラザー」

古のアラブ商人のような、謎めいた交渉術だ。

「ありえない。彼女が自分でオーダーした分と俺の分のお会計はすでに済ませたよ。俺はただ、彼女を送ってくだけなんだ」

「いや、全額払え！」

彼らの1人が語気を荒げ、肩に手を掛けた。俺はカチンときた。

「は？　お前、日本人なめてんのか、こら！　あ？」

そう日本語で怒鳴ると、むこうは一瞬たじろいた。その隙に男の手を振り払い、彼女と一緒にトゥクトゥクに乗り込んだ。

「サンキュー、イランのブラザー。今日は楽しかったよ」

そう言ってトゥクトゥクを出発させた。イラン人達は、「まぁしょうがないか！」という顔でこちらを見つめている。俺と彼女は手を振り、彼らとお別れした。

「今日はありがとうございました」

「いや、いいよ。あいつら、ちょっとタチが悪いね」

「うん。少し怖かった」

「遅い時間は危険だから、あまり出ないほうが良いかもね」

なんとか彼女を助けることが出来た。良いことをした後は気持ちがいい。

トゥクトゥクはチャオプラヤー川沿いの道を颯爽と走り抜けた。吹き抜ける夜風が気持ち良く、川の向こうに広がるバンコクの夜景が船団の灯火のようにぼんやりと煌めいている。その光景は、ウォンカーウァイ監督の『恋する惑星』を思い出させた。カメラマンのクリストファー・ドイルが撮るアンニュイでザラついた8ミリフィルムのような映像と、遠くに蠢くオレンジ色のバンコク夜景が妙にオーバーラップする。

10分ほど川沿いの道を走ると、彼女のホテルの前に着いた。俺の安宿とは随分違っていて、1泊1万円以上はする高級ホテルだ。貧乏旅に慣れてきた俺には、遠くの世界に住んでいるお嬢様のように思えた。

「あの、明日の夜って何か予定あります？　一緒に晩ごはんを食べませんか？　今日のお礼もしたいし」

「いや、お礼はしなくていいけど、うん、いいよ」

「よかった。明日の夕方6時頃はどう？」

「大丈夫だよ。ここに来れば良い？」

「え、迎えに来てくれるの？　ありがとう。今日は本当にありがとうございました」

謎の流れで名前も知らぬ中国人女性とデートをすることになった。『恋する惑星』のワンシーンが頭の中でオーバーラップする。

「その時、彼女との距離は0・1ミリ。57時間後、僕は彼女に恋をした」

翌日夕方、バイクタクシーに2人乗りし、グーグルマップを頼りに彼女のホテルに向かった。少し迷ったが6時きっかりに約束のホテルのロビーに着いた。しかし、5分待っても彼女はロビーに現れない。

「時間きっちりに来るのは日本人ぐらい」

セブ島の英語学校を思い出した。始業5分前から席についていたのは、日本・韓国・台湾・中国人生徒の中で、日本人だけだ。しかし、彼女は15分待っても現れない。若干テンションが下がっていると、ホテルのエントランスから荷物をたくさん抱えた彼女が現れた。

「ごめんなさい。買い物していたら道に迷っちゃって。一旦、部屋に戻って用意するから少し待ってもらっていい？　急ぐから、ごめんね」

さらに15分待つとパステルカラーの青のスカートと黒のタンクトップに着替えた彼女が現れた。

「遅くなってごめんね」

「どこに行く？　俺、この辺だったら安い屋台かローカルなお店なら知ってるけど」

「友達が美味しいお店を教えてくれたの。そこに行きたい！」

2人はトゥクトゥクに乗り、その店に向かった。途中で道に迷ったため、彼女はスマホで中国人の友達に電話をかけ、ドライバーと直接話しながら道案内をしてもらっている。そして、無事にお店に到着すると、今度はドライバーと激しい値段交渉を始めた。どうやら彼女はしっかり者ではあるが、相当な強気の性格をしているようだ。彼女が選んだのは、高級そうな歴史ある中華料理の店。入り口には生簀があり海老や蟹などが泳いでいる。

「俺がいつも行くローカルなタイ料理屋台の何倍するんだろう？」

席に着き、メニューを見てビクッとした。日本の高級中華料理と変わらない金額だ。俺はビールだけ頼み、「一緒につまむから、そっちが頼んで」と言い、自分の料理は頼まない作戦に出た。しかし、彼女は海老や蟹など高級料理をバンバン注文する。メニューの料金表をチラチラ見ながら頭の中でいくらになるかを計算した。

「乾杯」

出会った時と同じLEOビールで乾杯すると、彼女はグラスのビールを一気に飲み干した。

中国人女性の名前はキャン。香港近くの郊外の街に住む27歳の独身女性だ。

「美味しそう！」

そう言うと、キャンは海老や蟹をばくばく食べ始めた。どうやら彼女の地元料理らしく、海老の皮の剝き方や蟹の食べ方がものすごく上手だ。しかし、俺はその器用な食べ方を見る度に「せっかくタイのバンコクに来ているのに、何で中華料理の店にくるのだろう？」という違和感を感じた。逆の立場だったら、バンコクまで来て、天ぷら屋や寿司屋に入るのと同じだ。長期旅行者ならわかるが、彼女は数泊しかバンコクに滞在しない。結局、ほとんどの料理を彼女が平らげてしまった。食事が終わったのでお会計をしようとすると、彼女は細かくレシートをチェックし、店員と中国語で会話をし、値切った。さすが中国人同士。というかキャン、あんたすごい。

「ここ、私が出すからいいわ」

「え？　なんで？　ダメだよ」

バンコクの高級中華料理店

「昨日、助けてもらったし。ね？　次出して！」

結局俺は、彼女に奢ってもらうことになった。

「屋台街に行きたいんだけど、友達に聞いた良い場所があるからそこに行かない？」

キャンはまたスマホで友達に電話し、中国語で場所を確認している。

「なんでバンコクなのに中国語なの？」

「バンコクに住んでる華僑の友達がいて、その子にいろいろ聞いてるの」

華僑ネットワーク、すごいな。

屋台街に到着すると、彼女は辺りをウロウロし、スマホで風景撮影を始めた。俺は席に座り、ビールを頼もうとしたその時……。

「私、もう写真撮り終えたから次の場所に行きたいな」

「え、もう？　ここで飲んだり食べたりしないの？」

「さっきの店でお腹一杯食べたから、もうごはんはいいかも」

結局、屋台街では何も食べないまま次の場所に移動となった。その後、わずか2時間の間に別の屋台街、公園、ナイトマーケット、ディスコと彼女の行きたい場所を高速移動で回った。キャンは写真さえ撮ってしまえば、もうその場所には興味が無くなってしまうようだ。

「次は、ゴーゴーボーイズのお店に行きたい！」

「ゲイがいっぱいいるお店だよ」

「一回、行ってみたいんだ。行こ！」

キャンはその場所もバッチリ調べていて、シーロムにあるゲイストリートへ向かった。そこは数百メートルの一本道に赤青紫と派手なネオンの看板が続くゲイ専門の歓楽街で、所狭しとゲイバーやショーパブが立ち並んでいる。世界中から観光やそれ目的で多くの人々が集まる、ある意味においては、夢のストリートである。

「ふふふふふふ。面白い〜」

「ここ、写真撮ったら怒られるかもよ」

「オッケー。気をつける」

2人で激しいゲイの客引きを振り払いながら、200メートルぐらいの小道を通り抜ける。キャンは初めの方こそ怖がっていたが、途中から大爆笑し、最後にはスキップまでしていた。

「戻って、お店に入ろうよ」

「行きたいの？」

「行きたい〜」

2人で通り抜けた道を戻り、ムキムキの筋肉男たちがいやらしいダンスをするお店に入った。いわゆる新宿二丁目にもあるような、お酒を飲みながらショーを観るゴーゴーボーイズのお店だ。

「いえ〜い！」太い筋肉をまといキュートな目をしたイケメンたちが、物凄いテンションで話しかけてくる。俺は少しばかり圧倒されてしまった。だが、キャンは全く動じない。

「どこから来たの？」
「ふふふふ〜。中国」
「俺は日本です」
「中国人と日本人のカップルなんて珍しい〜」

英語になっているだけでノリは日本のゲイバーと変わらない。

「ゲイの人のノリは万国共通なのか」という興味深いテーマが頭をよぎったが、今回の旅でこのテーマを追求するのはやめよう。時間がかかるし奥が深すぎる。

やがて、ゲイたちが強引にテキーラを勧めてきた。酔わせて金額を弾ませるのが常套手段のようだ。必死に抵抗したが、彼ら（彼女ら？）は、ノリノリの一気コールで俺にテキーラを飲ませようとする。嫌がる俺。盛り上がるゲイ軍団。それを見て笑うキャン。やがて魔の手はキャンのほうにも回った。

「中国の娘、一気〜」

キャンは楽しそうにテキーラを何杯も一気飲みした。イラン人の時はあんなに嫌がっていたのに。

1時間ほど盛り上がったところで、キャンがこう言ってきた。

「ごっつー、楽しんでる？」
「うん。俺、結構酔ったかも」

写真を撮る中国人女性のキャン

「ふふふふ〜。私も」

テーブルの上にはテキーラグラスが積み上げられている。おそらく結構な金額だ。

「キャン、そろそろお開きにする？」

「そうだね。もう遅いし」

俺は店内のボーイに声を掛けた。

「すみまーせーん。お会計お願いします」

「もう済ませたわ」

「え？　いくらだった？」

「いいのいいの。出会った時、奢ってくれたし」

「えっ、ダメだよ」お金を払おうとするが受け取ろうとしない。

「じゃあ、帰りのトゥクトゥク代を払って。ね？」

そう言って強引に納得させられた。トゥクトゥクに乗りホテルまで送っていると、キャンはスマホを見ながらケラケラ笑い出した。

「どうしたの？」

「良い動画が撮れたわ〜。あなたがゲイに一気させられてる〜」

「え？　撮影してたの？　撮影禁止なはずなのに。よくバレなかったね」

トゥクトゥクの車内で夜風を浴びながら、隣に座っている彼女の横顔を見た。目まぐるしく移り変わるライトに照らされた彼女は、クリストファー・ドイルの映像の中に出てくる登場人物のようにどこか幻想的だ。そしてまた、『恋する惑星』のワンシーンを思い出す。

「その時、彼女との距離は0・1ミリ。57時間後、僕は彼女に恋をした」

思えば、ローカルな屋台で荒くれ者からなんとか助けだし、トゥクトゥクで一緒に帰ったところから2人の関係は始まった。そして、まもなく出会ってから24時間が経とうとしている。

「その時、彼女との距離は0・1ミリ。24時間後、俺は彼女に恋をしなかった」

恋をするには十分すぎるほどの出会いから始まった2人なのに、なぜか胸は高鳴らなかった。文化の違いか？　貧乏旅行とセレブ旅行という格差が原因か？　それとも、俺は恋愛をするのに臆病になっているのか？

どれも当たっているような気もするし、まるで関係ないような気もする。でも、きっと彼女も同じ思いだったのだろう。

「私、明日には中国の家に戻るの。楽しかったわ。ありがとう。ふふふふふ〜」

彼女と別れてからも、チャーミングで好奇心たっぷりな「ふふふふふ〜」というキャンの笑顔が頭にこびりつき、しばらく離れなかった。

7章　スリランカ

何もかもが違いすぎて自信を失う

２回目のバンコクも４日が過ぎようとしている。

朝、遅めに起き、洗濯をした後、ドミトリーのベッドに横たわりながらインドについて考えた。この旅を始める決意をした時、インドに行きたいと思った。インドには男のロマンを揺さぶる何かがある。実はバンコクに戻ってきたのは、「インドのビザが取りやすい」と聞いたからだ。しかし、東南アジア一周で知り合った旅人の情報では、今はバンコクでインドビザの取得は出来ないとのこと。

「インドへの旅はビザを取るところから始まっている」

別の旅人はそんなことを言っていた。インドを旅するのは何かと大変らしく、インド人は日本人とは全く違う価値観で生きているので、ビザを取ることさえもかなり苦労するらしい。俺はあきらめずにリサーチを続けた。すると今、インドビザはスリランカかミャンマーが比較的取りやすいということがわかった。

スリランカってどんな国なんだろう？　全くイメージが湧かない。イメージが湧かないということは、情報に希少性があるということ。俺はスリランカに行くことに決めた。そろそろ東南アジアを離れ、異文化に飛び込みたいというのもデカイ。スリランカはインドの南に位置する「紅茶とアーユルヴェーダ」が有名な北海道の8割ほどの小さな島国だ。スリランカとは公用語のシンハラ語で「聖なる光り輝く島」という意味で、自然、宗教、文化が混じり合うことにより、光り輝くような魅力を放つらしい。

「この見知らぬ異国で、自分の中の価値観をバラバラに崩壊させたい」

スリランカ大使館が運営する英語オンラインサイトでETAと呼ばれる短期ビザを30ドルで取得し、航空チケットを買った。スリランカへ入国するには行きのチケットとスリランカから別の国に出国するためのチケットを事前に購入しなければならない。そこで、入国先はスリランカのコロンボ・バンダラナイケ国際空港、出国先は2週間後にすぐにインドに入れるよう、インド・バラナシ空港行きのチケットを予約した。

バンコクのスワンナプーム国際空港に到着すると、搭乗手続きするためカウンターに並んだ。列にいる人達を見ると、インドっぽい人やアラブっぽい人がたくさんいる。どの人がスリランカ人か全くわからない。

「パスポートとチケットを拝見します。入国先はコロンボの空港、出国先はバーレーンでよろしいですね？」

「ん？　バーレーン？　インドのバラナシを予約したんですけど」

「いや、バーレーンで予約されています」

「バーレーンってアラブの？」

「はい。アラブのバーレーンです」

やばい、間違った。バラナシとバーレーンを間違えた。つーか、「バ」しかあってねーし。いや、英語表記だとVaranasiとBahrainって、1文字目から違うわ。

なんでだろう。なんで入出国するたびにトラブルが起きるんだろう。

仕方がないので、出国先をサウジアラビアの隣に位置する小国バーレーンにしたまま搭乗手続きを終えた。

機内に入ると香辛料の匂いが充満していた。乗客は英語以外の言語を喋る人たちと民族衣装か宗教衣装を着た人たちしかいない。日本人はもちろん俺だけ。俺は少し身構えた。ぶっちゃけ怖い。4時間ほどフライトすると、スリランカのコロンボ郊外にあるバンダラナイケ国際空港に到着。出国手続きが無事に終わり、人生初の南アジアの国、スリランカに入国した。空港ロビーに出るとATMでお金を下ろしSIMカードを購入。そして、『地球の歩き方』に「アジアとヨーロッパを結ぶ海上輸送の中継地として発展してきたかつての首都」と記載されているスリランカの最大都市コロンボに向かう。空港からコロンボまでの高速バス料金はたったの86円。道中、Airbnbで宿を予約していると、隣に座っていた白人バックパッカーが話しかけてきた。

「どこから来たの？」

「日本です」

「日本のバックパッカーか、珍しい。どこに泊まるの？」

「コロンボです。今、ネットで予約しました」

「え？　ネットで？　宿なんて着いてから探したほうがいいに決まってるじゃん」

そう言って小馬鹿にしたような目で笑った。どうやらネットで事前予約するのは行き当たりばったりのバックパッカーの精神からすると、少しダサいようだ。いずれにせよ今の俺には見知らぬ国スリランカの初日に予約なしで宿を探す、そこまでの勇気がない。それから1時間ほど走ると、コロンボの街が見えてきた。

バスを降り辺りを見回すと、その喧騒は東南アジアとは異なる世界だった。古い西洋建築の建物と香辛料の市場が併設する街並みには、異国情緒に溢れる独特な佇まいがある。そこに暮らしている人たちは、目はぎょろりとしていてその眼光は妙に鋭い。こちらが緊張しているせいもあるのだろうが、東南アジアとはまるで違う妙に殺伐とした雰囲気に自然と身構えてしまっていた。路上を行き交うスリランカの人々が何を考えているのか全く予想がつかない。すれ違う人から漂う慣れない体臭が鼻腔を刺激する。街中に漂う香辛料のスパイシーな香りにも馴染めそうにない。俺はこの国でうまくやっていけるのだろうか。

予約した宿のチェックインを終え、部屋で少しゆっくりしていると、外が暗くなってきた。時計を見ると19時過ぎだ。晩ごはんを食べるため、コロンボのはずれにある住宅街に向かった。暗い夜道をおそるおそる歩くが、なかなかレストランが見つからない。不安なまま歩いていると、6人組の若い男女が、ファーストフードらしき明るい光を放つお店に入っていくのが見えた。

「ファーストフードだったら、食べられないことはないだろう。これ以上遅くなると、危険だし」

その店を、記念すべきスリランカの1食目にすることにした。メニューを見ながら悩んだ末、チキンカレーとパパイヤジュースを選んだ。今日は移動ばかりでちゃんとした食事をとっていない。出されたごはんにかぶりついた。

「わ、まずい！」

米ではなく、粉っぽい麺だった。ライスでなくコットゥという平麺の料理が間違って出されたらしい。タイで食べたチキンカレーの味をイメージしていたので、裏切られた感じがした。口直しにパパイヤジュースを飲んだ。「なんだこれ。全然冷たくない……」

堪えられなくなって「チキンカレーのコットゥをプレーンライスに替えてくれ」と交渉したが、ごはんが切れているから無理だと断られた。結局、スリランカの記念すべき1食目は、これらを完食できぬまま、近くのスーパーでスナック菓子とビールを買い、腹を満たすことになってしまった。

「この街の雰囲気も匂いも、まずいごはんもぬるいジュースの味も、何もかも合わないかも」

その日の深夜、高熱が出た。知恵熱なのか、旅の疲れなのか、風邪なのか、さっぱりわからないまま熱は39度近くまで上がり、3日間治らなかった。

4日目の朝、何とか熱が下がったのでコロンボを離れることにした。タイで知り合った旅人から「スリランカでインドビザを取るならキャンディという小さな街がオススメだよ。大使館が混んでないから」というアドバイスをもらっていた。病み上がりの身体だが、なんとか22キロのバックパックを背負い、格安バスで4時間かけキャンディに向かった。

キャンディは、京都や鎌倉に似た伝統的な古都。仏教の聖地であり、街全体がユネスコ世界遺産に登録されている綺麗な街だ。驚いたのは、横断歩道以外の場所で人々が道路を横断しないということ。規則と戒律の厳しい街に違いない。信号を無視し、平気で道路を横断するコロンボの繁雑な感じとはだいぶ違う。俺はこの街を一目見て気に入った。

1泊900円のドミトリーに到着すると、ソニーのカメラα6000を持って街並みや現地の人々の写真を撮りに行った。

「そうか……」

ファインダー越しに、現地で暮しているスリランカ人たちを冷静に見ると、結構シャイで、働き者で、決して悪い人たちではないことに気づいた。今まで出会ってきたアジア人たちと何も変わらない。自分が心を閉ざしていたため、スリランカ人の本当の姿が見えなくなっていたのかもしれない。そんな気づきにテンションが上がり、現地の人たちの写真を撮りまくった。ふと気づくと、キャンディにある女子大の前で撮影していた。白い制服姿のスリランカの女子大生はカメラを向けると田舎の純朴な少女みたいに恥ずかしそうに笑う。その自然な表情をカメラに収めたくてシャッターを切った。女子大生の集団が去り、ひと段落すると、全身白づくめの宗教衣装を着た50代くらいの黒人と目があう。俺は好意的な表情を作り挨拶をした。しかし、向こうは俺を無視し、目線を外さずこちらをじっと見つめている。しばらくその辺りで街の日常風景を撮影していると、彼がその様子をじっと見ていることに気づいた。なんだかずっと監視されているようで不気味だ。彼から逃げるため、別の場所に移動すると、10メートル後方から彼がつけて来ているのがわかった。薄気味悪いので、気づかれないよう小さな路地に入り、早足でくねくねと回り道をし、巻くことにした。5分くらい経って、なんとか巻いたかなと思い、ふと前を見ると今度は10メートル前方に彼の姿がある。相変わらず俺をじっと見つめている。本格的に怖くなった。小走りで彼に見つからないように、人の多いスーパーマーケットに飛び込んだ。

「これで大丈夫か……」

俺は息を整えながら辺りを見渡した。

「ひぃ！」

30センチ先の買い物棚の向こうから、あの黒人が俺を見ている。まるでホラー映画『シャイニング』で気が狂ったジャック・ニコルソンがドアの隙間から顔を出す恐怖シーンのようだ。付きまとい方が常軌を逸している。何を考えているかわからないことがさらに怖い。俺は見つからないようにスーパーを抜け出し、キャンディの街を走り回った。そして彼がいないことを確認すると、小さなローカルレストランに逃げ込んだ。そこで、50代くらいの優しそうな店員さんに話しかけた。もし何かがあったら、助けてもらおうと思ったからだ。その店で10分ほど時間を潰し、黒人が来ないかをチェックした。窓越しに路上を見渡したが彼の姿は見当たらない。

「よかった。なんとかあきらめてくれたみたいだ」

少しホッとした。それにしても彼はなぜ付いてきたんだろう？　何か悪いことをしたのか？　頭の中で自分の取った行動を反芻した。

「紅茶でも飲みますか？」

「あ、セイロンティー」

俺はスリランカが紅茶の産地だということを忘れていた。一息つくためミルクティーを頼むと、店員さんが白いカップに入ったミルクティーを運んできてくれた。スリランカに来て4日目にして、やっと名産品を口にすることができる。気分を切り替えるため紅茶の匂いを嗅いだ。爽やかなスパイスとミルクの香りが心地よい。紅茶を口に付けた。

「めちゃくちゃ美味い！」

ティーパックの紅茶とは全然違う。グルメ漫画『美味しんぼ』のように表現をするなら「若草の香り漂うそよ風が、濃いミルクと混じり合い口の中に吹き抜ける」、そんな味がする。その時、自分の視野の一部に違和感を覚えた。

「窓の外からあいつが見つめている」

ミルクティーの感動なんて一瞬にして消えてなくなるほどの衝撃だった。黒人は静かに店内に入ってきた。そして、三つ向こうの席に俺を見つめながら腰掛け、テーブルに肘をつき指を組んで俺を注視し始めた。俺が何かのミスを犯してしまったにせよ、彼の行動は異常すぎる。監視をしているというより、悪意や執着を感じる。流石に怖くなって、店員さんに助けを求めた。

「すみません。あの黒人がずっと付けてくるんです」

「付けてくる？」

「あの白い服着た黒人です」

店員さんが彼を見つめると、俺を見つめながら立ち上がり、そのまま外に出て行った。店員さんは外に出て彼を探したが、その黒人は姿を消した。

「なんで付けてくるんでしょうか？　よくある話ですか？」

「わからないな、聞いたことない」

「……そうですか」

1時間ほどその店で時間を潰し、店員さんと一緒に外に出ると、彼の姿はどこにも見当たらなかった。俺は恐怖に怯えながらも、その足でドミトリーに駆け込んだ。宿の入り口から何度も何度も黒人の姿を探したが、その後、彼は二度と俺の前には現れなかった。ベッドにごろりと横たわり、「なぜ付けられたか？」を考えた。おそらくだが、女性の写真を撮影したからだろう。そういえば、スリランカで年頃の若い男女が仲むつまじく話している姿を見たことがない。街でも、年齢に関係なく女性に道を聞くと、必ず近くの男性が寄ってきて代わりに答えてくれる。若い男女が公共の場で話をしたりするのをあまり良しとしないのだろう。そのような場所で若い女性を撮影していたら危険人物だと思われても仕方がない。

考えられる理由がもう一つある。それは、宗教施設を撮影したことだ。一番初めに彼の視線を感じたのは、とある寺院を撮影している時だった。そこから、彼は俺に付きまとって来た。これはあくまでも俺の想像だが、あの黒人は何らかの厳格な宗教者でこの街の治安を守るため、人々を監視している。そして、俺に十分な警告を与えたので、去っていったに違いない。これからは街や宗教のタブーに触れぬようもっと慎重に行動しなくては。どこに虎のしっぽがあるかわからない。この街、いや、この国の女性と気軽に話をするのはやめた方が良いかもしれない。

「もしかして、世界一周花嫁探しの旅でスリランカを選んだのは失敗だったのかも……」

スリランカに来て4日目にして「恋に落ちてはいけない」どころか「話してもいけない」という、世界一周花嫁探し史上最大のピンチが訪れたのだった。

運命の女神ってどんな人？

「とっととスリランカを脱出してインドに向かおう。この国は花嫁探しに適さない」

キャンディ到着2日目の朝、俺はゲストハウスのスタッフにインド大使館の場所を聞き、トゥクトゥクを走らせた。インドに6ヶ月間滞在できるマルチビザを取るためだ。

迷いながらも街の中心部から15分離れた大使館に到着した。しかし、何やら様子がおかしい。静かすぎるし、建物の中に人がいる気配すらない。門番が気だるそうに俺を見ていた。

「あの、ここってインド大使館ですよね？　インドビザを取りに来たんですけど」

「あー、さっき大使が出かけたから、ビザ取得はしばらく無理だよ」

「え？　しばらくってどのくらいですか？」

「バカンスに行ったから、ちょっとわからないな」

わからないって……。そもそもバカンスって何だよ。インド大使館が大雑把だとは聞いていたけど、ここまでとは。

「他にインドビザ取れるとこありますか？」

「ここから10分ほどトゥクトゥクで行くとビザセンターがあるから、そこに行くといいよ。あー、でも、もう終わっているから、明日ね」

なるほど、旅人のあいだで「インドの旅はビザを取るところから始まっている」と言われる理由が少しわかった気がした。

翌朝、門番の情報をもとに街の郊外に向かうと、雑居ビルの一角にインドビザセンターという看板を見つけた。中に入ると、お役人っぽい人たちが厳しい表情でビザの受付をしている。俺は列に並び、事前にネットで打ち込んだ自分の職歴から親の住所まで記入した長い長いドキュメントを女性職員に提出した。

「ここ、英語のスペルが間違ってるわね」

「あ、すみません。直します」

「今日の提出は無理ね。また明日来てください」

「え？　明日？　すぐに直しますよ」

「今日はたぶん無理だから、明日また来てください」

英語のスペルをミスしただけでもう1日？　冗談じゃない。

「すみません。今、旅をしていて時間がないんです。明日まで待てないんですよ」

「明日、9時に来て下さい」

「そこをなんとか」

女性職員はふぅ～とため息をつくとボールペンで俺の背後を指差した。

「じゃあ、後ろにいる業者にお願いしてみたら？」

受付の後ろを見ると、キッチリとした感じの男性がパソコンの前に座っている。話を聞くとビザ代行業者らしい。一刻も早くビザが欲しかったので、その男性に日本円で約400円払うと、パスポートをチェックしながらインド大使館提出用のドキュメントをさくさく作成した。そのままデジタルカメラで写真を撮ると、たった5分ほどで完璧なドキュメントを完成させた。そしてそのドキュメントを提出するとすんなりと受理された。

確証はないが、この業者と職員は癒着関係があるように感じた。こんな公の場での官民の蜜月関係は、日本では考えられない。

「ビザっていつ発行されます？」

「うーんと、休みが挟まるから2週間後ですね」

「え、2週間も?」

「はい。2週間後の朝9時にもう一度ここに来てください」

やはり「インドの旅はビザを取るところから始まっている」。こうして花嫁探しに適さないスリランカに、あと2週間は滞在することが自動的に決まった。

昼食を食べたあと、ゲストハウスに戻ると、共用スペースで25歳くらいのアラブ系の顔つきの女性が地元の男性と話していた。ソファーに寝そべりスマホを見ていると、その女性が唐突に声をかけてきた。

「こんにちは、どちらの国からいらしたの?」

「日本だよ。そちらは?」

「ノルウェーよ。ところで、急な話なんだけど、明日って予定ある?」

「え? 特に予定はないけど。なんで?」

「今、トゥクトゥクドライバーと話をしていて、明日、1日貸し切りの値段を交渉しているのね。よかったら一緒に観光しない? 2人だと金額が半分でいけるでしょ」

「うん。いいよ」

「おーー! ナイス! じゃあ、明日の朝7時にここに集合ね!」

声をかけてきた女性の名前はギチ。ノルウェーの首都オスロ出身で国際連合に務めるインテリ女性だ。仕事柄、世界のいろんな国で働いているらしい。交換したフェイスブックを見ると国籍様々な友達が1800人を超えている。なかなかコミュニケーション能力が高い女性のようだ。こうして嵐のようなスピードでギチとの観光デートが決まったのだった。

翌朝、約束の時間にゲストハウスの1階に行くと、俺の分の朝食を持ったギチとトゥクトゥクドライバーが立っていた。

「はい、朝食」

「え？　あ、ありがとう。お金はどうしたら……」

「気にしない気にしない。行こうか！　ミスタートゥクトゥクドライバー！　よろしくね」

「オッケー！　俺のトゥクトゥクは普通のと違ってクールだぜ」

彼のトゥクトゥクは、アメリカンな国旗とパイレーツ・オブ・カリビアンのジョニー・デップのシールで塗り固められた内装が、がっつり施されている。

「あなたはこの海賊号のキャプテンね。あなたをキャプテントゥクトゥクと命名するわ」

「オッケー。ようこそ私の海賊号へ。これから大冒険に案内するよ！」

「じゃあ出航しましょう！　キャプテン！」

突然のこのノリにかなり面食らったが、居心地は悪くなかった。ギチは国連で世界中の人々と働い

「海賊号」のトゥクトゥクドライバーさん

ているだけあって、どうしたらスリランカの人々と仲良くなれるかを熟知している。俺はコロンボでトゥクトゥクドライバーと金額交渉の末、大喧嘩してしまった。しかし、彼女は誰とでも上手に付き合う。途中、ドライバーと観光スポットが癒着している場所に連れて行こうとすると、「そこはいいよ！　キャプテン。あなたならもっと素敵な場所を知っているわ」とセンスのいいジョークで笑いに変えた。

徐々にトゥクトゥクドライバーの態度が変わっていくのが分かった。最初はただの観光客としか思っていなかったギチを、仲の良い友達のように扱いだした。

「こんなクールな女性、今まで出会ったことないかも！」

その後、ブッダの歯が奉納されているダラダー・マーリガーワ寺院やアーユルヴェーダに使用する薬を大自然の中から製造しているスパイスの森、スリランカの紅茶の精製法を丁寧に教えてくれる紅茶ファクトリーなどを回った。彼女とは笑いのセンスが合い、些細なことでジョークを言い合える。英語が拙いため上手く笑いの意図を伝えきれずに歯痒い思いをしていると、彼女はその意図を類推し、俺がイメージした以上の笑いに変えてくれた。地頭や言葉のセンスが良いだけでなく、かなり深い教養を持ち合わせている。

「この後、象に乗れるところがあるけど、ちょっと値段が高いよ。象使いは写真とか餌とかやたらお金をふっかけてくるから気をつけて」

ドライバーは、ぼったくりが多い観光スポットでの対応までアドバイスしてくれる。

「そういえば、タイのチェンマイで出会ったゆみさんと一緒に象に乗ったなぁ」

ほろ苦くも甘い思い出が脳裏によぎった。

「ごっつ、行きたい？」

「うーん……。一度タイで象に乗ったからな」

「どうだった？」

「まぁ、なかなか経験のできないスペシャルな思い出にはなると思うよ」

「じゃあ乗ろうか！」

ということで、この旅で2回も象に乗ることになった。スリランカに生息するセイロン象はタイに比べると野生的に感じた。川やジャングルの中を自由に歩き、背中に乗っている俺たちをあまり意識していない。完全なる観光地だったチェンマイの象とは違い、揺れが激しく、手綱をしっかり握っていないと振り落とされそうだ。

「キャー！！」

「何これ！　冷たい」

途中、象が鼻から川の水を吸い、背中に乗る俺を目がけ水をぶっかけた。全身ずぶ濡れだ。ギチはそれを見て、大爆笑。象の鼻水はものすごく獣臭く耐えられなかったので、お土産屋で象Tシャツと象パンツを買い、「どれだけ象が好きなんだよ」というファッションに着替えた。恥ずかしがる俺を見て、ギチはさらにゲラゲラと笑った。

「どうだった？　象に乗る体験」

「楽しかったけど、自由になりたい象を、象使いがビシビシ叩くよね。象がかわいそうであまり好きになれないかな」

俺はハッとした。タイで象に乗った時も、さっきも、象のことを思いやることなんて想像さえしていない。ただ、自分が楽しむことだけを考えていた。しかし、ギチは楽しみながらも、象の気持ちを考えていたのだ。やはり、世界平和を目標に仕事をしている女性は多くのことを俯瞰で見ている。俺はまた少しギチを尊敬した。

「お腹空いただろう？　最高のお店を知ってるから、そこに案内するよ！」

もはや、ギチと親友のような関係になっているトゥクトゥクドライバーは「彼女をいかにして楽しませるか」を常に真剣に考えていた。ツアー開始からたった4時間、ギチは2人の男の心を鷲掴みにしている。象乗り場から30分ほど山道を走ると、綺麗な川が流れるお洒落なレストランに到着した。

「おー！　いい店だね」

「ねえ、ごっつ、私たちが楽しんでいる間、ドライバーさん、ずっと待ってもらっているじゃない。お昼ごはん、一緒に誘ってもいいかな？」

「もちろんだよ！　ここは2人で彼の分の食事代出そうね」

「さすがごっつ！　サンキュー」

大自然溢れる緑と綺麗な川が一望できるテラスの席に3人で座ると、俺とギチは同じチキンカレーを注文した。スリランカで確実に口に合う一品だ。上品な店員さんが笑顔で料理を運んでくると、美味しそうなスリランカカレーに2人は大喜びをした。その姿を見てドライバーも嬉しそうにしている。腹ペコな俺がスプーンを手に取り、急いで腹を満たそうとしたその時、ギチがそれを制した。

「ごっつ、待って！　その食べ方じゃダメだよ。せっかくスリランカに来てるんだから、ちゃんとこの国の文化を学ばなきゃ。この国の人はスプーンなんか使わずに右手で食べるんだよ。私の真似をして」

そう言うとギチは器用に右手を使い、カレーライスを食べた。この食べ方はインドだけなのかと思っていたけど、スリランカでも同じらしい。

「コツはね、手のひらで握ったごはんをこうやって少しずつ親指で上に移動させて食べるんだよ」

その様子を見て、トゥクトゥクドライバーはニヤニヤしながら目を細めた。俺は見よう見まねでおそるおそる右手を使い、直接カレーライスを握った。

「あち！　熱っ熱っ！！」

ギチとドライバーは同時に大笑いした。本やネットの知識じゃわからないことがある。生まれて初めて素手でごはんを食べると、ごはんは意外に熱いということを知った。添え物のトマトやチキンなども食べ物ごとにそれぞれ温度が違う。食材によって「美味しい温度」があるのだ。これも素手で食べないとわからないことだった。

他愛のない会話をしながら、3人で食後のミルクティーを飲んだ。その後、店員さんが持ってきたお会計のレシートを確認すると、俺とギチは少々面食らった。そのレストランは路面店の3倍以上の金額なのだ。2人で目配せをし、割り勘で会計を済ませた。その様子をトゥクトゥクドライバーは黙って見ていた。彼は「ごちそうさま」や「ありがとう」とは言わず、ただ静かに2人をじっと見つめていた。食後、数箇所の観光スポットを回り終えると、宿へと戻る時間に差し掛かる。しかし、ふと気づくと、トゥクトゥクドライバーは行きの道とは別人のように何も喋らなくなっていた。

「トゥクトゥクドライバーさん、やけに静かになったね」

「うん。どうしたんだろう」

ギチがジョークを言っても、一向に乗ってこない。様子がおかしい。

「あれ、道が違わない?」

「ちょっとグーグルマップでチェックしてみる。あ、ほんとだ。少し道を外れてる」

どういうわけか、帰り道を大きく外れ、大回りをしていた。金額は1日貸切りにしているのでどこを回っても同じ金額のはず。遠回りするメリットなどない。何も言わずルートを外れるなんて少しおかしい。俺は不安になり、警戒心を高めた。そして空気が悪くならないよう気をつけながら自然な感じでドライバーに質問した。

「ドライバーさん、道、少し外れてるよね。地図だと違う道なんだけど」

「ねぇ、どこに向かっているかだけ教えてよ」

俺は少しだけ大きな声を出した。しかし、彼は無視して運転を続けた。

「やばい、これは危険だ……」

道はどんどん狭くなり、濃い緑が鬱蒼と繁る薄暗い山道に入る。すれ違う車もいない。俺とギチはいつしか無言になっていた。彼女もまた何かを察したようだ。15分ほど進んだ後、山の中の一軒家の前でトゥクトゥクが止まった。

「到着したよ」

「ここどこ?」

ギチは無言を貫いている。

「家の中に入りな」

俺たちは言われるがままに家に向かった。俺は彼の動きを観察し、逃げるチャンスを伺う。次の瞬間、ギチと目が合った。2人は目で合図を送り、逃げる意思を確認しあった。

バタン!

突然、大きな物音が響きわたる。中から1人の若くて綺麗な女が現れた。すると、女の後ろから、バタバタと走る音が徐々に近づいてくる。俺は身構えた。

「パパ〜おかえり〜」

小さくて可愛い2人の女の子が嬉しそうな笑顔でドライバーに抱きついた。彼は優しい笑顔で彼女らを抱き上げる。

「おー、ただいま! ごっつ、ギチ、びっくりさせてごめん。ここは俺の家だよ。さっきのレストランでギチが家族に会いたいって言ったから、妻に電話して、紅茶を用意させたんだよ」

ギチを見ると、こわばった表情が一転して崩れ、大笑いし始めた。

「ははははは〜　キャプテン、あなた最高！」

「はは……ははは」

俺は無表情で笑った。彼は俺とギチを喜ばせるため、自宅に招待してくれたようだ。家に上がると、優しそうな奥さんが、とても美味しいクッキーとミルクティーを用意してくれた。

「主人がお世話になりました」

「少しびっくりしました」

「ご主人、ジョークが大好きですね。ここに来るのも内緒にしていたんですよ」

「ふふふっ、あの人らしいわ。実はね、さっきご馳走してもらったレストランが結構いいお値段したでしょ。それで、主人から電話がかかってきて、客人に申し訳ないから、紅茶とクッキーを用意しろって」

「トゥクトゥクドライバーと一緒にレストランで食事するお客さんって少ないのよ。あの人、それがとっても嬉しかったみたい。本当にありがとうございました」

俺は少し感動した。そして、一瞬でも彼を疑った自分がすごく恥ずかしい。なるほど、こういうことなんだ、異文化交流って。まずは相手を信じることから始まるんだ。

女の子たちはギチに懐いて膝の上に座ったり、背中から抱きついたりしている。ギチは面白いジョークや豊かな表情で一生懸命に子供たちを笑わせている。その様子を見てドライバーさん夫婦もニコニコと優しい笑顔を見せる。俺はギチという、心優しい女性をますます尊敬した。

「もしこの娘と付き合ったら、人間的にめちゃくちゃ成長するだろうな」

自分の中の不思議な感情に少し戸惑いつつ、何か温かいものが心の奥底に芽生えたような気がした。

それから、2人で同じゲストハウスに戻った。出会ったばかりの2人が一緒に観光して、また同じ場所に帰るというのは何とも不思議な感覚だ。結婚生活というより、同棲していた独身時代を思い出す。

「ごっつ、今日はありがとう！　私ね、明日からエラって村に行く予定なの。ごっつは？」

「俺、連載を書く仕事があって、あと2日はここにいると思う。ここみたいにW-i-Fiのいい環境じゃないと編集部に写真が送れないから」

「じゃあさ、終わったら連絡ちょうだい。私、しばらくはエラにいると思うから」

「うん。連絡する。今日はありがとう」

「こちらこそ。右手でカレーを食べるごっつ、最高だったわ！」

そう言って俺たちは、別々の部屋のドミトリーに向かった。

俺は、ギチのことを考えた。

「エラで待ってるって、もしかして俺に気があるのか？」

ここキャンディで怪しい男につけられ、その恐怖から半ば花嫁探しをあきらめかけていた。しかし、運命はどんなふうに転がるか、本当にわからない。

それから、象臭い体をシャワーで洗い流し、ベッドで横になった。今日は早朝からの観光で少々疲れている。3~4時間ほど眠ると、トントンという物音で目が覚めた。二段ベッドの上から誰かが降りて来たようだ。その人が階段から地面に足をつけた時、ふと目があった。一瞬、時が止まった……。

「めちゃくちゃ美人だ。超好みのタイプ……」

その美女は黒髪のアジア系で、顔は日本人っぽい。宮崎あおいに似ている。次の瞬間、その美女が英語で話しかけてきた。

「あの、これからごはんを食べに行くんですけど、私、今日ここに到着したばかりなので、もし良かったら、どこか美味しいレストランに連れてってくれませんか?」

「あ、いや……」

「もう食べちゃいました?」

「い、いえ。も、もちろん大丈夫です。すぐに準備します!」

嗚呼、神様、あなたは何故、私にこんな試練をお与えになるのですか? 今まで出会った女性のなかで一番頭が良い女性と、一目惚れするほど超タイプな美女を、同じ日に引き合わせるなんて。俺の血液型はA型で星座は天秤座。繊細で器用にバランスよくできるタイプ。というのは嘘。気が小さくて、どっちつかずな性格だ。俺は妄想した。

このあと、俺は2人のことが好きになり、相手も俺を好きになる。でも、俺は先の見えない旅人。2人の女性を同時に愛することはできない。俺が用意できる右隣の席はひとつだけだ。その席をめぐり、2人が争いを始めたなら……。

「ねぇ、そこの女狐！　ごっつさんは私のものよ！　一緒に象さんに乗ったんだから！」

「うるさい、尻軽女！　ごっつさんと私は運命の同じ二段ベッドで一緒に寝たのよ！」

「ごっつさんから手を離しなさいよ！」

「そっちこそ手を離しなさいよ！」

「おいおい、腕がもげるよ～」

その時、俺の脳内iTunesには河合奈保子の『けんかをやめて』が鳴り響いた。

♪けんかをやめて　二人をとめて
　私のために争わないで　もうこれ以上～　（作詞：竹内まりや　1982年）

今までの旅でいくつもピンチを乗り越えてきたが、「同時にマドンナが2人現れる」というのはなかなかの大ピンチだ。気が小さくどっちつかずな性格の俺には乗り越えられないかもしれない。

スニーカーぶる～す
「もしかして、モテてる？」
突然のモテ期到来に、俺は戸惑った。なぜ同時に2人のマドンナが目の前に現れたのだろう。

運命の女神さまを激しく恨んだ。アジアン美女は一目惚れしそうになるほど好みのタイプだが、彼女と食事に行く程度では、ギチに対して二股をしたことにはなるまい。上と下で同じベッドを共有する仲である以上、この誘いを無下に断るのは変だ。

「わー、素敵なレストラン」

「ここのスリランカ料理、結構美味しいですよ。キャンディは仏教の街なのでビールが飲める店が2軒しかなくって、ここがそのうちの一つなんです」

彼女の名前はリー・フォンリー、香港に住む27歳の中国人女性だ。地元では専門商社に勤めていて、仕事を休んでスリランカを一周しているらしい。

「なんで一人旅してるの？」

「私、彼氏がいて、彼からバックパッカーするとすごくいい経験になるから、行ってきたらどう？って言われたんです」

あっ、そうなんだ……。

「やっぱり可愛い子には彼氏がいるよね。うん」

「そんなぁ。私、そんなに可愛くないですよ」

リーは口調こそフレンドリーだけど、どことなく心の扉を閉ざしているように感じた。

「あの、もうブッタの歯を奉納しているお寺って行きました？」

「実は今日、行ってきたばかりなんだ」

「どうでした？」

「すごく良かったよ」

「そうですか……。もし行ってなかったら、明日一緒にどうかなぁって思ったんですけど」

旅は自由だ。同じ場所に二度行っても何の問題もない。ギチと行ったばかりではあるが、寺の勉強もしたのでアテンドできるぐらいの知識はある。ただ一つ、行けない理由があった。

「実は今、週に1回、雑誌に記事を書いていて、明日の昼までに書き上げて送らないと間に合わないんだよ」

「あ、……大丈夫です。私1人で行きます」

リーは顔を曇らせた。そして、チキンヌードルの野菜だけをフォークでお皿の脇に寄せた。

「小さい時、お母さんが無理やり野菜を食べさせたんで、私、野菜が食べれないんです」

仏歯寺への誘いを断ったのをきっかけに、彼女は完全に心の扉を閉ざしてしまった。そして、その後の会話は全く盛り上がらなくなった。ごはんを食べ終わると2人で歩いてゲストハウスに戻った。

「おやすみなさい」

リーは二段ベッドの上で静かに寝息を立てた。俺はその下のベッドに寝転びながらキーボードを叩き、朝までこの連載を書いた。

翌日、遅めに目が覚めた。時刻はもう昼過ぎ。二段ベッドの上を見てみると、布団のシーツは綺麗にたたまれていて、彼女の姿はなかった。

「花嫁探しの旅の連載を書くために花嫁候補を逃してしまうなんて、本末転倒だよな」

心の奥で怒りにも似た感情が湧いた。気分転換にシャワーを浴び、ベッドに戻ると、二段ベッドの階段の下にリーの白くて小さいスニーカーを見つけた。

「あれ、帰って来たのかな？」

改めてベッドの上を確認したが、彼女の荷物はない。

「もしかして、忘れモノ？」

俺はスニーカーの写真を撮り、中国のSNS「ウィーチャット」でメッセージを送った。

「もしかして、白いスニーカー忘れてない？」

「あ、忘れた(涙)」

「大丈夫？」

「うん、次の街で新しいの買うから大丈夫(涙)知らせてくれてありがとう(涙)」

俺は少し考えた。リーの本当の気持ちは(涙)という絵文字に表れてるんじゃないか？

リーは俺に持ってきて欲しいと暗に言ってるんじゃないか？　いや、本当は俺に会いたいから(涙)マークを送ったんじゃないか？　絵文字にそんな意味ないか。でも……でも……。突然、俺の内部に熱い感情が湧きあがってきた。

そして、脳内iTunesが作動し、近藤真彦の『スニーカーぶる〜す』が流れ始めた。

♪ペアでそろえたスニーカー
　春 夏 秋と 駆けぬけ
　離れ離れの冬が来る

俺はメッセージを送った。脳内ではまだ『スニーカーぶる〜す』が流れ続けている。

♪5分だけでもいいから
　俺の話を聞いてよ
　別れの電話取り消せよ

「今、どこにいるの？　待っていくよ」

「え？　大丈夫だよ。新しいの買うから」

「大丈夫。持っていく」

「え！　本当？　ありがとう。今、ヌワエラって村に向かっているバスです。今日はパークビューゲストハウスに泊まります」

「じゃぁ、そこに持っていく」

「本当に本当にありがとう。待ってる（笑顔）」

♪ジーグザグ ジグザグジグザグ
ひとりきり

俺は大至急荷物をパッキングし、白いスニーカーを小脇に抱え、ヌワエラ村行きの格安バスに飛び乗った。

♪青春の手前で うらぎりはないぜ（作詞：松本隆　1980年）

その直後、リーからメッセージが届いた。

「あ、でも、コロンボで知り合った中国人のお友達も一緒です」

そうなんだ（涙）でも、もう、向かっているよ。

「リーーーさぁあああーーん！」（ダイノジ大地のマッチのモノマネ「黒柳さーん」風）

ヌワエラ村に着く頃には辺りは暗くなっていた。ヌワエラは標高1868メートルの地域に位置する自然豊かな美しい村だ。高地なので涼しく、紅茶の生産地として知られている。

そこは、キャンディやコロンボなどの都会に比べたら少し田舎で、その街に住んでいる人たちも、どこか牧歌的な感じがした。バスを降り30分ほど歩き、まるで、山小屋のようなパークビューゲストハウスへと到着した。ゲストハウスのオーナーとの金額交渉が終わり、個室の部屋に荷物を降ろすと、ダブルベッドだということに気づいた。その後、共有スペースでリーを探した。すると、同い年ぐらいの女性とソファに座っているリーを発見した。

「リー」

彼女は俺を見つけると、一瞬、恥ずかしそうな表情をした。そして隣の友達に悟られないように平静を装った。

「持ってきたよ！」

「ありがとうございます。部屋番号を教えて下さい。あとで取りに行きます」

部屋のダブルベッドに寝転がり、スマホを見ながら彼女を待った。コンコン！

「いますか？」

「どうぞ～」

「わー、大きなベッド」

彼女は少し頬を紅潮させた。

「この部屋しか空いてなかったんだよ」

俺は白いスニーカーを取り出した。

「はい、これ」

「あー、ありがとう。私、感動してるかも」

「はは。いやぁ、まぁ」

「本当に本当に、ありがとう」

リーの目の奥はキラキラと輝いていた。感動して涙ぐんでいるようにも見える。それから、彼女の態度が明らかに変わった。

「ベッドに座ってもイイですか？」

「ど、どうぞ」

彼女は俺の隣に座り、今日起きた出来事や、美味しかったごはんの話などを楽しそうに喋った。大人しい娘だと思っていたのに、こんなに元気な娘だったんだ……。キャンディで閉ざした彼女の心の扉は完全に開いたようだ。

「中国人のお友達、どこで知り合ったの？」

「コロンボの宿で友達になって、連絡が来て一緒に旅しようって言われて、さっき合流したんです」

「一緒の部屋？」

「そうです。2人でワンベッドです」

俺はダブルベッドにちょこんと座るリーを見ながら、良からぬ想像をした。

その夜、リーとお友達の中国人ティンティンと3人でチキンカレーを食べに行った。

「2人はどこで知り合ったの？」お友達が質問してくる。

「前の宿が一緒で、彼女がスニーカーを忘れたから持ってきてあげたんだよ」

「えー、わざわざ？　ロマンチックな話だね〜」

リーはほんの少しだけ照れた表情を見せ、怪訝な顔でティンティンを見た。

「いや、たまたまルートが一緒だったから」

「本当に〜？」

ティンティンはニヤニヤしながら、ゴシップ心を強く剝き出しにした。どうやらこの手の話は万国共通で女の子の興味を惹くようだ。正直、少々ウザい。ティンティンは笑った表情を見せてはいるが、目の奥では笑っていないように感じた。

「もー、やめなさいよ。ところでごっつさん、明日の朝、何やってます？　私たち、自然公園で山登りするんですけど、一緒に行きませんか？　すごく綺麗らしいです」

「え、行く行く。予定もないし。何時？」

「朝4時に出発です」

「4時か、早いね」

「じゃあ、私が朝4時にごっつさんの部屋ノックしますね」

モーニングコールより親密なモーニングノックまでしてくれるなんて。なんだ、この恋人同士のようなホスピタリティは。

翌朝3時50分。本当に「コンコン！」とドアを叩く音が聞こえた。俺は10分前には準備をすべて終え、買ってきたコカコーラを飲んでいた。実は、中学生の初デートみたいに緊張してしまい、ほとんど寝れなかったのだ。

「ごっつさーん。起きてますか～。行きますよ～」

「おう！ 起きてるよ～。行こうか～」

瞬間的に猫なで声が出た。キモい声を出す自分に少し引いた。

トゥクトゥクに乗り込み、20代中国人女子2人と46歳のおじさんの3人は山登りに向かった。4時45分、ホートン・プレインズ国立公園の入場口に到着した。そこは標高2100メートルのスリランカの中央高地と呼ばれる高原地帯で、絶滅危惧種の野鳥や植物など多種多様な生物が生息する世界遺産にも登録されている自然公園だ。滝やワールズエンドと呼ばれる落差が100メートルもある大絶景もあり、トレッキングコースとしても有名な観光スポット。入場口の料金所には登山を目的とした観光客が列を作って並んでいた。6割が白人で3割がスリランカ人、1割がアジア人という比率だ。リーは、「ちょっと待ってて」と言い、中国人の団体グループに近寄って行った。

「入場料、安くなったよ～」

彼らにお願いし、自分たちも団体の一員として割引料金でチケットを買ってきたのだ。中国人同士の団結力がスゴイのか？ それともリーが

白いスニーカーで山登りをする中国人のリー

しっかりしてるのか？　とにかく彼女は、行動力があり、頭も良い。リーは俺が届けた白いスニーカーを履いていた。もちろん、山登りにはこのスニーカーが必須アイテムだ。

「ごっつさん、山登りにビーチサンダルは危ないよ」

「しまった！　旅に出て半年以上サンダルで過ごしてたから」

致命的なミスを犯してしまった。今から登山だというのに、おもいっきりビーサンを履いてきてしまった。

「まぁ、2〜3時間ぐらいのトレッキングだし、自然公園内だから大丈夫だろう」……しかし、登山道は思ったよりハードだった。公園だと思っていたそこは、標高2000メートルを超える完全なる山で空気も薄い。途中からゴロゴロと岩が転がる崖道になった。

「うわっ！　またサンダルの鼻緒が取れた！」

「ごっつさーん。気をつけて下さいね〜」

リーは運動神経が良いのかピョンピョンとジャンプをして岩道を登っていく。まるでバンビのような跳躍力。聞けば、地元の陸上大会の100メートル走で優勝した経験があるそうだ。俺はリーについていくのがやっとだ。

「待って下さ〜い」

ティンティンは46歳のサンダルおじさんよりも山登りが苦手なようだった。

頂上に到着すると、リーとティンティンは断崖絶壁の絶景で撮影会を始めた。若い中国人女性が写真にかける意気込みは日本女性以上にスゴい。2人はポーズや角度を変え、20分近く撮影をしている。俺はその間、体力を回復させるため地べたに座り2人の様子を眺めていた。

すると、ティンティンが俺のところにやってきた。

「3人でジャンプしよう！　山頂で3人が宙に浮いている写真、きっと面白いよ」

この疲れた状態でジャンプはきつい。だが、リーを見ると笑いながら手招きしている。こうしてティンティン演出で、空中浮遊写真の撮影が始まった。ところが……

「良い写真が撮れてないわ！　もう1回」

ティンティンの空中浮遊写真へのこだわりは鬼気迫るものがあった。彼女は何度も撮り直しを命じ、くたくたの身体で、20回近くジャンプをする羽目になった。リーも途中から呆れている。

彼女がオッケーを出した写真は、自分が俺とリーの倍の高さでジャンプしている写真だった。

下山したのは午後4時過ぎ。遅めの昼ごはんを取るとティンティンは「紅茶ファクトリーに行きたい」と1人で観光に行ってしまった。俺とリーは宿に戻ると、この日、初めて二人きりになった。

「この後の旅の予定は？」

「ごっつさんはどうするの？」

「明日にはエラって村に行こうかと思ってる」

「えー、エラ！　私も行こうと思ってたの」

「本当!?　じゃあ一緒に旅しようよ」

エラではギチが待っているはず。でも、リーを誘わずにはいられなかった。

「あ、でも、ティンティンとゲストハウスのお部屋、シェアしちゃってるから」

「そうか、しょうがないね」

「でも、ごっつさんと一緒に行きたい」

「え？」

胸の鼓動が速くなった。ドキドキする。

「ねぇ、どうすればいいと思う？」

「え？　あの、俺と2人で旅がしたいの？」

「……うん」

リーは、恥ずかしそうに目をそらし、顔をほんの少しだけ赤らめた。

キターーーー！　キタキタキタ　北島康介　なんも言えねー。

「大丈夫、俺がなんとかする」

男前すぎるセリフが自然と出た。しかも真顔で。自分でも驚いたが、真顔でこんなセリフが言えるのなら、もう俺は本当に男前なのかもしれない。

ギチがエラで待ってようと、ティンティンと部屋をシェアしてようと関係ない。俺はリーと2人で旅がしたい。俺にまかせろ！　俺はティンティンと直接交渉することにした。

晩ごはんを食べた後、宿の共有スペースのソファで、俺とリーとティンティンに加え、その夜たまたまステイしていた日本人男子大学生の4人でお酒を飲んだ。

「よし、チャンスだ」

なんとかここで、リーが悪者にならないよう、ティンティンと引き離さなければならない。

「あの、ティンティン。さっき2人で話したんだけど、明日、俺とリーでエラ村に向かおうと思うんだけど」

単刀直入に切り込んだ。

「え？　なにそれ？　聞いてないんだけど」

「ごめん、さっきごっつさんと話して決めたんだ」

すかさずリーがフォローする。

「俺が一緒に行かないかって誘ったの」

ティンティンは黙っている。

「ティンティン、ごめんね」

リーは申し訳なさそうに謝った。ティンティンは顔を伏せ、少しの間考え込んだ。そして、顔をゆっくりあげると俺たち2人を睨みつけた。

「じゃあ、私も一緒にいく」

まじかい、ティンティン。君、リーと出会ってそんな日が経ってないよね。

「でも、三人旅って揉めるんだよね。意見が通る確率も三分の一じゃん。今日みたいにティンティンが1人だけ紅茶ファクトリーに行きたくなったら、2人が我慢しなきゃならないでしょ」

「いやだ。でも行く」

「でも、ティンティン、ここの宿代、3日分も前払いしてるよね」

ティンティンが先にこの宿に泊まっていて、リーが後から合流したようだ。リーもまた必死に説得しようとしている。

「それでも行く。お金なんてどうでもいい」

どうやらティンティンのこだわりスイッチが入ったようだ。

「ティンティン、はっきり言うけど、俺とリーは、2人で旅がしたいんだ」

「……ごめんなさい」

「そんなの関係ない。私も一緒に行く」

あ、これはわざと意地悪してる。俺はそう確信した。その時、

「あのー、ティンティンさん。もし良かったら、明日、俺と一緒にアダムピークって山、登りませんか？」

日本人の男の子がさっと割って入り、ティンティンを誘った。

「1人で登るの、寂しいなぁと思って。一緒に行きましょうよ」

「おーー！　ティンティン、誘われてるよ！」

ティンティンの表情が変わった。

「うーーん。どうしようかなぁ」

「素敵な出会いじゃない」

リーが背中を押す。

「そうかな」

「そうだと思うよ」

ティンティンは日本人男子の顔をじーっと見つめながらこう言った。

「前向きに検討するわ。確かに2人のお邪魔したら悪いもんね」

「おーー。ティンティン、さんきゅーー！」

その夜は遅くまでティンティンの機嫌をとりながら、お酒を飲み続けた。

実はその3時間前……。


「大学生くん、ひとつお願いがあるんだけど」

俺は同じ宿に泊まる日本人大学生にある話を持ちかけた。

「二人組の中国人が泊まってるでしょ。そのうちの小さくて黒髪の女の子と2人で旅しようって話になったの」

「はい」

「で、この後、そのこと切り出すから、さりげなくもう1人の女の子を誘い出してほしいんだよね」

「え、でも、ごっつさんは可愛い子の方と旅するんですよね？　ずるくないっスか」

「青年よ、君の人生はまだ長い。どうか、この哀れなおじさんのためにひと肌脱いでくれないか？」

「ずるーー。俺だって可愛い子の方と旅したいですもん」

「まぁまぁ。君はイケメンでかっこいい。チャンスはいくらでもあるよ」

「……わかりました。このツケは高いですよ」


翌朝、俺とリーはバックパックを背負い、2人で宿を出ようとしていた。

「ティンティン、またどこかで！　日本に来たら連絡してね」

「ティンティンまた！　中国で会いましょう」

ティンティンはにっこり笑った。そして……

「一晩よーく考えたんだけど。私、山登り苦手なの」

嫌な予感がした。

「やっぱり、あなたたちに付いていく」

「え……？」

「荷物パッキングするから30分ほど待ってて！」

ティンティンはそう言って部屋に戻った。俺たちはあっけにとられた。女の執念は怖い。すると、リーが俺の手を引っ張り、こう言った。

「ごっつさん、逃げましょ。少し異常だわ」

「そ、そうだよな」

「駅まで走りましょう！」

「うん。走ろう！」

2人はバックパックを背負い、息を弾ませて走った。22キロの荷物は重いがそんなことは言ってられない。走りながら、気がつくと2人とも笑顔になっていた。

「なんか悪いことしてるみたいで、楽しいね」

「うん」

「ドキドキする」

これは愛の逃避行に違いない。リーは白いスニーカーで、俺はボロボロのビーサンで笑いながら走り続けた。そして、ティンティンを無事に巻き、スリランカ鉄道に飛び乗った。

2人を乗せた鉄道は、エラを目指して走り始めた。エラでは国連で働く聡明なギチが待っている。しかし、そんなことはどうでもいい。花嫁探しには向いてないと思っていたスリランカで、俺の恋の炎は激しく燃え盛り始めていた。

愛の逃避行

スリランカ鉄道に飛び乗ると、リーはハーハーと息を切らしながら俺を見て笑った。

「こんなにドキドキしたの初めてかも」

2人は4人掛けの席に隣り合わせに座った。荷物を上棚に乗せると、リーは俺を見て手招きをした。

「特等席があるの。一緒に座らない？」

「え？　買ったのは一番安い席だよ」

「ふふふ。中国の友達がメッセージで送ってきたの。イイ席よ」

そう言うとニコニコしながら連結口近くにある「出入り口車両」に俺を連れて行った。スリランカの鉄道は走行中も出入り口のドアが全開している。

「ここから足を列車の外に投げ出して座ると、超最高の気分になれるみたい」

「マジ？　怖いよ～。足が壁とかにぶつからないかな？」

「大丈夫よ」

そう言うと、リーは出入り口に腰を下ろし、足を外に投げ出した。

「わー！　最高！　ごっつさんも」

俺もおそるおそる彼女の横に座り足を外に投げ出した。見下ろすと、動く茶色い地面に足が届いてしまいそうだ。でも、確かに楽しい。まるで少年時代に親に内緒で悪いことをしている時のような気分になった。2人は特等席で横並びに足を投げ出し、スリランカの田舎道を眺めた。窓の外には紅茶畑が一面に広がっている。

ふとリーのほうを見ると、彼女の綺麗な黒髪が風になびいている。心が震えた。

「可愛い……」

エラに到着すると、宿を探すことになった。俺がトリップアドバイザーで見つけた良さそうな宿を予約しようとすると、リーはそれを制した。

「その宿、現地で金額交渉しましょう。そっちのほうが安くなるから」

さすが中国女性、しっかりしている。彼女はバックパッカーの行き当たりばったり精神を短い旅ですでに体得している。

エラは小さな村ではあるが、お洒落なカフェやレストランがたくさんあった。周りは紅茶畑の緑に囲まれていて、空気がとても澄んでいる。観光客のほとんどが白人だ。おそらくヨーロッパ人の避暑地として発展してきた村なのだろう。山の上にある小さなゲストハウスを見つけた。リーと2人で泊まる予定の宿だ。

「もしかして同じ部屋？」

ふと、そんな疑問が頭をよぎった。リーは慎重な性格だが、たまに大胆な行動をとる。

「もしかして……」

俺の胸は密かに高鳴った。リーは透き通った声で交渉を始めた。

「すみません、オーナーさんですか？　あの、2人で泊まりたいんですけど、おいくらですか？」

2人で泊まりたいって……。大胆でいやらしい響きだ。

「2人で泊まるの？」

「はい、２人です」

「一緒の部屋？　そのほうが安くできるけど」

脳内iTunesにどぶろっくのあのフレーズが鳴り響く。


♪もしかしてだけど、もしかしてだけど……。


俺は固唾をのんでリーの回答を待った。

「いえ、別々の部屋でお願いします」

リーはきっぱりしていた。竹を割ったようなスカッと爽やかなきっぱリーだ。

２人は２階にある景色が一望できるロッジの部屋に隣り合わせて泊まった。荷物を部屋に置くと、テラスの椅子に座り、緑に覆われた村の景色を眺めた。すると、リーが俺の部屋を訪ねてきてテラスの隣の椅子に座った。

「わー、綺麗～。素敵なところで良かったですね」

「うん。いいね～。紅茶畑が一望できて落ち着けるね」

「ごっつさん、バイク借りてこの辺ツーリングしません？」

「いいよ」

リーはバイクの俺の後ろにまたがった。そして、俺の腰に軽く手を回す。その柔らかい腕から彼女を感じる。温かい。いやらしい気持ちになる。心臓のドキドキがバレてしまわないか心配した。

「飛ばすよ！　ちゃんと捕まってね」

そう言うと俺は初めての道にも関わらずバイクをぶっ飛ばした。紅茶畑に覆われた緑の村に太陽の光が降り注がれると、緑と黄色の絵の具を水に混ぜたような色に変貌した。バイクの景色はその色をぐしゃぐしゃにしながら移動している。頬にぶつかる澄み渡った風がとても気持ちイイ。

「このまま、山に登りません？　リトルアダムスパークって1時間くらいで登れる山があるんです」

「いいねー！　山、綺麗だもんね」

大きな声でポジティブに返事をした。昨日に続いて2日連続で山登り。若いってスゴい。リー、おじさん、もうヘトヘトだよ……。しかし、ジジイだと思われたくはない。歳を取っても強い男、そう思われたい一心で即決して山に登る決意を固めた。

バイクを山の麓に置くと、2人はリトルアダムスパークの山頂までノンストップで駆け登った。さすが地元の100メートル記録保持者。デートもスパルタ式だ。俺は根性で彼女の期待に応えた。

「昭和のバスケ部を舐めるなよ。押忍！」

帰り道、バイクを止めて山道の隙間から夕陽を見た。空気が澄み切っているので沈みゆく太陽が鮮明に見える。赤オレンジ色の光が研ぎすまされたナイフのような切れ味で俺の心に差し込んでくる。目を細めながら夕陽を眺めるリーの横顔が無防備で可愛い。出会ったばかりのリーがなぜか長年連れ添った彼女のように感じた。宿に戻り、シャワーを浴びた後、村にあるレストランへスリランカカレーを食べに行った。

「覚えてる？　初めて会った日、2人でスリランカ料理のレストラン行ったよね」

「うん、覚えてるよ」

「その時、チキンヌードルの野菜、全部隅っこに寄せたよね」

「えー！　なんでそんな変なとこ覚えてるの～」

スニーカーを届けてから、リーは俺の会話でいつも笑ってくれる。そして時間を重ねるごとに本当に些細なことでもクスクスと笑うようになった。多分、嫌われていない。むしろ……。

「あれ？」

2人で会話をしている最中、突然電気が消えた。お店だけでなく、村全体が停電らしい。信じられないほどの暗闇になった。真っ暗になった瞬間、店内の客から明るい声のどよめきや笑い声が聞こえた。その反応から察するに、どうやらスリランカではごくごく普通のことのようだ。

「お待たせしました」

キャンドルを持った店員が、2人分のスリランカカレーを持ってきた。

「リー、せっかくだから、暗闇の中、右手でカレー食べない？」

「それ、面白いアイディア！」

「感覚が研ぎ澄まされているから、より美味しく感じると思うよ」

俺たちはあえてキャンドルを消し、暗闇の中、覚えたての右手を使い食材を掴んだ。見知らぬ国の大自然溢れる村での暗闇ディナーは、特別な夜に秘密めいた森で魔法の儀式をしているような感覚に陥らせた。おかげで、二人旅初日の夕食は異様な盛り上りを見せた。

2人の愛の逃避行は、徐々にゴールに近づいている。

ごはんを食べると、スマホのライトを頼りに真っ暗闇のゲストハウスに戻った。部屋に戻りベッドに横たわったが、真っ暗闇でやることがない。村全体の停電なのでSIMの電波はなく、Wi-Fiも使えない。仕方がないので部屋の外のベランダの椅子に座り、バックパックに詰め込み持ち歩いているウォッカを飲むことにした。すると……

「ごっつさんも出てきたんですか？」

隣の部屋のベランダからリーの声が聞こえてきた。

「うん。暗闇の中でお酒でも飲もうかなぁと思って」

「一緒に飲みましょう。私、飲めないから部屋のジュース持ってそちらに行きます」

真っ暗闇の二次会が始まった。気づくと外は満天の星空。星の光を頼りにかすかに見える彼女の横顔を見ながらお互いのこれまでを語り合った。

「私、少し眠くなっちゃったな」

「俺も、少し眠い」

「私のベッドふかふかで気持ちいいんだ」

ん？　ベッド？？　もしかして誘ってる？

「ごっつさん、明日起きたら一緒に紅茶の美味しい店で朝ごはん食べましょう」

ん？　ベッドは？

「うん。いいね」

「じゃあ、起きたらごっつさんの部屋をノックするね。おやすみなさい～」

そう言うと、リーはあっさり部屋に帰ってしまった。きっぱりであっさリーに、俺は振り回されっぱなしだ……。

翌朝、村に電力が戻った。2人は紅茶工場に隣接するカフェで、朝食を食べながらセイロンティーを飲んだ。食後、やっと繋がったＷｉ-Ｆｉでスマホをチェックしてみると、ギチからメッセージが入っていることに気づいた。

「ごっつー、まだエラに来ないの～？　待ってるよ～」

やばい、やはりギチはこの小さな村にいる。リーと鉢合わせになったら最悪だ。すると、リーもまたスマホを見ながら表情を変えた。

「ごっつさ～ん、やばいよ～」

「どうした？」

「ティンティンが私たちを追いかけて来て、まもなくエラに到着するみたい」

「え？　マジ」

「うん。どうしよう」

やばいやばい。ティンティンの性格を考えると、エラに着いたら確実に俺たちを見つけ出し、同じゲストハウスに泊まるだろう。置き去りにしたことを責め立ててくるだろう。すると、せっかくのロマンチックな二人旅がここで終わってしまう。エラは小さい村だ。ギチとティンティン、今この状況では絶対に会いたくない2人に遭遇するのも時間の問題だ。俺はリーに向かってこう切り出した。

「リー、この村から逃げない？」

「え？　すごい！　私も全く同じことを考えてたの」

「逃げる？」

「うん。逃げる」

そう言うとリーは小悪魔のように笑った。彼女の茶目っ気のある笑顔に改めて悩殺される。

2人は急いで部屋に戻り、パッキングをし、宿の会計を済ませると、小走りで格安ローカルバス乗り場へ向かった。行き先も確かめずバスに飛び乗ると、それはヒッカドゥア行きのバスだった。

そこがどんな場所かもわからない。でも、そんなことはどうでもいい。愛の逃避行に行き先は重要ではない。2人は満員バスの隣り合わせの席に肩をぴったり寄り添って座った。バスには10時間近く乗らなければならないようだ。

「リー、到着まで結構長いから、眠かったら俺の肩で寝ていいよ」

「うん」

リーは少し恥ずかしそうな顔をした。バスは窓から見下ろすと転落してしまいそうな断崖絶壁の細い山道をぐにゃぐにゃと曲がりながら進んだ。カーブを曲がるたびに体が左右に揺さぶられる。その度に2人の体は触れ合った。

バスに揺られながら数時間が経つと、リーはコックリコックリと寝落ちしそうになっていた。やがて、自然な流れで俺の肩にそっとおでこをくっつけた。

キターー！

リーの息遣いを肩越しに感じる。やばい、いま、おれ、完全にリーと密着している。2人の愛が、今、一つになった！　胸を高鳴らせた、その瞬間……

「等等等等等等」

突然、斜め後ろから中国人カップルがリーに話しかけてきた。リーは目を覚まし、俺の肩から離れると、中国語で彼らと楽しそうに喋り始めた。

「いや、どんなタイミングで話しかけてきてんだよ！」

心の中で怒りを押し殺しながら、行方を見守った。リーは俺に気づくと、彼らが何を言っているのか英語で通訳してくれた。

「ヒッカドゥアってとこ、綺麗なビーチがあって、世界中のサーファーが集まってくるみたいよ」

ふーん、そうかそうか……。

いやいや、たしかに有益な旅情報かもしれないけど、寝ているリーを起こしてまで言うほどのことか？　それにしても中国人のネットワークはすごい。彼らはどこにでもいる。そして、絶えず情報交換している。その諜報力を恐れてか、同胞に見られるのが恥ずかしいからか、その後、リーは俺の肩に頭をくっつけて寝ることはなかった。

夜10時近くに、海沿いの村ヒッカドゥアに到着した。ヒッカドゥアビーチは洗練された観光スポットで、お洒落なレストランやサーフショップが並んでいる。2人で夜の海を見ながら一本道を歩き、ゲストハウスを見つけた。今宵も彼女と同じ宿に泊まる。しかし、宿との交渉はリーの担当だ。

「あの、お部屋空いてますか？」

「一緒の部屋をご希望ですか」

俺はまた固唾をのんでリーの返事を待つ。

「別々の部屋でお願いします」

まぁ、そうだよな。きっぱりであっさリーが、突然同じ部屋を選ぶわけないもんな。

「だけど、隣合わせの部屋になりますか？」

え？　ええっ？

「隣同士の部屋が良いのですね」

「はい」

おーーーー！　リー、君は何を考えているんだ？　君は一体、このおじさんの心をどこまで弄ぶつもりなんだい？

宿にチェックインし、シャワーを浴びた後、2人で晩ごはんを食べに海辺のレストランに向かった。

着席し、おいしそうなシーフードとビールを頼むと……

「今日は私も飲もうかな〜」

「え？　リーってお酒飲めるの？」

「少しだけなら」

飲めないって言ったのに、飲めるんだ……。酔っ払ったふりをして、俺に隙を見せようとしているのかな？　リーはトロピカルカクテルを頼んだ。女の子っぽくて可愛い。長いバス旅の後のお酒だったので、2人はあっという間にほろ酔い気分になり、いい感じに盛り上がった。

「ティンティンから逃げてきて良かったね」

「ふふ。でもティンティンに悪いわ」

リーはくすくすと笑った。そして俺の目をじっと見つめて、こう言った。

「でも、二人っきりの旅になってよかった」

もうロマンティックが止まらない。恋の炎も止まらない。

今停電になっても、この恋の炎で灯りをともしてやる。そんな思いを胸に秘め、俺は酒を飲み続けた。しかし、リーはカクテルを一杯だけしか飲まず、正気を保ったまま饒舌におしゃべりを続けた。

ヒッカドゥアビーチ初日、深夜12時近くまで海辺のレストランで2人の宴は続いた。

次の日も、海辺のレストランで一緒に朝昼晩とごはんを食べ、のんびりとした一日を過ごした。この日は、2人で夜の浜辺に行き、星を見ながら語り合った。そして、何もないまま隣あわせの部屋に帰った。俺は部屋のベッドに横たわり、リーのことを考えた。

「このままだと、ただの仲の良いお友達だよな」

明後日の早朝には、リーは中国に帰ってしまう。

「お別れまでになんとかしないと」

ただのお友達では満足できないほど、俺は彼女に惹かれていた。

「なんだ……？」

ふと気づくと、隣の部屋から叫ぶような女性の泣き声が聞こえてきた。間違いなくリーの声だ。どうやら誰かと話しているらしい。心配になり廊下に出てみた。やはりリーの泣き声がする。部屋のドアは少しだけ開いていて、彼女と目が合った。目には涙が溜まっている。

「大丈夫？」

小声で聞くと、リーはこくりとうなずき、ドアを閉めた。

一体、何があったんだろう？　俺は彼女のことが心配で、メッセージで「何かあったの？」という趣旨の文章を書いたが、少し迷って、送信ボタンは押さなかった。

翌朝、一緒に朝ごはんを食べに行った。おそらく、この旅で一緒に食べる最後の朝食だ。しかし、食事のことよりも、涙の真相をどうしても聞きたかった。

「リー、大丈夫？　昨日の夜、泣いてる姿を見たんだけど」

「……大丈夫じゃないかも」

嫌な予感がした。

「実は昨夜、電話で中国にいる彼氏にごっつさんのこと、少し話したのね。そしたら彼氏が激怒してしまって。付き合って初めてかもしれない。あんなに怒るなんて……」

そうか。彼氏いるんだよな。忘れてた。俺がケンカの原因だったのか……。

「そうか。でも、今日は最後の日だし、一旦彼氏のことを忘れて今を楽しまない？」

「……」

「昨日の夜に約束した、ゴールという古い街、一緒に行こう」

「……」

なんだ、この沈黙は。まずい……かも。

「ごっつさん、ありがとう。でも私、一人になりたいの」

そうか……。

「ごめんね」

やっぱりな……。

「じゃあしょうがないね」

「ごめんなさい。ワガママ言って」

「いや～大丈夫、大丈夫。気が向いたらウィーチャットに連絡ちょうだい」

「ごっつさん優しいね」

そう言って彼女は俺の元を去った。

俺は空いた時間、この連載の原稿を書こうと思っていたが、それどころではなかった。気づくとリーのことばかり考えている。

原稿を書くのをあきらめると、世界中のサーファーが集まる荒々しい海を日が暮れるまで眺めた。

「なんかうまくいかねーなー」

二人旅の最後の夜、俺は部屋でボーっとしていた。いや、正確には彼女が部屋に帰ってくるのを待っていた。時刻はもう夜8時を超えている。リーは1人で晩ごはんを食べてしまったに違いない。

「なんでいつもこうなっちゃうんだろう」

すると、隣の部屋から物音が聞こえた。どうやらリーが部屋に帰ってきたようだ。けど、約束だ。向こうからの連絡を待つ。ノックさえしない。俺はスマホを取り出し、ウィーチャットにリーからメッセージが入っていないか何回も確認した。その時だった。

コンコン。

ドアをノックする音が聞こえた。ドアを開けるとリーが立っている。

「ごっつさん、フルーツ買ってきたから屋上で一緒に食べませんか?」

「うん、食べる」

「じゃあ、フルーツの皮を剝いて持って行きますね」

2人は屋上に椅子とテーブルを用意し、フルーツを食べた。

「今日は何してたの？」

「ゴールの街を1人でうろうろしていました。でね、いろいろ考えたの」

「うん」

「私、やっぱり彼氏のことが好きなんだなぁと思って」

「……そうなんだ」

「今回の旅も彼が私のためにいろいろ手助けしてくれたの」

「うん」

「でね、私の彼氏が言うには……」

それからリーは堰を切ったように彼氏の話を始めた。俺はそれを「うんうん」と聞くだけだった。いいお友達で終わる。いつものパターンだ。満天の星空の下、彼氏の話は1時間ほど続いた。切ない表情を見せると彼女は罪悪感を感じてしまう。どうしても悲しい気持ちが治らない時は遠くに見える夜の海を見つめた。すると突然、辺りが真っ暗になった。

「また停電だ」

ヒッカドゥアビーチ全体の大きな停電だった。街全体から明かりが消え、頭上に瞬く星空だけが唯一の光となった。満天の星空だ。リーと出会って数日で2回目の停電。神様はたまに素敵な悪戯をする。気まぐれ具合から女性の神様に違いないと思った。2人は静かに星空を見上げた。

「星、キレイだね」

「うん」

しばしの沈黙が流れた。静寂で緊張していることが呼吸でバレないよう気をつけた。

「ごっつさん」

「ん？」

「あのね……。私、ごっつさんに会えて本当に良かった」

「俺もだよ」

「ありがとう」

「こちらこそ、ありがとう」

短い会話が終わると、2人は無言で星空を眺めた。

多分、今はチャンスだと思う。そっと肩を抱き寄せれば、リーの気持ちが変わるかもしれない。きっとこれがラストチャンス。しかし、失敗すれば、ここまで築いた素敵な関係が壊れる可能性がある。でも、勇気を出さないと何も始まらない。

勇気を出せ、俺！

「リー、明日の朝早いんでしょ？」

バカ！　何を言ってるんだ！

「そろそろ寝た方がいいかも」

なぜだ？　なぜなんだ？　なぜ裏腹なセリフを言ってしまう？

「そうだね」

リーは立ち上がった。そして、俺に両手を差し出し握手を求めた。

「ありがとう」

俺は彼女の二つの掌を握り返した。

「おやすみ」

そして、彼女は自分の部屋に帰って行った。一人になった俺はリーの手のひらの温もりを思い出しながら夜空に輝く星を見上げた。


翌朝5時、2人で海辺を無言で散歩した。最後の時間は空しくも淡々と流れていった。その後、リーはバックパックを背負い、トゥクトゥクに乗った。

「ごっつさん、さよなら」

こうして彼女は中国の彼氏の元に帰って行ってしまった。俺はトゥクトゥクが見えなくなるまで手を振り続けた。ずっとずっと手を振った。彼女の気配が完全に消えてしまうと、自分の体に違和感を覚えた。

「なんかクラクラする」

リーと別れて気が抜け、疲れがどっと出てしまったようだ。考えてみれば、リーと旅した3日間で二つも山に登った。重いバックパックを持って走り回ったりもした。年甲斐もなく完全に無茶をしていたようで38度の熱が出た。気力、体力ともにHPはすっかり底をついてしまったようだ。それから彼女と過ごした宿で、孤独に3日間病気と闘った。

4日目の朝、少し熱が下がった。

パソコンを開くと、エラで会う約束をしていたギチからメッセージが入っていた。

「え？　ごっつ、ヒッカドゥアビーチにいるの？」

「うん。気分が変わって」

「信じられない。エラで連絡してくれなかったんだ」

「ごめん」

「バイバイ」

それをきっかけにギチとは連絡が途絶えた。まぁ、そりゃそうだよなぁ……。

その後、インドビザを受け取るためコロンボを経由してキャンディ行きの格安バスに乗った。

バスに揺られると、リーが俺の肩に頭をつけて眠ったことを思い出す。車窓に流れる景色も、街の匂いも、すべてリーと共有してきたものだ。早くこの国から脱出しないと、俺はまだリーとお別れできないままでいる。

脳内iTunesに近藤真彦の『スニーカーぶる〜す』のオルゴールバージョンが流れた。甘く切ないメロディーだ。完全に自分の世界に浸っていた。気分は悲劇のヒーローだ。その時、ある異変に気づいた。

「あれ？　荷物がない！」

総額約30万円分のMacBook Air・ソニーカメラα6000・グーグルタブレット・予備のスマホを入れているサブバッグが見当たらない。

「盗まれた！」

バスの運転手と車内を全て探すが見つからない。

「ないですね。スリランカなんで、あきらめたほうがいいかもですね」

やられた……。高価な品物なので、絶対に盗まれないようにいつも肌身離さず持っていたのに、自分に酔いすぎてしまい、隣の席にふと置いてしまっていたのだ。被害総額のデカさに加え、傷心のタイミングでこの仕打ちはあまりにも酷い。

「というか、パソコンもカメラもスマホなくなって、これからどうやってこの連載を書けばいいんだろうか……」

俺は残酷すぎる結末に顔面蒼白となり、ただただ呆然と立ち尽くすしかなかった。

8章　インド

46歳のおじさん、はじめてのインド

キャンディのインドビザセンターで6ヶ月間のマルチビザを習得すると、盗まれてしまったMacBook Airを買うため、スリランカからの航空料金が安いインドのバンガロールを目指した。バンガロールは南インド最大の都市でインドのシリコンバレーと呼ばれるＩＴ都市だ。南インドでアップルストアがあるとしたらそこしかないだろう。

コロンボにあるバンダラナイケ国際空港から１００人乗り位の小さな飛行機でバンガロールに向かい飛び立った。いよいよ旅人の憧れの国、インドへの旅が始まる。果たして、インドはどんなところなのか？　インドを旅すると本当に人生観が変わるのか？　インド人は映画『ムトゥ　踊るマハラジャ』のようにダンスを踊りだすのか？

バンガロールのケンペゴウダ国際空港。夜9時。緊張の入国審査。いつも移動するたびにトラブルが起きてしまう。インドは書類のチェックに厳しいのできっと一筋縄では行かないだろう。

「ＯＫー」

特に問題もなく、拍子抜けするほどあっさりと、憧れのインドに到着した。

エントランスを出て空港ロビーでSIMカードを探すと空港職員に「街でないとSIMカード売ってないよ」と言われた。空港にSIMカードが売っていない国は初めてだ。仕方がないので、盗まれなかった方のスマホでオフライン地図をチェックし、事前に予約した宿にタクシーで向かった。

どんな町か、全く想像がつかなかったバンガロール。高速道路から見る夜の町並みは、高層ビルが立ち並ぶ近代的な都市だ。さすがインドのシリコンバレー。牛や浮浪者が沢山いる、イメージしていたインドとは全然違う。

宿に到着した頃には23時を超えており、お腹が空いたので近くの店で腹ごしらえに出ることにした。気分は「吉田類の酒場放浪記～インド編～」だ。バンガロールは深夜にも関わらずポツリポツリと人がいた。しかし、街には街灯が少なく薄暗い上に、ゴミがあちらこちらに捨てられていて、ツーンと鼻につく生ゴミの匂いがする。事前に聞いていた通り、眠っている牛を何頭も見かけた。舗装された道路はたまに割れていて段差がある。コンクリートの道と土の道とが急に入れ替わるので、気をつけないと捻挫でもしてしまいそうだ。タクシーから見た近代的な街と歩いてみた街とはかなりのギャップがあった。

10分ぐらい歩くと暗がりにポツンと一つだけ食事が出来そうな屋台を見つけた。80歳くらいの見事に腰の曲がったおじいちゃんが何かの料理を注文しようとしている。屋台のお兄さんは黒い大きな中華鍋のようなフライパンにたっぷりと油を入れ、ごはん、卵、数種類のカレースパイスを手際よく混ぜると素早くカレーチャーハンを作った。とても美味しそうだ。おじいさんは手で米をひとつまみすると、天を仰ぎ、大きな口を開け、その味をチェックした。食べ終えるとものすごく偉そうにガミガミと文句を言い、他の数種類のスパイスを入れるよう指示を出した。屋台のお兄さんは注文通りにスパイスを入れ、さらに味付けをする。ところがおじいさんはそれでも味が気に食わないようで、何回も味のチェックと作り直しを命じ、やっとオッケーを出すと首をうんうんと上下に振り、かなり納得した顔をして料理を持って帰って行った。料理の値段はたったの50円。費用対効果などお構いなしにこだわる2人のやりとりを見て、流石カレーの国インドだと思った。俺はおじいさんと同じものを注文した。多分、それが一番間違いないと思ったからだ。

その店はテイクアウトしかできないので、ビニール袋にカレーチャーハンを入れ、街をウロウロしていると、一軒の薄暗い立ち飲み屋を発見した。きっと酒場だ。インドで酒を飲むのは宗教的な理由から厳しいと聞いていたが、人目につかない所でひっそりとオープンしているようだ。

外から店内を覗いてみると、薄暗いカウンター内に2人の男性がいてタバコやビール、ウィスキーなどを売っている。4人の50歳くらいの目つきの悪い男性客がプラスティックのコップで談笑もせず黒ビー

ビニール袋で持ち帰る屋台のカレーチャーハン

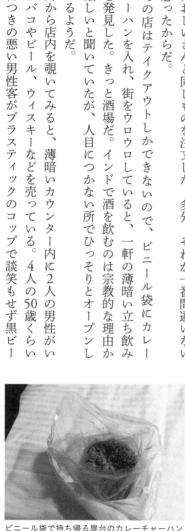

ルを飲んでいる。ドアを開け、中に入ると男たちがこちらを睨みつけてきた。カウンターの中の人も客も目つきが悪い。どうやらここは闇酒場らしく外国人の新客を良しとしないようだ。店の雰囲気から背徳感のようなものを感じた。俺は彼らに微笑み返し、キングフィッシャーというアルコール度数が高いビールを注文した。誰も話しかけてこない。

「この店、何時までやってるんですか？」

店員からの返事もない。あまり歓迎されているムードではなさそうだ。異国の地でも酒場の雰囲気ならなんとなくわかる。急いでビールを1本飲み干し、とっとと切り上げて帰ることにした。その店でお酒を買うこともできたので、宿で一杯やるためもう1本ビールとカレー味のスナック菓子を注文した。

「おい、日本人。酒を持って帰るんだったら隠して歩けよ」

「え？　お酒持ってたらヤバいんですか？」

「この時間はやばい。警察に見つかると面倒くさいことになるぞ」

どうやらその闇酒場は違法に時間外営業をしていたようだ。全員の態度が悪かった理由を理解した。フライドライスを片手に、茶色い紙袋で隠したお酒を持ちつつ急いで宿に戻っていると、暗い一本道に差し掛かった。

「ん？　何かがおかしい」

暗闇の中から、誰かがこちらを見ている。ただならぬ気配だ。俺は足を止めた。黒い人影がひと塊となって蠢いているのがわかる。道路の先を見渡すと100メートル先で複数の男たちが待ち構えているように感じた。俺を襲おうとしているのかもしれない。

「どうしよう、逃げようか……」

しかし、宿に戻るにはこの道を通るしかない。道を真っ直ぐに突っ切り右に曲がれば宿だ。男たちは、ただお喋りしているだけかもしれない。俺は早足で突っ切ることにした。

「もし襲われたらビール瓶で殴り返そう」

俺はビール瓶をぎゅっと握りしめた。そして覚悟を決め、宿に向かって歩き始めた。目を合わさないように下を向き、息を殺して歩く。男たちがたむろしている場所まで、その距離30メートル。

まだ男たちの姿は見えない。すると突然……

「ガウガウガウガウガウガウガウ！」

10匹くらいの野犬の集団が襲ってきた。暗闇の中で蠢いていたのは、男たちではなく野犬だった。野犬に嚙まれると狂犬病で死ぬ可能性だってある。ビール瓶を振り回し「やめろ！」と大声を出し、距離をとった。

俺は野犬を睨みつけた。犬たちは毛を逆立て、目をひん剝き、牙を出し、ウーと唸り声を上げている。目線を外すと襲われるぞ。本能がそう言っている。

気づくと、宿までの曲がり角は俺の背後にあった。俺はビール瓶を振り回しながら、静かに後ずさりをした。そして、道端で拾った石を反対方向に投げ、犬が一瞬よそ見をした隙に、足早に後ろずさりし、さらに距離をとった。犬は相変わらずウーと唸っていたが、距離が5メートル以上開くと、急に攻撃的な態度をやめた。俺は彼らに目線を合わせながら少しずつ距離を取り、角を曲がると、全速力で走って逃げた。そして、ゲストハウスに駆け込んだ。

「危なかった」

その時だった。宿の外で野犬同士が争う声が聞こえた。おそらく10匹ぐらいの野犬が1匹の犬を襲っている。襲われた犬は最後に悲痛の声をあげた。「アイィィイ」という大きな甲高い声が徐々に小さくなり消えた。断末魔の叫びだ。勝った野犬集団は全員で遠吠えをしていた。

「俺があの犬だったらやばかった」

自然と体がこわばり、野犬に対する警戒が高まった。

何でごはんを食べに行っただけで命の危険を感じなきゃならないの？　ここが本当にインドのシリコンバレー？　ＩＴシティの割には野性的すぎない？　やはりインドは事前に聞いていた通り、一筋縄では行かない特別な国なようだ。

翌日、MacBook Airとカメラ、ＳＩＭカードの買い出しに向かった。目的地のアップルストアはショッピングモールの中にあった。この辺りには、マイクロソフトやヒューレットパッカード、ソニーなどのＩＴを専門とした国際企業がたくさん集結している。インドのシリコンバレーという話はどうやら本当のようだ。ここで、連載を書くのに必要最低限のMacBook Airとカメラ、リュックサックを総額14万5３００円で買い揃えた。かなりの痛手だが仕方がない。とにかく、連載存続の危機はこれで回避できた。

だが、スマホのSIMカードはなかなか買えず、これがかなり手こずった。インドビザを取る時と同じく、書類に不備があると何回も再提出するよう言われる。これらのやりとりをインド人の電話オペレーターとするのだがインド訛りの英語は聞き取るのが難しく正確な情報がわからない。さらに、書類審査はとても厳しく3日目には「バンガロールに住むインド人のサインとそれを証明する確認の電話が必要」だと言われた。

インドに友達なんかいるわけもなく、ホテルの従業員にお願いしてなんとか書類を完成させたが、SIMカードをゲットするのに5日間もかかってしまった。

バンガロールで必要な用事を全て終わらせるとインドの旅を再開することにした。

今いる場所はインド南部の中央に位置している。折角なのでインド最南端のカンニヤークマリまで行き、そこから陸路でインドの最北端まで移動してインド縦断の旅をすることに決めた。

翌朝、駅で鉄道の一番安い席を買い、インドの最南端を目指した。途中、アシュタンガヨガの聖地マイソールや、インド航路を発見した探検家バスコ・ダ・ガマが最後を迎えたコーチンなどに数週間ほど滞在し、そこからローカルバスでさらに南へと移動し、南インドで最も美しいといわれるバルカラビーチへと到着した。

ケララ州にあるバルカラビーチは南インド最高のビーチという噂通り、普通のビーチとは少し違っていた。そびえ立つ長い断崖絶壁の岩下一面に広がるアラビア海の魔物のような大きさのうねりと白波が美しい砂浜に崩れ落ち、海外ドラマ『LOST』のロケ地のような剝き出しの大自然が溢れる秘境に彩りを添える。まるで、スパイが休日を過ごす隠れ家ビーチのようだ。

俺はその美しい景色に見とれながら険しい崖を下り、ビーチに到着した。

「おー！　ここは、パラダイスか？」

透明度の高い海水も白い砂浜も美しいが、それ以上に美しいのは、たくさんの白人水着美女たちだ。しかもほぼ全員金髪。ビーチに横たわる男女は手足が長く、透き通るように肌が白い。トップレスの美女がいないのは残念だが、よく見るとアジア人は1人もいない。ヨーロッパの避暑地のような南インドのビーチで、俺のテンションはマックスに上がった。

「ここで少しゆっくりしよう。このビーチには恋の匂いが漂っている」

そして、予想通りこの美しいビーチで様々な恋物語がアラビア海の荒波のように打ち寄せてくることとなる。

南国のラテン美女との恋

バルカラビーチに滞在して数日が過ぎた。南インドの日中はモンスーンの影響で連日40度を超える猛暑が続いている。俺は涼しい早朝にビーチを散歩し、昼過ぎは部屋で涼み、夕方涼しくなるとまた散歩をするという老人のような生活を送っていた。

「まずい。このままじゃ〝老人と海〟だ」

何かを変えなければならない。そう思いながら洗濯を済ませ、崖の上に隣接する仏教カフェ、コーヒーテンプルで「プーリー」というナンの生地を油で揚げたパンとケララコーヒーで遅いブランチをとった。その時、足元に何かを感じた。

「……何？」下を見ると黒い物体がいる。「ヒャっ！」とびっくりして飛び上がった。よく見ると、黒い野犬がやってきて俺の足の甲を枕にして寝ようとしている。

「この犬、俺を舐めてるな……」

インドに来てすぐに野犬に襲われた。恋物語に関係ないので割愛したが、マイソールの街で共に酒を飲んだインド人に突然殴られ、大喧嘩になった。

その時こう思った……。

「漢」を磨かないとこの国では舐められる。北斗の拳のラオウのような闘気をつければ……。

そのためにやらねばならぬこと。

「高校バスケ時代のように、身体を鍛えてバランスの良い筋肉をつける」

漢の強さは肉体に比例する。

思い立ったが吉日、ゲストハウスが宿泊者向けにサービスでやっている1日2回の無料ヨガ教室に申し込んだ。インドといえばヨガだ。

夕方5時。気温は少し涼しくなったがまだ35度はゆうに超えている。宿の屋上に行くと、年の頃30代の白人女性と20代の白人カップルがヨガマットの上で柔軟体操をしていた。

女性は2人とも可愛い。

「いかんいかん。邪念を捨てなければ。これは修行だ」

アンジュという名の20代半ばの細くて無駄のない筋肉を纏ったインド人男性の先生がやってきて、インドの山奥ならぬインドの海辺でヨガレッスンが始まった。ヨガは「シヴァナンダ・ヨガ」と呼ばれる種類のもので、多くの流派の基礎になっているといわれる「ハタヨガ」から枝分かれしたものらしい。ストレッチを中心に体幹を鍛えるポーズが中心だ。

離婚届を突きつけられた後、日本で3ヶ月ほどホットヨガに通ったことがある。ホットヨガはイメージしているよりキツく、終わると立てないほどボロボロになった。ここ南インドのヨガはホットヨガのようにサウナ室に入らなくても次から次へと汗が噴き出してくる。途中から息をゼイゼイさせ、終わる頃にはヘロヘロになっていた。レッスンが終わり、ヨガマットを片付けていると、一人の白人女性が話しかけてきた。

「お疲れさま〜。ここに泊まってるの？」

「うん。ここの1階に」

「私、2階に泊まっているマリー。アメリカ人です。よろしくね！」

「私、旅しながら世界各地でスカイプ英語の先生やっていて、日本人の生徒が3人いるのよ」

すると、カップルで来ていた20代白人女性のほうも話しかけてきた。

「え、日本？　日本のどこ？」

「ロンドンから来たジュリです。東京に住んでます」

「えー、最高！　東京大好き〜。すごく綺麗だし。あ、突然ごめんね。ロンドンから来たジュリです」

「ごっつです。よろしく！」

なんかヨガをやっていたら2人の白人女性から話しかけられた。

「邪念がないのが良かったのかな？」という邪念が湧いてきた。やばいやばい。

「今日ね、ここの宿の主催でパーティーがあるの。良かったら一緒に行かない？」

ん？　なんだこの展開。まるでアメリカの青春ドラマみたいだ。

「あ、いいね！　行く行く」

「じゃあ、私たち8時に集まるから一緒に行こうよ」

マリーとジュリとその彼氏、そしてヨガの先生アンジュと俺の5人は夜8時に宿の1階に集まり、海沿いのパーティー会場であるイタリアンレストラン「ガーデン」に向かった。レストランに入ると、宿のイタリア人オーナーであるルッチが俺たちを迎えてくれた。

「おー、ごっつも来たのか。今日は楽しんで行きなよ！」

俺たちはルッチがオススメするトマトスパゲッティーとキングフィッシャービールを注文した。

「チアーズ（乾杯）」

5人は食事をしながらたわいのない話で盛り上がった。ところが酒が進むと、ある問題が発生した。

アメリカ人とイギリス人の話す英語が全く聞き取れないのだ。アジア英語と全く違うネイティブの発音は、これまで身につけてきた英語への自信を一気に無力化し、落胆させた。

すると、それに気づいたルッチが、どこからか、栗色の髪をした若い美女を連れてきた。

「彼女はガルシア。チリ人の女性なんだ。ごっつ、隣の席空いてる？」

「あ、空いてるよ。どうぞ！」

ガルシアは俺のソファの隣の席に座った。

「ハーイ」「ハーイ」

それが俺とガルシアとの運命的な出会いだった。

ガルシアは南米チリの首都サンディエゴで看護師をしている真面目そうな28歳の女の子。緑と青がミックスした綺麗な瞳をしている。南米美女の割には華奢で身長も160センチ位。顔も小さくスタイルが抜群だ。

「私、あまり英語が上手じゃないの。ゴメンなさい」

「いや、俺もほとんど片言なんだよね」

「でもあなたの英語は聞き取りやすいわ。アメリカ人やイギリス人の英語って早くって難しいの」

ガルシアとは英語で苦労しているという話題で盛り上がった。彼女の英語は発音の区切りが明確で、使う単語も簡単でわかりやすい。俺たちはすぐに気が合い、連絡先を交換した。まさか、英語でうまくコミュニケーションが取れないことが縁になるとは。

夜も10時を過ぎるとダンスフロアーにポツポツ人が集まってきた。8割がインド人で2割はツーリストという割合だ。

「私、踊りたくなっちゃった」

ガルシアは音楽に合わせ、席についたまま上半身で小刻みにリズムをとった。真面目でおとなしいイメージだったのに踊りたいとは……さすが南米の女性。陽気なラテンのノリだ。

「ごっつ、一緒に踊ろうよ！」

「え？　俺も？」

「ねぇ、行こ！　行くわよ、ごっつ」

ちょっと待ってくれ。俺、46歳のおっさんだぞ。毎日が「老人と海」だぞ。20代女子とのダンスは恥ずかしい。女子と最後に踊ったのなんて、高校生3年の春休み、大分市にあったカラオケディスコ「真珠の森」のチークタイム以来だ。無理だ。無理だ。無理無理。

「勘弁してくれ〜い！」（ライス関町風）

俺はガルシアからの申し出を断ることにした。

「しこしこ」俺の心の奥から謎の音が聞こえてきた。なんだ？　オナニー音か？

「しこしこ」違う。

「やるし〝こ〟ないんだよ。やるし〝こ〟ないんだよ」

突如、頭の中に閃光が走った。高校バスケ部1年の8月。夏合宿初日に俺たちは「インターバル」

というダッシュ&ランニングを1時間以上繰り返す地獄のような練習をしていた。中学時代に県の強豪校で鳴らし、自信満々で高校に入ってきた同級生のチームメイトは、その練習の激しさにゲロを吐き、バタバタと倒れ、気を失った。目がさめると、また走る。誰もが逃げだしたいと思っていた。「1年、頑張れ!」先輩たちの喝破に答える気力さえない。すると監督がチームメイトを集め、こう言った。

「お前ら、やめたいならやめてもいいんだぞ。すぐに荷物をまとめて帰れ! でも、優勝したいんやったら――」

声を荒げてこう言った。

「やるし〝こ〟ないんだよ!」

監督、それ、「やるしかないんだよ」の言い間違えやろ! 誰もが心の中で突っ込んだ。だが言えない。怖いし。竹刀持ってるし。

2年後の高校3年の6月。最後の大会。ベスト8から決勝リーグに進出するベスト4を賭け、古豪日田高校と戦っていた。圧倒的に勝利すると思っていた相手に、前半戦に9点の大差をつけられ負けていた。チームに動揺が走る。皆が混乱していた。そんな時、ポイントガードの日高がセンターのゴリを思いっきり殴った。

「気合を入れろ、ゴリ! やるし〝こ〟ないんだ」

この言葉はチームメイトにとって「気合い」のシンボルになっていた。練習がきつくて挫けそうになると「やるし〝こ〟ない」と喝破し、士気を高め合った。

やがて、バスケが終わってからもその言葉は心に残り、俺の座右の銘となった。

やるし〝こ〟ないんだ。By後藤隆一郎

「ガルシア、踊ろうか！」

俺たちはダンスフロアで向き合った。南インドでは珍しいアジア人とラテン女性のカップルは注目を集め、インド人が周りを囲った。音楽はインド映画『ムトゥ　踊るマハラジャ』のダンスシーンのようなボリウッド映画特有の明るいインドミュージックだ。俺はガルシアの目を見つめた。ガルシアもまた青と緑の美しい瞳で、俺を見つめた。俺たちは一度首を横に振り目線を外した。そして、もう一度、熱く激しく見つめ合った。

俺は曲に合わせ、軽くステップを踏んだ。ガルシアもステップを踏んだ。サンバかサルサかは知らないが、ラテンのステップだ。映画『パルプフィクション』のワンシーン、ジョン・トラボルタとユマ・サーマンのダンスシーンのようなクールな始まりだ。俺が少し激しくステップを踏むと、反応するかのようにガルシアもステップの速度を上げる。周りのインド人たちのボルテージが徐々に上がっていく。ガルシアはエロい感じで上半身を使い、セクシーに体をくねらせる。俺もガルシアの動きに合わせ上半身をくねった。俺が手を出すと、ガルシアはゆっくりと俺の手を握り、小気味よく回転した。まるで時間が止まったようだ。

曲が転調すると、もう2人のダンスは誰にも止められなかった。俺たちはダンスフロアを魅了した。盛り上がるインド人たちは、俺たちの単なる引き立て役に成り下がった。

一曲踊り終えると、ダンスフロアの至る所から拍手が飛び交った。ガルシアを見て微笑むと、ガルシアもニコリと笑みをこぼした。

「最高だよ、ガルシア！　君は最高だ！」

ガルシアの瞳は少し潤んでいるように感じた。フロアの中の彼女は誰よりも美しく輝いていて、男たちは彼女をうっとりと見つめていた。

「ガルシア、ダンス上手いね！」

「ごっつも最高よ」

その時だった。遠くのほうから長身の金髪ヒッピーファッションの白人男性が近づいてきて、俺たちのダンスに興奮して激しいダンスを始めた。フロアーで踊るインド人に話を聞くと、そいつはこのビーチに長期滞在しているアメリカ人らしい。その男は全身をくねくねとくねらせて踊っていた。その姿はまるでタコだ。タコダンスだ。その奇妙な動きに呼応して、周りのインド人たちが盛り上がり始めた。ヒッピー野郎はくねくね踊りながら俺たちのほうに近づいて来た。そして、俺を完全無視し、端に押しのけ、ガルシアの前に陣取った。タコは一旦ダンスを止め、ガルシアの目をじっと見つめると、クイックな動きでくねくねとより激しいタコダンスを踊り始めた。

「おい、何なんだよこいつ！」

かなりムッときた。糞タコ野郎！　タコは俺の怒りに呼応するかの如く、軟体動物のような動きで一段と激しくクネクネと手足を動かした。まるで俺を煽っているようだ。

そんな安い挑発に乗るかよ。笑っちゃうぜ。

「ガルシア、そろそろ席に戻って一杯飲もうか」

そう告げようとガルシアの顔を見た瞬間、俺は唖然とした。

「ガルシアが、笑ってる」

俺に見せたあの輝いた瞳でタコダンスを見て笑っているのだ。俺の中の何かが動き始めた。なんとも言えない感情が激しく燃えたぎる。

「この笑顔は……やばい」

男の本能が瞬間的に警告を鳴らす。ヒッピータコ野郎はガルシアの笑顔を見ると、さらに激しいタコダンスを踊り出した。ガルシアもそれに呼応するかのように、ゆっくりとステップを踏み出す。

「やばい、このままじゃガルシアをとられる！」

何か行動を起こさねばならない。しかし、自分の全身全霊のダンスはすでに発揮している。かといって、ガルシアに声をかけ、席に連れて引き離すのはダサい。男のプライドが許さない。俺にできること、できること……。

例えば、2人の周りで「ヒューヒュー」と大声を出し盛り上げる、というのはどうか。ダメだダメだ。盛り上げてどうすんだ！　馬鹿か俺は！

俺は完全に追い込まれた。俗にいう八方ふさがりだった。その間も、タコ野郎は8本の足でもあるかのごとく激しく器用に踊り続けている。よく見ると、ガルシアのラテンダンスとタコダンスが、いい感じにフィットしつつある。このまま曲が終わるまで静かに見守るしかないのか？

「気合い入れろ、やるし〝こ〟ない！」

頭の中にまたあの言葉が鳴り響いた。タコと戦うにはどうすればいい？　相手がタコならばこちらはイカか？　10本足のイカダンス。それじゃあタコと変わんねーか。思い出せ思い出せ。何かあるはずだ。日本人ならではの何かが。日本男児ならではの何かが……。

「そうだ！」

俺は2人の間に再び割って入った。そして音楽に合わせ、腰を落とし、重心を低くした。それから片腕を前に出し、ゆっくりと手首を90度に折り曲げ、前方に突き出した。それは……

ジャーン ジャーン（ドラの音）

「蛇拳」

40代以上の日本男児なら一度はゴールデン洋画劇場で放送されたジャッキー・チェンの拳法に心を打たれたはず。俺もご多分に漏れずにハマった。

「昨日の友も明日はリンチ」という九州大分のヤンキー中学時代、喧嘩になったら使おうとジャッキー・チェンの蛇拳のオープニングをビデオカセットで録画し、何度も何度も繰り返し観て、完璧すぎるほどの「完コピ」に成功したのだ。

蛇拳は日本じゃない、香港映画じゃねーか。そんなツッコミなんて、関係ない。向こうから見れば、香港も日本も似たようなものだ。顔似てるし。バレねーよ、きっと。

俺はインド音楽のリズムに乗りながら、蛇拳を始めた。これぞ、俺が開発した、
ジャーンジャーン（ドラの音）

「蛇拳ダンス」

アメリカのタコ野郎なんかに負けてたまるか日本男児！　俺は正確な素早い動きで蛇拳ダンスを始めた。すると、インド人がいち早く反応した。俺の指先の蛇の表情が変わるたび、インド人の歓声が巻き起こった。ボリウッドムービーに慣れ親しんでいるインド人にとって、よっぽど珍しい動きだったのかもしれない。俺の一挙手一投足に注目が集まった。俺はジャンプして蹴りを加え、ゆっくりとポーズを決めた。すると、インド人から大拍手が起きた。気づくと同じ宿のヨガ仲間のマリーやジュリ、ルッチも盛り上がっている。もはや誰もタコダンスなんかに注目をしていなかった。

「どうだい、ガルシア？」

ガルシアの顔を見た。すると、ガルシアは俺を見てニコニコ笑っている。彼女と目があった。ガルシアは俺を燃えるような瞳で見つめ返し、優しく微笑んだ。

「おっーしゃー！」

どうだ、タコ野郎！　オメーのダンスなんか糞だよ。俺は長身長髪のタコ野郎を見つめた。

「勝った」

心の中で呟いたその時だった。俺と目があったタコ野郎は、俺の目をじっと見つめたまま、さらに激しいタコダンスを始めたのだ。完全に俺を挑発している。

「なめんなよ」

俺はタコ野郎の安い挑発に乗った。ゆっくりと手首の蛇の顔をタコ野郎に向けた。そして、ジャンプしてポーズを決めると、タコ野郎に向けて蛇拳ダンスを始めた。すると、奴も俺に向かってタコダンスを始めた。ここからは男と男の真剣勝負。まさに日米対決。いや、
ジャーン ジャーン ジャーン（ドラの音）

「タコvs蛇」

くねくねした生き物の頂上決戦だ！　俺たちはチリ人美女ガルシアを競い、真剣勝負を始めた。その戦いはB級カルト映画のようだった。途中から、俺は激しいタコの動きに合わせて蛇を動かした。楽しい！　楽しいぞ！　そして、ふと我に返った。

「あれ？　俺、何やってんだっけ？」

俺たちは、すっかりガルシアのことを忘れて異種格闘技にのめり込んでしまっていたのだ。またやってしまった……。俺は一つのことに集中すると全てを忘れてしまう。ガルシアはきっと呆れているに違いない。彼女はもっとクールで情熱的なラテンなダンスをしたかったはずだ。俺は自分自身の虚栄心と想像力の欠如を激しく恥じた。

その時だった。ガルシアが俺たちのダンスに混じり情熱的なステップを踏み出した。本当に超楽しそうに踊っている。

「ガルシア、素敵すぎる。これがラテンのノリなのか！　これが灼熱のダンスなんだ！」

この時、俺は彼女に恋心を抱いていた。激しく情熱的なステップを踏む胸の鼓動が聞こえる。

ついでに変な効果音も聞こえる。

ジャーンジャーン（ドラの音）

「タコvs蛇vsラテン美女」

三大陸三生物のコラボレーションは、熱帯夜のバルカラビーチで誰よりも輝いていた。俺たち3人が、完全にこのダンスフロアを、このパーティを支配した。

しかし、不思議な出会いで始まった奇妙な3人がこの後、ドロドロの愛の三角関係に陥っていくなんて、この時はまだ誰も予想だにしていなかった――。

恋と奇妙な三角関係

宿に戻りベッドに横たわっても、胸の高まりはなかなかおさまらなかった。初めて出会う南米の美女。セクシーなラテンのノリ。交換したフェイスブックのメッセージを開き、今の気持ちを英語でタイピングした。

「今日はありがとう。君のラテンのダンスはとても素敵だったよ。そして最高にセクシーだった♡」

だが、送信ボタンを押す前に、もう一度そのメッセージを見直した。

一旦冷静になろう。俺は冷たいシャワーを浴びた。

「46歳のおじさんが若い女性にいきなりこんな文章を送ったら気持ち悪い。というか怖い。特に♡には変態が滲み出ている」

俺は書きかけのメッセージをそっとデリートした。

翌朝8時、朝ヨガに出た。相変わらず暑くてキツイ。2時間のヨガを終え、ヨガマットにへたりこんでいると、昨日のパーティーで一緒にいたメンバーが俺の元にやってきた。

「ごっつ、昨日のダンス、超良かったよ」

えっ、ジュリたちカップルにはウケてる？

「今考えるとすごく恥ずかしいんだけど」

「いや、そんなことないよ。すごく良かったよ、ねえ？」

「うんうん。すごく良かった。日本人は恥ずかしがり屋なのに見直したわ」

おーーマリーも！　本当にウケてるっぽい。蛇拳ダンスというノンバーバルコミニュケーションはいとも簡単に国境を越えた。さすがは国際スターのジャッキー・チェンだ。

「ってことは、ガルシアにもウケたのか？」

朝ヨガが終わり一息つくと、俺はガルシアを探しビーチを散策した。狭いビーチなのでいつ再会してもおかしくない。こういった場合、あくまでも自然な再会が運命的だ。不自然な動きは良くない。

俺はガルシアに会いたい一心で40度を超える暑さの中、4時間近くビーチをさまよった。不自然すぎるくらいに。だが、結局ガルシアを見つけることはできなかった。夕方になり、夜ヨガをし、シャワーを浴びてベッドに転がった。

「メッセージで晩ごはん、誘おうかな……」

スマホを取り出しフェイスブックメッセージを開いた。だが、誘う勇気がない。

「何やってる？」「元気？」どんな言葉がいいんだろう？　俺は英語でデートの誘い文句を書いては消した。46歳。初老。バツイチ。でも今、俺の心は乙女だ。高校時代、黒電話で好きな娘に電話かける前のドキドキ感を思い出す。30分ほどかけ、やっとのことで文章を完成させた。あまり恋愛テイストを感じさせないよう、普通に。友達のような感じで。

「ハーイ！　誰かわかる？　ごっつです。昨日、ビーチサイドのレストランで蛇拳ダンスをしたの覚えてるかな？」

これなら大丈夫。ただのお友達の文章だ。「送信！」

返信を待った。だが、夜8時を過ぎても返信は来ない。9時を過ぎても来ない。10時まで待って返信がなければ1人でごはんを食べに行こう。すべてのレストランが閉まる時間だ。しかし、10時になっても返信はない。もう少し待とう。もう少し。あと少し。

結局、深夜12時を回っても返信はなかった。その夜はごはんを食べずに眠った。翌日も翌々日もビーチで汗だくになりながらガルシアを探した。しかし、彼女を見つけ出すことはできなかった。ガルシアから折り返しのメールすらなく、俺の心は大きく乱れた。そして、心が乱れれば乱れるほどヨガにのめり込んでいった。元々、漢を磨くため始めたヨガ。ラオウのような闘気を身につけるために始めたヨガ。

「自分磨きをしよっと♡」

感度の高いOLさんのような女子力が異様なスピードで高まっていく。さすがインドのヨガ。いろいろと深い。この日も夜ヨガで汗をびっしょりかいた後、シャワーを浴び、ベッドに転がった。すると、スマホに一件のメッセージが入っているのに気づいた。

「ハイ！　ごっつ。元気？　ずっとネットに繋いでなかったの。ごめんね。今、カフェイタリアーノにいるの。もしよかったら来ない？」

キターー！！

「うん。今すぐ行く！」

俺は急いで髪にワックスをつけ、白髪が目立たないようにセットし、その足で駆けつけた。

「ごっつー！　ここよ」

ガルシアは海辺の席に座っていた。横にはスーパーモデルのような180センチを超えるお洒落な黒人美女が座っている。オリエンタルな洋服。丁寧に手入れされた黒くて長い爪。濡れ羽色の口紅。彼女には美しい魔女のような神秘さがある。

「一緒のゲストハウスに住んでるイギリス人女性なの」

「レズリーです。よろしく」

「初めまして。ごっつです」

レズリーはロンドン出身のモデルさんで、ここバルカラビーチに半年近く住んでいるらしい。

3人で乾杯をし、ガルシアとレズリーはモヒートを、俺はキングフィッシャービールを飲んだ。

「ねー、ごっつって1日2回ヨガやってるんでしょ。瞑想もやってる？」

「瞑想？」

「うん。私たちの宿のすぐ近くに、朝5時から火を焚いて瞑想する道場があるの。グル（先生）はものすごくスピリチュアルなパワーを持っている人ですごいいよ。2時間やると頭がすっきりするから一緒に行こうよ。ね、ガルシアも」

「うーん。瞑想か。私、苦手なんだよな」

「行こうよ、ガルシア。俺、興味ある」

「……そうだね。せっかくインドに来てるし」

「オッケー。じゃあ、明日4時50分に私たちの宿の前で待ち合わせね」

早朝、俺たちはガルシアの宿の前で待ち合わせをし、瞑想道場に向かった。そこは、森のような木で覆われた一軒家で、屋根付きの庭には土で出来た広いスペースがある。中心には火が炊かれていて白い煙が立ち上っていた。その周りで3人のインド人が瞑想をしている。グルは白い宗教服みたいなモノを着ていて、火の前で目を瞑り経典を唱えた。レズリーがひそひそ声で俺たちに瞑想の仕方をレクチャーしてくれた。

「ここの火の前に座って初めは炎の揺らぎを見つめるの。そして自分のタイミングで目を閉じて瞑想に入る。もちろんこれは私のやり方で人それぞれ違うんだけど、このやり方すごくいいよ」

それから3人で火を見つめ目を閉じ、瞑想に入った。ところが、俺の頭の中からは邪念が出てきてしょうがない。

「ガルシアも真剣に瞑想をやっているのかな?」「どんな顔をして目を瞑っているんだろう?」「そういえば俺の蛇拳ダンスの話、一回も出なかったな」

薄目を開けてガルシアを見ていると、綺麗な表情で瞑想している。視座する姿勢も美しい。

気づくと2時間の瞑想が終わっていた。

ガルシアが他の人に聞こえないよう俺の耳元に話しかけてきた。

「(静かな声で)どうだった?」

「途中で寝た」

「フフフ。実は私も寝ちゃった。朝4時50分起きとか朝早すぎじゃない?」

「だよねー、フフフフ」

ガルシアの息が耳に吹きかかり、ものすごくエロティックな気分になった。欲望がマックスに高まり、心の平穏どころじゃない。頭はクリアになるどころか邪念に侵食され、股間はうっすら膨らんでいた。

「ごっつ、瞑想どうだった？」

「心に平穏が訪れたよ」

俺は嘘をついた。ガルシアは俺を見てクスクスと笑っている。

「ごっつはこれから朝ヨガだよね。また連絡する」

この瞑想がきっかけでガルシアとの距離がぐっと縮まったように感じた。

その夜、メッセージが入った。

「ごっつ、晩ごはん一緒にどう？」

今度はガルシアのほうからお誘いがきた。俺は慎重に返信した。

「いいねー！　2人？」

「うん。どこかイイ店知ってる？」

「リトルチベットっていう美味しそうなチベット料理のお店を発見したよ」

「チベット料理、好き！　じゃあ、そこに夜7時ね」

はい。きた。来たよこれは……。今夜こそ二人っきり！

イチ、ニー、サンー、デートだぁぁあああーーーー（アントニオ猪木風）

夜ヨガを終え、入念にシャワーを浴びた。汗にまみれたおじさん臭はやばい。俺は時間をかけ、クンクンと匂いをチェックし、石鹸で入念に加齢臭を洗い流した。そして、ジェルをつけ、白髪が見えないよう髪の毛を立てた。

「これで完璧だ！」

夜6時55分。5分ほど早くリトルチベットに着いた。時間に正確なのは日本人の武器。ガルシアは時間に遅れるインドの生活に慣れてきているはずだから、5分前には席についている日本人が新鮮に映るはず。

「ごっつー！　もう来てたんだ」

「日本人は時間に正確なんだよね」

それからモモと呼ばれるチベットの蒸し野菜餃子やチョウメンというチベットの焼きそばを頼み、ビールで乾杯した。

「ごっつ、今まで旅してきた写真見せて」

「いいよ。ガルシアの写真も見せてよ」

2人でスマホを交換し、写真の見せっこをした。

「ヨガやってるの？」

「リシケシってヨガの聖地であるアシュラムに入ったの。道場で一日中ヨガをやるのよ」

「へぇー、興味ある」

「いいよ～。心が洗われるよ」

お互い旅人、旅の話は当然盛り上がる。少しほろ酔いになり、いい雰囲気になってきた。

「ガルシア、彼氏はいるの？」

「いないよ。旅に出る前に別れてきたの」

「そうなんだ。傷心を癒す旅？」

「ははは。まぁ、そうかな〜。ごっつは？」

「俺は旅に出る前に離婚しちゃって」

「そっか。変なこと聞いてゴメンなさい」

「いや、いいよ。今ね、日本の雑誌に連載を書いていて『世界一周花嫁探しの旅』ってタイトルなんだ」

「真面目に探してるの？」

「……うん。本気といえば本気だけど、今はまだ離婚の傷を癒すのがメインかな」

「じゃあ、私と同じだね」

夜も遅くなり、心地よい海風が吹いてきた。栗色でサラサラのガルシアの髪を風がゆっくりと揺らした。ガルシアは髪を手で押さえる。びっくりするくらいセクシーだ。

「波の音が聞こえるわ」

風が止むと遠くの方からザーという心奪われるような波の音が聞こえてくる。

「夜の海の音ってロマンティックね」

2人で波の音色を聞いた。波の合間には静寂が横たわる。ものすごーくいい雰囲気だ。俺はガルシアの目を見つめた。目が合うと、ガルシアは恥ずかしそうに笑った。

こ、これは、旅が始まって以来、一番いい雰囲気かもしれない！

スリランカで一緒に旅した中国人美女のリーの時は、勇気が出せず、自分の気持ちをうまく伝えることができなかった。

「今度こそ、今度こそ、せめて自分の気持ちだけは伝えたい」

相手に引かれないよう、さりげなく自分の気持ちを伝える方法はないのか。

俺はもう一度ガルシアを見つめた。ガルシアは俺の目を見つめ返した。

チャンスだ。ゴク…リ。俺はゆっくりと相手に悟られぬよう唾を飲み込んだ。

その時、ガルシアの目線が俺の後方に移った。そして、ニコリと笑った。

「何？」

俺は彼女の目線に誘導されるかのように後ろを振り返る。

「マジ⁉」

そこには奇妙なダンスバトルをした長髪長身のヒッピー野郎が突っ立っていた。奴は俺に向かってテツandトモの「なんでだろう？」風に胸の前で小さくタコダンスを踊り、嫌みったらしくほくそ笑んだ。

「おう！」「おう！」

タコ野郎はガルシアの隣の席に座った。

「ハイ、ガルシア！　今日は何やってたの？」

「今日はごっつと一緒に瞑想しに行ってたんだよ」

「瞑想か、いいね。それより、また君に会えて嬉しいよ」

出たーー！　タコ野郎お得意のアピール。俺を完全無視してのお熱いアピールタイムだ。こいつ、本当にムカつく。

カーン！（リング音）

「タコ vs 蛇 vs ラテン美女」第2ラウンド
ガルシアの心を奪い合う俺とタコ野郎の第2ラウンドが始まった。タコ野郎は俺を完全無視し、ガルシアを口説き始めた。英語もガルシアにわかりやすいよう、ゆっくりと伝わるように話している。

「俺、ビールを頼むけど、ガルシアも何か飲む？　奢るよ」

おい！　人の席に割り込んできといて女性に奢るだと？　それ、ルール違反だろ！

「じゃあ、スクリュードライバーお願いしようかな～」

いや、ガルシア頼むんかい！　このまま置いていかれるとやばい。俺も何かしゃべらねば。

「ガルシア、明日も瞑想するの？」

「どうしようかなー。あれ、眠いしね～」

俺は必死でガルシアとの思い出で場を繋ごうとする。

「ねぇガルシア、そんなことより乾杯しようぜ」

おい！　タコ！　俺の話は！　乾杯のタイミングじゃねぇだろ！

「乾杯〜！」

いや、乾杯するんかいガルシア！！

一事が万事こんな調子でタコ野郎は俺を無視し、ガルシアのみに話かけた。俺も負けじとタコ野郎を無視してガルシアのみに話しかけた。

「ガルシア、お寿司って食べたことある？　日本ではタコのお寿司食べるんだよ」

どうだタコ野郎！　日本ではタコを食うんだよ。

「そんな話より、今度カリフォルニアにおいでよ！　太陽と真っ青な海は綺麗だよ」

何なんだこの時間は……。俺は仕方なく会話を続け、タコ野郎と競り合いなんとかこの戦場にとどまろうとした。もちろん深い話などできるわけもなく、告白など夢のまた夢だ。こうして、ダンス対決に続く第2ラウンドは、「引き分け」という結末となり、お開きとなった。

翌日、今度は俺からガルシアに連絡をしてみた。

「ガルシア、今晩もごはんに行かない？」

すると、ガルシアから悲しい返事が返ってきた。

「いいよ。実は私、明日チリに帰らなくちゃいけなくて、今晩がラストナイトなの」

えっ、そうなんだ……。

「明日、帰っちゃうの？」

「そうなの。だから今晩は盛り上がりましょう」

まじか、あと1週間ぐらいはいると思っていたのに……。バックパッカーの旅には出会いと別れがある。わかっているつもりでも、やはりお別れはさみしい。しかもまだガルシアとの関係を完全に築けていない。蛇拳ダンスを一緒に踊った。一緒に瞑想に行った。タコ野郎と飲みながらガルシアを取り合った。でも、何も確信めいたものがない。ガルシアのハートをわし摑みしている手ごたえがまるでなかった。

「よし、今夜こそ決めるぜ！」

その夜、ガルシアと待ち合わせし、屋上から星空が見える海沿いのシーフードレストランに行った。

「素敵なお店ね。ロマンティックだわ。ありがとう、いいお店を見つけてくれて」

「今日はガルシアがインドにいられる最終日だからね」

「ふふ。ありがとう」

一瞬の沈黙。

「星、綺麗だね」

「うん。綺麗だね」

俺たちは無言のまま夜空を見上げた。波音が素敵なBGMを奏でている。時折吹いてくる夜風が気持ちいい。俺たちは食事をし、お酒を飲んだ。ガルシアは最終日だからか、お酒のペースが少し早い。

自分で言うのも何だが、かなりいいムードだ。

「インドに3ヶ月いたけど、今日が最終日か。あー帰りたくない！」

「えー、3ヶ月もいたんだ。インド、最高だもんな」

「うん。インド最高！　最後の夜だからスペシャルな思い出を作りたいわ」

ん？　何だ？　何だ何だ？　スペシャルな思い出って？　それって、もしかして……

「うーーん。なんか盛り上がりたい」

「例えば？」

「踊りたいなー。私、踊りたくなっちゃった」

そういえば、俺たちの出会いもダンスパーティー。チリ人のガルシアは陽気なラテン美女。サルサのノリ。タンゴのノリ。ランバダのノリだ。

「俺たちが出会ったイタリアンレストランに行ってみる？　あそこなら遅くからダンスパーティーやってるかもよ。このお酒飲んだら行こうぜ！」

2人で目の前のお酒を一気に飲み干した。そして、月夜に照らされた海辺に隣接した崖の上の道を歩き、イタリアンレストランに向かった。レストランを覗くと、まばらだがダンスフロアで踊っている人がいる。ガルシアはインドダンスミュージックを聞き、店の外で軽くステップを踏み出した。

「ガルシア、行こうぜ！」

「イエーイ！」

2人は小走りでダンスフロアになだれ込んだ。そして、向き合ってダンスを始めた。ガルシアは自分の世界に入り込み、セクシーにダンスを踊る。ガルシアにつられ、俺も激しくステップを踏んだ。

若い美女と46歳のバツイチおじさん。チリ人と日本人。そんな違和感はダンスの力で見事に吹き飛ばされていた。

ガルシアと目があった。ガルシアはニコリと笑った。そして、強い目で俺を見つめた。俺もガルシアを見つめ返す。

「ガルシア、今夜をスペシャルな夜にしようぜ！」

音楽に身を委ね、甘美なガルシアのダンスの世界に心が酔いしれそうになった。

その時、彼女の視線が一瞬、俺から離れた。

えっ、うそだろ……。

ものすごーく嫌な予感がした。だが、なんとなく予想はついている。

念のため、彼女の視線の先を追ってみると……やはり、あのヒッピー糞タコ野郎だ！

「あの野郎！　今日はガルシアのラストナイトなのに」

タコ野郎はちらりと、俺のほうを見た。俺もタコ野郎を向き、戦闘態勢を整えた。

「お前とも今日が最後だな、タコ野郎！」

すると……次の瞬間、ヒッピー野郎は俺に向かって渾身のタコダンスを始めた。それは、俺たちの第3ラウンドの戦いの火ぶたが切って落とされた合図だ。

カーン！（ゴング音）

「タコ vs 蛇 vs ラテン美女」第3ラウンド

「またか！　糞タコ野郎め！」

俺はそう吐き捨てると、とりあえずヤツを無視することを決めこんだ。すると、タコ野郎は激しくタコダンスを踊りながら近づいてきて、俺とガルシアの間に割って入った。そして、彼女に向かって渾身のタコダンスを踊り始める。

「この展開……。初めてガルシアと出会った時と同じじゃねーかよ」

ガルシアを見ると、ニコニコと笑っている。タコ野郎がさらに激しくタコダンスを踊ると、ガルシアはさらに満面の笑みを浮かべた。やばい、タコ野郎も今日は本気だ！

「やるし〝こ〟ないんだ！」

そう思った瞬間、別の言葉が浮かんできた。

「めんどくせ〜。もう2人でテキトーに踊っとけば？」

俺は蛇拳ダンスを出すのをやめ、ダンスフロアから去り、一人でポツンと椅子に座った。

「ガルシアが俺のことが好きなら、きっとここに来てくれるはず」

俺は少しいじけつつ、冷たいビールを流し込んだ。ダンスフロアを見た。2人は向かい合って踊り続けている。しかし、タコ野郎のタコダンスの陰に隠れ、ガルシアの表情がよく見えない。しばらく観察していると、タコ野郎がガルシアの耳元で何かをしゃべりかけているのに気づいた。きっと口説いているに違いない。ガルシアの顔を見た。

「嬉しそうな顔をしてる……」

完全にドン引きした。傷つくまいと自己防衛機能が働いたのかもしれない。俺はさらにいじけてビールをグビグビと喉の奥に押し込んだ。

10分ほど経つと、ガルシアと糞タコ野郎が俺の席のところにやって来た。

「ごっつ、どうしたの？」

「少し疲れちゃって。1日2回のヨガが結構ハードだからかな」

「ごっつも一緒に踊らないと楽しくないじゃない」

そう言って、ナチュラルに俺の手を握った。ガルシア、君は魔性の女か。

タコと目が合うと、俺の目を見てニヤリと笑い嫌みな表情を見せる。

「あいつ、マジでムカつく」

俺は彼女の手を払い、誘いを断った。心は嫉妬で狂っているが、なぜか気持ちがスーと冷め、怒りの感情さえもがバカバカしく思えてきた。

「宿に戻ろうかな……」

2人の様子を見ると、タコが真剣にガルシアに話しかけ、ガルシアは時折笑っている。

「ところで、タコは何て言って口説いているんだろう？」

ふと素朴な疑問が湧いた。こいつ、どんな口説き文句でガルシアを笑わせているのか。

俺は音楽の隙間を縫い、集中して2人の声を探った。

「全裸」

「カリフォルニア」

ん……？　なんだ？　変な言葉が耳に入る。

こいつ、何を喋ってるんだ？　めっちゃ気になる！　これが日本語だったら、このキーワードをきっかけに話に割って入ることもできるだろう。だが、俺のカタコトの英語力だとトークを展開できる気がしない。

俺は2人の口の動き、表情、仕草を細かく観察した。タコ野郎の口説きがヒートアップしている。ガルシアは？　表情を見ると、少し戸惑っているように思えた。ガルシアと目が合う。気のせいだろうか、俺に何かを求めているように感じた。

彼女はタコに何かを喋りかけ、俺のところにやってきた。そして、タコ野郎に聞こえないよう、ヒソヒソ声で俺に話しかける。

「どうしたの？」

「実は彼にすごく口説かれていて困ってるの」

「なんて言われてるの？」

彼女は両方の眉を真ん中に寄せた。何かを伝えようか迷っている表情だ。

「全裸とカルフォルニアに関係ある？」

「えーー！　どうして？」

「2人の会話が少し耳に入ってきたから」

「うん、関係あるわ」

タコ野郎の顔を見た。タコなのに、かっこつけてビールを飲もうとしている。俺と目が合うと余裕の表情で乾杯のポーズをした。どこまでもイケ好かない野郎だ。

「つまり？」

「彼から夜のビーチに誘われてるの。でね、月を見ながら全裸で泳ごうって」

「……全裸で泳ぐ？」

「うん。彼、カルフォルニア出身なんだけど、カルフォルニアのヒッピーは夜、みんなでお酒やマリファナをやった後、男女で夜の海に行って裸で泳ぐんだって。夜の海は誰もいないし、ロマンティックでとてもクールだよ！って言うの」

「で、ガルシアもそれに誘われたの？」

「そうみたい。どうしよう、ごっつ、どう思う？」

どう思う？って、それは海辺でセックスしようと言われてるんだよ。答えは簡単で、「ごめんなさい！」って断ればいいだけの話じゃん。それ、俺に相談する意図がわからない。

「俺、舐められてるな」

もしかするとガルシアは「行くな！」と止めて欲しいのかもしれない。だが次の瞬間、意外な言葉が自分の口から飛び出した。なぜ、こんな言葉が出てきたのか？　俺自身もびっくりした。

「ガルシア、君はスペシャルな思い出が作りたいと言ったよね」

俺はゆっくりとした静かな口調で彼女に語りかけた。

「もし、スペシャルな思い出を作りたいんだったら彼と一緒に夜のビーチに行ったほうがいいよ。ダンスフロアで踊るなんて、どこの国に行ってもできることだよね」

「……うん」

「インドの夜のビーチで全裸で泳ぐなんて、最高にロマンティックじゃん。なんたって、ここバルカラビーチは南インドで一番美しいビーチだよ」

なんでこんなことを説得力を持たせながら流暢に話し続けているのだろう。本当は「行くな！」と言いたいだけなのに……。リーの時もそうだった。俺は肝心な時に、いつも裏腹なことを言ってしまう。ガルシアは俺の話を真剣すぎるほどの目で聞いていた。

「……そうだね。ごっつの言う通りだわ」

ガルシア、だめだ。行っちゃいけない。

「今夜はインド最後の夜だもんね。私、彼と一緒に夜のビーチに行くわ」

そうか。仕方ないな……。俺はガルシアへの想いがバレないよう、満面の笑顔を作った。

「スペシャルな夜を楽しんでね！　また、いつかどこかで」

すると、ガルシアは驚いたような顔で俺を見つめた。そして、俺の腕にギュっと絡みついた。

彼女の腕は細くて柔らかい。

「何言ってるの？　夜のビーチ、もちろんごっつも一緒に来てくれるよね？」

「え？」

「ごっつも来てよ～。ねぇ、お願い！」

何なんだこのノリは！　これもラテンのノリなのか？　それともただの魔性の女なのか？　少なくとも俺の心はぐらぐらとかき乱されている。

「夜のビーチは素敵なんでしょ？　南インドで一番美しいビーチなんでしょ？」

さっきまでの彼女に抱いていた怒りの感情を処理しきれない。

「ね、行こ！」

彼女は体をさらによせ、俺の腕に強く絡みついた。だが、客観的に俺の姿を見たら、鼻の下がえらく伸びているに違いない。そりゃそうだ、20代の若い美女から腕をギュッと捕まれ、夜のビーチへのお誘いを受けているんだから。彼女の腕の温もりが男の生殖本能をダイレクトに刺激する。少しおっぱいも触っている。その感触が夜のビーチで泳ぐ、全裸のガルシアの姿をより鮮明にイメージさせた。

「うーん。そうだな」

俺はちっぽけなプライドを投げ捨てた。

「おっしゃあ！　行くか！！」

「イエーーーイ！」

タコ野郎の顔を見ると「オーマイガー」のポーズをして俺を見た。俺も「コンニャロー」の気持ちを込め、満面の笑みを浮かべる。奴は俺の目を見て、クシャッとした自然な笑顔を見せた。

深夜1時。俺たち3人は店を出て、夜のビーチへ歩いた。

そして、高い崖を降り、砂浜へと向かった。崖道は急勾配で夜道は危険だ。だが、「夜なのにやたら明るいな」と不思議に思い空を見上げたら、満月、フルムーンだ。

「ワーオー」

「すごい！　幻想的」

「わーー！　ビーチが蒼いわ」

バルカラビーチが南インドで一番美しいビーチと言われる意味がわかった。深夜、海沿いにあるレストランの電気が消え真っ暗になると、星と月の光がビーチにその色を付着させる。その情景にはイギリスのお洒落絵本のような妖艶な幻想さと非現実感がある。まるで不思議の国に迷い込んだアリスのようだ。俺たちは何かに導かれるようにさまよった。そして、ビーチの真ん中に腰を下ろした。3人とも無言だった。

このビーチの美しさを表現する言葉が見つからない。蒼い月の光がアラビア海にうねる大きな波に濃いコバルトブルーの色合いを加える。砂浜には不規則な白い波が大きな音を立て、よせては消える。心地良い風の温度、心に染みる波の音色、一瞬一瞬変わる海の色。それらを表現するために言葉を紡ぐことは意味をなさない。今、この瞬間にここにいる人しかわからない。そんな表現が一番相応しいと思った。俺たちは美しさの意味を理解することをあきらめ、ただそのまま受け入れた。そして、何もしゃべらずぼーっと海を見つめた。まるで瞑想のように。30分くらいその状態が続くと、誰かが立ち上がる砂音が聞こえた。タコ野郎だ。彼はゆっくりと海に向かって歩き、振り向いた。

「おい、日本人！　一緒に泳がないか？」

「全裸で？」

「もちろん」

やはり、こいつアホだ。本当のアホだ。アホすぎる。だが、アホは嫌いじゃない。

「泳ぐか！」

俺とタコ野郎はその場で全裸になった。そして、大きな声で叫びながら海に走って行った。サーフィンで乗れるほどの大きな波は、時に危険なほど大きかった。しかし、俺たちはそのまま海に向かって飛び込んだ。そして、2人で笑いながら泳いだ。夜の海は思ったほど冷たくはない。

思えば奴とはガルシアを取り合った初日、タコ vs 蛇拳ダンスで戦った「日米クネクネしたモノ対決」をした仲だ。だが、ガルシアが帰る最終日に、まさかタコと蛇が同じ夜の海でクネクネと泳ぐとは思ってもみなかった。

2人はゲラゲラと笑いあった。やがて、タコとの間に、奇妙な友情めいたものが芽生え始める。ここまできたら、こいつとは終生のライバル関係なのかもしれない。

ひと泳ぎが終わり、俺たちはガルシアの元に向かって歩いた。2人ともフルちんだ。

「お前、ちんこでけーな！」

「お前、小せーな！」

2人でゲラゲラ笑い、ハイタッチをした。ガルシアのほうを見ると、「こいつらアホや！」って顔で呆れている。やがて、2人は全裸のままガルシアの横に座った。

「寒かった？」

「いや、むしろ温かいくらいだよ」

その後、海を見ながら3人でどうでもいいトークをした。俺とタコ野郎はお互いのダンスをディスり、思いっきり笑った。話がひと盛り上がりすると、また静かになる。そして無言のまま3人は静かに海を眺めた。

だが、俺の興味はもはや幻想的な海にはなかった。俺の興味はただ一点。

「ガルシアは全裸になるのか？」

これに尽きる！　ガルシアが海を見続けている間、俺はそのことばかり考えていた。ちらりとタコ野郎の顔を見た。カッコつけている。ものすごく渋い顔をしている。くだらん。こいつは本当にくだらない。絶対にそのことしか考えてないはずなのに。男の本能がタコと共鳴している。

俺は必死に笑いをこらえた。いや、こいつのことはどうでもいい。そんなことより、いま、ガルシアは、一体どんな表情をしているんだ？　そっちのほうが1000倍気になる。俺はおそるおそるガルシアのほうを見た。

「え？　いない！」

なんとタコに気をとられているうちに、ガルシアが消えてしまったのだ。

「アホは俺だ！　こんなタコ野郎のことより、ずっとガルシアに気を配っとけば良かった」

俺たちに呆れて、何も言わず帰ってしまったのかもしれない。最大の失敗をしてしまった。

その時——

後方から何やら足音が聞こえた。振り返ろうとした瞬間、全裸の女性が俺の目の前を通過し、夜の海に向かって走って行った。

「ガルシアだ！」

ガルシアは俺たちの後ろで服を脱ぎ捨て、全裸になっていた。

満月の夜の海で、全裸で泳ぐ愛しのガルシア。そのあまりにも美しい光景を見て、俺もタコも息をのんだ。2人とも1ミリも動けないほど、そこには圧倒的な光景が繰り広げられていた。ガルシアは海でひと泳ぎすると、全裸で俺たちの元へゆっくり歩いてきた。その姿はブルームーンの月夜に照らされた人魚のようだった。

「こ、これが、南米美女の全裸か。美しい。美しすぎる！」

その乳首は……その陰毛は……これ以上はプライバシーを守るため書けないが、一言で表現すると、完璧すぎるくらいの美しさだった。

この夜のすべてがそうだが、世の中には見た人にしかわからないその瞬間の美しさがある。

やがて、俺たち3人は海に向かって走った。そして、3人で水をかけ合って遊んだ。まるで古い青春映画のようだ。月夜に照らされた水しぶきと人魚のように幻想的に浮かび上がるガルシアは、この世のものとは思えないほど美しかった。

タコ vs 蛇 vs ラテン美女のダンスで始まった奇妙な三角関係。ガルシアとお別れする最終日にこんな素敵な関係になるなんて思いもしなかった。

ひと泳ぎが終わると、俺たちは全裸でビーチに座った。生まれたままの姿で感じる夜の海風はとても心地いい。

ふとガルシアの顔を見た。彼女は何かをふっきたような顔をしている。もしかすると旅する前に別れてしまった恋人への想いなのかもしれない。それほど彼女は清々しい顔をしている。念のためタコ野郎の顔を見た。とてもムラムラしている。1キロ先でもわかるぐらいのムラムラ顔だ。

「こいつ、やっぱりアホだ！」

だが、今の雰囲気はロマンティック。全裸の男女。目の前は夜の海。ここで変なことが起きてもおかしくない。その時……

「キャー！！」

「どうした！　ガルシア？」

ガルシアが両腕で体を抱えしゃがみこんだ。

「ごっつ、助けて！」

何が起きたんだ？　タコ野郎に何かされたのか？

「遠くのほうを見て！　3つの懐中電灯がこっちに向かって近づいて来てる。私、裸なのどうしよう……」

ガルシアは少しパニックになっている。

「大丈夫だよ、ガルシア。安心して。俺が彼らをこのビーチから連れ出すから」

俺は急いで短パンとTシャツを着て、立ち上がり、そして、灯りのある場所へ走って行った。どうやら、3人のインド人が懐中電灯を持ってこちらに近づいて来ているようだ。

「ハイ！　どうしたの？」

「友達を探してる。男4人で海に来たんだけど、1人見つからないんだ」

「大丈夫？　波に巻き込まれてない？」

「それは大丈夫だと思う。海には近づいてないから。君が来た方に誰かいた？」

「俺の友達はいるけど、それらしき人物は見なかったよ。俺らは2時間くらいここにいたから、もし来ていたら懐中電灯の明かりでわかると思う」

「そうか、じゃあ崖の上かなぁ」

「俺、崖の上に戻るけど、一緒に行く？」

「うん。そうするよ。どこの国の人？」

「日本人だよ」

「おーー珍しいな」

こうして、俺はインド人と仲良くなり、一緒に高い崖を登った。そして、ガルシアとの距離を引き離すことに成功した。俺は崖の上からガルシアとタコ野郎がいるビーチを見下ろした。相も変わらず美しい。あそこには全裸のガルシアとタコ野郎が二人っきりで座っている。戻らないと何が起きるかわからない。ガルシアは俺が戻るのを待ってくれているかもしれない。でも……

「もう、あそこには戻らなくてもいいいんじゃないかな」

崖を登りながらそう考えていた。

途中から気づいていたが、ガルシアとタコ野郎はたぶん惹かれ合っている。いつからかどこからかはわからないが、何となくそのことを理解していた。それでも俺は道化を演じた。その事実を認めたくなかったから……。

宿に戻る前、もう一度ガルシアのいる場所を崖の上から眺めた。もちろん彼女の姿は遠すぎて見えない。

ガルシア、ありがとう。ここでお別れだ。

君と一緒にいられて、すごくすごく楽しかったよ。

俺は空を見上げ、改めてフルムーンを見た。あんなに綺麗に見えていた月が、なぜか悲しげに笑っているかのように見えた。

笑顔が可愛い日本人ヨギーニ

インドで始めた朝夜2回のシヴァナンダ・ヨガも10日目になった。一緒に習っていたヨガ仲間は帰国してしまい、気づくと俺が一番古い生徒になっている。南インド・ケララ州の暑さは日に日に増していき、日中は40度を超える日が続く。そんな中でやる天然ホットヨガは、かなりきつい。激しい筋肉痛に加え、脱水症状で足の指に痙攣が起きてしまう。長年、テレビ局の会議室と編集室に籠り、昼夜逆転の不健康な生活をしていた46歳の身体は悲鳴を上げていた。だが、俺は知っている。失恋の傷を癒すには運動で汗を流すのが一番いいということを。

この日も40度を超える猛暑だった。いつものように朝2時間のシヴァナンダ・ヨガを終え、ブランチを食べに海沿いの崖の上にあるコーヒーテンプルに向かっていた。海辺のビーチを見ると今日もまた多くの白人美女たちがビーチに横たわっている。だが、失恋直後の俺には、そんなビーナスたちと仲良くなる元気がない。海辺の方から目をそらし、カフェやレストラン、お土産屋が並ぶ逆サイドを見ながら歩いた。すると、インドに来て初めて若い日本人らしき女性の横顔が目に入る。

「ん？」

俺はドリフのように二度見した。ファッションやメイクも日本人っぽい。しかも……。

「めちゃくちゃ可愛い！」

この感覚、チャリンコですれ違う他校の可愛い娘を見つけた時のあれだ。

俺は歩くのをやめた。

「話しかけようかな。でもな～」

外国人相手だと、別人格になりきれる自分がいるが、日本人が相手だと正直かなり恥ずかしい。ナンパみたいな感じも嫌だ。だが、ここは南インドで最も美しい「恋のビーチ」。気温も灼熱40度。気分は開放的。俺は意を決して話しかけることにした。

「あのー、日本の方ですか？　インドに来て初めて見る日本人っぽい感じだったので」

「あ、はい。そうです。日本人です。南インドって本当に日本人いないですよね～」

彼女の名はるりちゃん（仮名）27歳。長崎県出身でオーストラリアの大学を卒業した、笑顔がチャーミングな小柄な女の子だ。

「あの、座ってお話してもいいですか？」

「どうぞどうぞ。私もぼーっと海を見ていたとこなので」

「どうも」を2回言うのは童貞の証だが、「どうぞ」を2回言うのは気が回る証。おかげで気まずさが一気に吹き飛んだ。

「一人旅ですか？」

「はい。私、今ヨガの先生をやっていて、インドにヨガの勉強しに来たんです」

「えー！　そうなんですか？　実は俺も今、宿の屋上でヨガを習ってるんです」

「へー、そうなんですね。どうですか？　先生」

「いや、俺、初心者なんで先生が良いかどうかなんて全くわからないんですけど」

俺とるりちゃんはヨガの話で盛り上がった。向こうにとって、初心者のおじさんがヨガをやるに当たり、どんなポイントをどういう風に感じるかが気になるらしい。

「そこって誰でも参加できるんですか？」

「うん。宿に泊まっている人は無料で、一般だと200ルピー（340円）だと思う」

「一回行ってみようかな～」

「おいでよ！　仲よかった人がみんな帰ってしまって寂しいんだ」

俺はるりちゃんと連絡先を交換し、明朝8時に一緒にヨガをやる約束をした。テンションがマイナス100％からプラス100％まで心の針が振り切れるのを感じた。我ながら単純な自分が嫌になる。

翌朝7時50分、俺はヨガマットの上で柔軟をしていた。まだ、るりちゃんの姿は見えない。

嫌な予感が頭をよぎる。

7時57分。インド人のヨガの先生アンジュが来た。るりちゃんの姿はない。

「もしかして……来ない？」

考えてみれば、元々はただの興味でヨガの話をしていたのを、俺が強引に誘っただけだ。

8時のヨガの開始時間。アンジュが口を開いた。

「そろそろ始めようか」

その時だった。

「ごめんなさーい。宿の場所が全然わからなくって」

時間ちょうどにるりちゃんが到着した。ヨガ衣装に着替えた姿が可愛い。

「(小声で) ちょうど今から始まるとこだよ」

彼女は目線で頷くと、素早くマイマットを引き、その上で瞑想を始めた。慣れた様子だ。レッスンは15分の瞑想から始まる。瞑想が終わると簡単な柔軟とストレッチにも似たポーズで筋肉をほぐす。その後、太陽礼拝という10個のポーズをゆっくりとする。ヨガ初心者の俺にとってはどのポーズも難しく、完璧なポーズは今の所一つも出来ない。ヨガは日常生活でほとんど使わない筋肉を使う。しかも、同じ筋肉に長時間負担をかけないので、痛めることが少ない。特に鍛えるのは体幹で、体の幹となる筋肉を鍛えることで、片足で立っても倒れにくいバランスのいい筋肉をつけることが出来る。先生のアンジュのお手本を見よう見まねで体を動かした。

「ごっつ、ゆっくり息を吐いて。ヨガは息が重要。息を吐くと体の力が抜けるから」

次のポーズは「ヘッドスタンド」。頭を地面につけ、手や腕を使って逆立ちをするポーズだ。もちろん、今の俺には到底無理。アンジュはまだ、そこまで到達していない俺には「ショルダースタンド」と呼ばれる肩や上背部で地面を支えて逆立ちをするポーズを薦めた。体をプルプル言わせながらそのポーズに挑戦したが、何度挑戦してもコケてしまう。俺は一息つくためヨガマットの上に座り込んだ。そして、何気なくるりちゃんのほうを見た。

「美しい……」

俺は一瞬で心を奪われた。るりちゃんは完璧すぎるほどの美しいヘッドスタンドをしていた。アンジュは「もう彼女には何も教えることはない」という様子で見ている。それもそのはず、いつも練習で見ているアンジュよりもさらに美しいポーズなのだ。

その後、るりちゃんと2人でブランチを食べにコーヒーテンプルに行った。

「どうだった？」

「うん。アンジュ先生、シヴァナンダのポーズにオリジナルを少し入れて組み立てているようね。私もインドにいる間にオリジナルのポーズを考えなくちゃいけないんだけど、行き詰まっていて」

俺はるりちゃんに興味を持つようになっていた。そして、シンプルなモチベーションが心の中に生まれていた。

また会いたい……。

「夕方にもう一回ヨガのレッスンあるけど来る？」

「うーーん。どうしよっかなー。やめときます。なんとなくわかったし。あれだったら自分でもできるかな」

「……そっか。確かにるりちゃん、アンジュより上手いもんね」

「そんなことないですよー」

やんわり断られた。ダメか。いや、もう少し粘ろう。あきらめたらそこで試合終了ですよ、だ。

「じゃあ、晩ごはんでもどう？」

「どうしよっかなー」

「採れたての魚を料理してくれる店、発見したんだ」

「えー美味しそう～。行きたい！」

「オッケー、じゃあ7時30分にコーヒーテンプルの前に集合ね」

再び会う約束を取り付け、俺はるりちゃんと別れた。

「よっしゃーーおし！」

夜ヨガが終わると、入念にシャワーを浴びた。服は痩せて見えるよう黒のTシャツを選んだ。バックパッカーだから3枚しかTシャツを持ってないけど、これがベスト。気合を入れすぎぬよう力を抜いた感じで。力を抜くためには息を吐く。アンジュから教わった力の抜き方を思い出した。

5分前にコーヒーテンプルに到着すると、すでにるりちゃんが笑顔で手を振っていた。性格の良さが笑顔の奥から滲み出ている。とてもキュートだ。

「あのー、ごっつさん。紹介したい人がいるんですけど……」

「え？」

よく見ると、るりちゃんの隣には1人の男性が立っている。るりちゃんに釘付けになっていたので、全然気づかなかった。誰だこいつ！

「たかしくん（仮名）。日本人です。一昨日ここで出会って、私の宿を紹介したんです」

「あ、どうも。初めまして、たかしです」

あちゃー。友達も来たんだ。しかも20代でなかなかのハンサムじゃねーか。

「魚が食べられるレストランの話をしたら、一緒に来たいと言うんで連れてきちゃいました。大丈夫でした？」

「もちろん。みんなとワイワイやるほうが楽しいに決まってるじゃん！　インドで出会った旅人はみんな友達だよ」

そういうしか、ないよねーー。

3人でテーブルにつき、食事をオーダーしながら簡単な自己紹介を始めた。

「え、たかしくん、太鼓叩いてんの？」

「はい。インドの古典楽器にタブラってのがあって、それをインドで練習してます」

「ヘェ～、かっこいいね。いや、楽器やってる男はモテるよ。ねー、るりちゃん」

「うん。楽器やってる人ってかっこいいです」

んー、そうだよねー。昔から音楽やってる男ってモテるよねー。

「お！　魚が来た。食べよう食べよう」

それから南インドで採れる美味しい魚を堪能した。そして、ワイワイと盛り上がった。

しかもたかしくん、話せば話すほどめちゃくちゃ良い奴じゃねーか。

「じゃあ私たち帰りまーす。ごっつさん、今日はありがとうございました！」

「ごっつさん、本当にありがとうございました。楽しかったです」

2人は最近の若者には珍しく礼儀正しいお辞儀をし、お別れを言った。俺は2人を見送り、1人で夜道を歩いた。夜風は気持ち良いが、なんとなくの敗北感が頬にザラつく。

「傷は浅い。大丈夫大丈夫」

南インドで最も美しいと言われるバルカラビーチ。ここにはいろんな恋物語がある。きっと若い2人にもそんな恋が始まっているんだろう。

翌日から俺はさらにヨガに打ち込んだ。こういう時は反復練習。息を吐きながら力を抜いて。

俺はもう完全にヨガにハマっていた。今、俺の友達はヨガの先生アンジュだけだ。

数日が経った。40度を超える猛暑は続いている。筋肉痛はピークに達していたが、今の俺にはこの疲れが心地いい。朝ヨガが終わりベッドで体を休め、夕方になると夜ヨガの準備を始める。この暑さの中、ヨガをやる生徒はついに俺1人だけになっていた。

宿に戻り、ベッドの上でゴロンと横たわった。久しぶりののんびりとした時間だ。ふとスマホを見ると、メッセージが入っている。誰だろう？

メッセージを開いてみた。るりちゃんだ！　でも一体、何だろう？　まだこのビーチにいるのかな？　それにしても急にどうしたんだろう？

「ごはん食べました？　チベタンキッチン行きません？」

俺は慌てて身支度をし、そのレストランに向かった。

2階に上がるとるりちゃんが神妙な笑顔で手を振っている。

「すみません。急に呼び出しちゃって」

「いや、大丈夫だよ。まだここにいたんだね」

「はい。でも、もう出ちゃうんですけど」

「あ、……そうなんだ。でも、どうしたの急に。なんかあった？」

るりちゃんの顔から笑顔が消えた。そして、思い悩んだ顔で俺を見つめる。

「ごっつさん。ちょっと相談に乗ってもらってもいいですか？　この間、紹介したたかしくんって覚えてます？」

もちろん覚えている。ナイスガイの恋敵だ。

「実は……告白されちゃったんです。結婚してくれって」

「えーー！　もうそんな関係まで行ってたの？」

「いや、付き合ってもないですし、まだ出会って数日しか経ってないです」

「あ、そうだよね。この間から数日しか経ってない」

「で、困ってるんです」

小中高と男女共学。女友達はかなり多い方だ。こういう相談は人生で何度も受けてきた。こんな時は一旦気持ちを全部吐き出させてあげるのが一番。

「詳しく聞かせて」

「一緒にバルカラビーチの隣にあるビーチに夕日を見に行ったんです。そしたら、急に結婚して宮崎に住もうって。私、長崎出身なのに」

そう言って、るりちゃんは表情を歪ませ下を向いた。少し目が潤んでいるようにも見える。

「で、OKしたの？」

「まさか。出会ったばっかりですよ。無理です。ってちゃんとお断りしたんです」

「そうなんだ。じゃあ悩むことないじゃん」

「そうなんですけど。同じゲストハウスで毎日会うから、気まずくって」

「……確かに」

「でも、逃げるように出ちゃうと、なんだか悪い気がして。で、ずーーと誰にも言えなくて一人で悩んでたんです」

「うんうん。そっか」

「でも、今喋ってスッキリしました。ごっつさん、ありがとうございます」

そう言うと、少し晴れやかな表情に変わった。それから、一緒にチベット料理のモモを口にする。日本の餃子に味が近くて旨い。その後、恋愛と少し離れた話題をふると、彼女から笑顔がこぼれ始めた。

「これからどうするの？」

「私、シヴァナンダ・ヨガのアシュラムに入ろうと思ってます。朝5時から夜10時までずっとヨガをやり続けるつもりです」

「えーー！　そんな場所があるんだ。どこにあるの？」

「ケララ州にトリヴァントラムって街があって、ここから電車で2〜3時間のとこなんですけど、そこからまたバスに乗って1時間くらいの山奥にニアダムって村があって、そこに南インドで一番大きなシヴァナンダ・ヨガの総本山的な場所があるんです。そこで鍛え直してきます」

「鍛え直すって。もう、あれだけ上手いのに」

「ごっつさんもどうですか？　一緒に行きません？　もっともっと鍛えられますよ」

え？　一緒に行きません？　行きません？　行きません？（リフレイン）

「少し考えてみる」

「気が向けば、ですけど」

「ただ俺、今、雑誌の連載を持っていて、そろそろ締め切りなんだ。そこ、パソコン開けるような場所じゃないよね？」

「たぶん、ネットとかないと思いますよ」

「そっか」

「お仕事があるんですね。じゃあ、私、先に行ってきます。気が向いたら来てくださいね」

「了解！」

そう言って、るりちゃんとお別れした。翌日、るりちゃんは宿を引き払い、シヴァナンダ・ヨガ・アシュラムに旅立って行った。

俺は連載を書きながら、るりちゃんへ想いを馳せた。今、どハマりしているシヴァナンダ・ヨガ。

しかも、その最高峰のアシュラム。そこには笑顔が可愛いるりちゃんがいる。

「行かない理由がない！」

失恋の痛手を忘れ去るのは「心身を鍛える」こと、そして「新しい出会い」だ。ガルシアに対する失恋の痛みは、この瞬間、完全に消え去った。

俺はパソコンの電源を落とし、秒速で荷物をまとめ、軽やかな足取りでるりちゃんを追いかけた。新たな恋が始まる予感をビンビンと感じていた。

恋のヨガアシュラム

20キロのバックパックを背負い、電車に飛び乗り南へ向かった。トリヴァンドラム駅に到着すると、相も変わらずたくさんのリキシャドライバーが寄ってくる。

彼らをかき分け、インド特有の偽情報を精査しながらローカルバスステーションを見つけ、山奥にあるニアダムという村のシヴァナンダ・アシュラムを目指す。小さな村をいくつも越えると、もうそこはインドの山奥だ。昭和ヒーローアニメ『レインボーマン』の「インドの山奥で〜」という主題歌を思い出した。ニアダムの無人のバス停に降り立つと、日は暮れかかっていた。バス停から数分歩くと大きな森に到達する。そこは鬱蒼とした深緑に覆われていて、沈黙を保つ圧倒的な大自然が薄ら怖い。道案内の看板を発見すると国立自然公園と書いてあり、その一角にヨガ・アシュラムと記されている。

グォオオオオ〜

肉食動物の鳴き声が聞こえてきた。もう一度看板を見ると、この自然公園にはライオンがいると書いてある。どんなとこなんだよ、ここ……。

「るりちゃんのヨガへの想いは本物だ。こんなとこに女の子1人で来るなんて……」

それからオフラインでも使える地図アプリを頼りに山道を20分近く歩く。すると、香港映画の『少林寺』の修行寺を想起させる門と階段を発見した。

看板には「シヴァナンダ・アシュラム」と書いてある。修行場は階段の上にあるようだ。今一度気合を入れ直し、道場破りの気分でアシュラムの門を叩いた。

階段を上がると受付があり、ヨガで使用する衣類以外、財布やパスポートを含めたすべての荷物が預けられる。金額は食事やヨガ、宿代のすべて含め1泊700ルピー（1208円）。日本のヨガスタジオに比べたらずいぶん安い。黄色いパステルカラーのTシャツを着たスタッフから2週間分のスケジュールの説明を受けた。朝5時30分から夜10時までずーっとヨガ漬けの生活。バルカラビーチでアンジュに教わっていた1日4時間のヨガでもヘトヘトだったのに、何なんだ？　この生活は……。

スタッフに男子宿泊所へと案内され、蚊帳付きの簡易ベッドに荷物を置くと、るりちゃんを探しに敷地内を散策した。しかし、いくら探してもるりちゃんの姿は見当たらない。おかしい。こんな狭い場所なのに……。

「俺、もしかして間違った場所に来ちゃった？」

るりちゃんがいなければ、ここはただのストイックすぎるヨガ道場。そう考えると、もはや不安と恐怖しかなかった。

緑に覆われた敷地内を歩いていると、大きな寺の講堂のような建物から人生で一度も聞いたことのない音階を使用した「奇妙な歌声」が聞こえてきた。カルト教を思わせる呪文のような音楽が奏でられている。おそるおそる建物の中を覗いてみると、屋内は真っ暗闇で、その一角で火が焚かれていた。何かの儀式が行なわれているようだ。顔を白くペイントした30代くらいの男が半裸で腰に白い布を巻き、床に描かれた魔法陣のような記号の前で祈禱をしている。周りにはパステルカラーのTシャツを着た40人ほどの白人男女と、宗教衣装を着たインド人らしき10人の男性がその横で鎮座し祈禱を行っていた。

「何だここは……」

立っているのが俺1人だったため目立たないよう音を立てずに中に入り、地べたに腰を下ろした。儀式は後半くらいに差し掛かっているようで、全体が静かな盛り上がりを見せている。半裸の男が呪文のようなものを唱え、火に何かをくべた。すると、火は大きな炎に変わり、インドの古典楽器シタールで奏でられた音楽が響き渡った。その音楽に合わせ、周りにいる西洋人が歌を唄い始める。大合唱だ。手元に英語とヒンドゥー語で書かれた歌詞カードが回って来た。周りを見ると大部分の白人がその歌詞カードを見ながら歌っている。俺も見よう見まねで歌ってみたが、少し音階がズレていたようで、何人かの白人がこちらを見てクスリと笑った。俺は慎重に音階に耳を傾け、何となくその特徴を摑むと、正確な音色を意識しながらその呪文を歌った。

笑顔のるりちゃんを探しに来たのに、なんで俺は奇妙な儀式に参加しているのだろう？　何回も自分自身をツッコんだ。気づけば1時間は経過している。最後に集団で一番偉そうな60代くらいの白人男性が英語で何やら講釈のようなものを垂れる。そして、講釈が終わると「オンナマシバーヤ」と言い、全員が一斉に目を閉じて瞑想を始めた。俺も一緒に目を閉じ、瞑想をする。瞑想は1時間ほど続き、終わりの合図が出されると、今度はまた歌を唄い始めた。パンフレットに書かれていた歌詞を読み解くと、どうやらヒンドゥー教の神様や、破壊と創造の神シヴァにお祈りを捧げる歌らしい。10曲ぐらいの歌が終わった後、最後にシヴァへのお祈りを捧げ解散となった。

参加者の中でるりちゃんはいないか探してみたが、見当たらない。男子合宿所に戻り、スマホでメッセージを送ろうと思ったが、Ｗi-Ｆiのシグナルがない。

「本当にアシュラムを間違えたのかもしれない……」

俺は途方に暮れた。それから、やたら俺に興味を持って話しかけてくる、体重が１００キロ近くある太っちょのインド人にＷi-Ｆiが使えるエリアを尋ねた。

「インターネットは1日1時間ぐらいだけ使えるけど、使ってる人はほとんどいないよ。ヨガ・アシュラム来ているのにネットする意味ないじゃん」

「そっか……。確かにそうかもね。ちなみに、明日の予定ってどうなってる？」

「朝5時半に起床して、サイレントウォーキングで数キロ先の湖に行くよ」

「朝早いな」

「お前、ここは修行場だぞ。気合い入れろよな」

「そうだね。悪い悪い」

「夜10時が消灯の時間だ。もう寝るぞ。お前、寝坊すんなよな！」

あれこれ考えても仕方ない。一旦寝よう。俺は目を瞑った。

ぷーーん。蚊の音だ。しかも、やたら多い。殺生禁止のルールがあるのかわからないが、誰も蚊取り線香を炊いていない。どこかに穴が空いているのか、セッティングに失敗したのか、蚊帳の中に蚊が紛れ込んできた。何なんだよ、もう！　まぁ仕方ない。これも運の流れだ。流れに身を任せ、もう少しヨガの奥の世界を見てみよう。こんな太っちょインド人にだってやれているんだから大丈夫。そう自分に言い聞かせ眠りについた。

翌朝5時。起床の合図で電灯がついた。俺は眠い目をこすりながらなんとか起き上がった。どこに行って良いかわからないので、昨日の太っちょを探したが、奴はまだ寝ている。

「おーい、朝だよ。起きる時間だよ」

太っちょは無視して寝続けている。何度も話しかけるとびっくりした顔で目を開け、俺を見た。

「俺、今日行かない」

「え？　だってお前、昨日俺に『気合い入れろ』って言ってたじゃん」

「体調が悪い」

「嘘つけ、眠いだけだろ？」

「このアシュラムは強制をしないんだ。休むことはヨガでも大切なんだ」

どこの世界にも落ちこぼれはいる。どちらかというと俺もそちら側の人間だ。夏休みの宿題はいつも最終日。気持ちはわかる。彼と一緒に行くことに見切りをつけ、素早くヨガ着に着替えると、人の流れる方向へ付いて行った。皆サイレントウォーキングの集合場所に向かっているようだ。集合場所のアシュラムの入り口には20人くらいの白人がたむろしていた。80％が20代の西洋人女性でスッピンだが綺麗な子が多い。やはり西洋でもヨガは人気なようだ。すると、その中に混じって見覚えのある顔があった。

「るりちゃんだ！」

俺は心の中でそう叫び、喜びの感情が爆発するのを抑えた。ヨガ着に着替えたるりちゃんは他のどの白人美女よりも輝いて見えた。夜明け前の青い光がレトロなフィルム映画で圧倒的な存在感を放つ主演女優として彼女を映し出した。その姿には清純さと光耀く華がある。

「るりちゃ………」

俺は名前を呼ぼうとした。すると、るりちゃんは口元に一本指を立て、「シー」のポーズをして俺を遮った。そうだ、すでにサイレントウォーキングの修行は始まっている。しゃべることは許されないんだ。坊主頭で黄色いTシャツを着た先生から注意事項が言い渡された。

「これから朝の修行です。1時間かけて数キロ先の湖まで歩きます。その際、周りの人と話をしてはいけません。なるべく他の人と目も合わせないで下さい。あと、この辺の野犬は危険です。野犬が近づきそうになったら逃げてください」

その時、一匹の野犬がこちらのほうに走ってきた。俺はギョッとして身構える。

「この犬だけは大丈夫です」

皆がドッと笑った。

「この犬はアシュラムで飼っている犬で名前はシャンティと言います。シャンティとはヒンドゥー語で『心の平安』を意味します。この犬がみんなを他の野犬から守ってくれるので安心してください」

るりちゃんの顔を見た。すでに修行モードに入っているらしく、全然目を合わせてくれない。むしろ、こちらが目を合わせるのを拒んでいるようにも感じる。

サイレントウォーキングが始まった。先生は足早に一定の速度で歩き、皆、置いて行かれないよう小走りに近い速度で付いて行く。誰にも目を合わさず黙々と歩く人々が少し異様にも見えた。道は急勾配が激しい山道で、普段東京でそんなに歩かなかった俺には付いて行くのがやっとだ。そして、1時間ほど歩くと森の緑に覆われた美しい湖に到着した。

「ここが目的地です。これから夜明けの太陽が見えるまで、各自瞑想をして下さい」

参加者は湖に到着すると、慣れた様子で自分のお気に入りの場所に行き、瞑想を始めた。シャンティはお座りをし、皆の様子を眺めている。

俺は湖の水際に一番近い場所を陣取った。大自然の湖のほとりで聞こえるのは、鳥の鳴き声や犬の吠える声ぐらい。車や街のノイズなど人間社会の発する音は聞こえない。静けさのなか1時間ほど瞑想を試みるも最初のほうは雑念が消えず、たった5分が2時間にも3時間にも感じる。しかし、瞑想にもだいぶ慣れてくると、なんとなくリラックス出来るようになってきた。そして、ふと「深い沼に片足を突っ込んだような感覚」に陥る。そのまましばらく瞑想を続けると、目を閉じた瞼の向こうが少し明るくなったように思えた。次の瞬間、目の中で煌く後光のようなまばゆさを知覚する。瞼をそっと開けると、眩しい光が眼に差し込んで来た。しばらく経つとそれが湖から昇る朝日だと認識する。「美しい……」無意識に心の中でつぶやいた。大自然のエネルギーに完全に心を持って行かれてしまったようだ。るりちゃんを探し、視線を送ると彼女は正しい姿勢で目を瞑り、真剣に瞑想を続けている。朝の光に照らされたその姿は一段と美しく輝いて見えた。

「みなさん、瞑想はいかがでしたか。瞑想は一つの場所に視座できればいいんです。ボーっと朝日を眺めていても構いません。自分自身とゆっくり向き合えればいいんです。しかし、みなさんはまだ完璧な瞑想ができていません。このヨガプログラムを通じて瞑想をする準備段階まで持っていければ、それは一つの成果と捉えていいでしょう」

なるほど、俺がやったのは瞑想ではなく「瞑想するための準備」だったのか。奥が深い。

朝日が昇るまで湖で瞑想

「では、ここで一旦解散します。7時30分から朝のティータイムがあります。それまでには帰って来てください」

それから湖に残って瞑想を続ける人と立ち上がって帰る準備をする人に分かれた。

よし、やっと自由行動ができる。るりちゃんと一緒に帰りたい。

バルカラビーチで恋の相談を受けてから、るりちゃんとは一度も話をしていない。

俺は彼女の元へ駆け寄った。「るりちゃん……」

すると、るりちゃんはまたしても口元に一本指を立て、「シー」のポーズをとる。

そして、俺と目を合わせずに一人で来た道を戻って行った。一瞬、呆然とした。密かに感じていながらも心の奥にひた隠しにしていた感情が湧いてくる。

「もしかして避けられてる?」

思えば、「ごっつさんも一緒にどうです?」という誘い文句を間に受け、ここまでやってきた。しかし、よくよく考えてみたら、本当に話の流れで、単なるノリで誘われただけかもしれない。

るりちゃんが、もし単なるノリで誘っただけだったら。

「俺、ちょっと怖い人かも……」

タイのチェンマイで出会ったゆみさんを追いかけた時と全く一緒のパターンだ。ちなみに、今までこの旅で出会ったすべての女性にフラれている。

一人湖畔に立ち、登りきった太陽を見つめた。南インドの太陽は火傷しそうなほど大きくて、絶望

の表情を浮かべた俺に向かって手を叩きながら大爆笑しているように見えた。その時、

「ねぇ君、どこの国の人?」

超美人の20代後半くらいの白人女性が俺に話しかけてきた。

「え、日本人だけど」

「へぇー、珍しいね。日本人か。私、サワ。南フランスから来たの。よろしく!」

「あ、よろしく。ごっつです」

「ごっつー、面白い名前~」

彼女は「ごっつーごっつー」と言いながらケラケラと笑った。湖にはサワと数人の白人女性しか残ってない。

「ねぇごっつ、暑くない? ちょっと湖で泳ごぅよ」

「え? ここで? 俺、水着持って来てないよ」

「水着? 私もないわよ。でも、どうせこの後、ヨガで汗びしょびしょになるし」

「でも、帰り道が寒いよきっと」

サワは「しまった」という表情を浮かべ顔をしかめた。この娘、少しアホかもしれない。

「じゃあ脱いじゃえばいいか!」

そういうと、Tシャツをおもむろに脱ぎ、ブラジャーになった。ついつい白い胸の谷間に目が行ってしまう。首筋と鎖骨にある茶色のホクロが白い肌に浮かび上がっている。

そして、短パンも脱ぎ捨てパンティ姿になった。

「ごっつ、泳ごう！」

そう言って湖に飛び込んだ。サワは呆気にとられている俺を見て、湖の中から大声で叫ぶ。

「ごっつも早くおいでよ～」

俺は瞬時に脳みそをフル回転させた。るりちゃんはここにいない。るりちゃんは俺になぜか素っ気ない。目の前には下着姿で華麗に泳ぐサワがいる。そして、サワが俺の名を呼んでいる。先ほどの瞑想で消え去ったはずの煩悩が一瞬にして俺の中に生まれた。

「オッケー今行く！」

俺は上半身裸になり、湖に飛び込んだ。

「ごっつ、イイねー最高！」

湖で立ち泳ぎをしながらサワと目が合い2人して笑い合う。すると、他の白人女性たちが俺たちのとこへやって来た。

「えー、泳いでんのー？　クレイジー！」

そういうと数人の20代前半とおぼしき白人女性も下着姿になり、湖に飛び込んだ。

「やばい。なんだここは。アシュラムってのはハーレムなのか……？」

それから、46歳のおじさんと数人の白人女性たちで、湖を泳ぎ回った。楽しかった。とにかく、そこには楽しさしかなかった。るりちゃんに冷たくされたことも忘れ、俺はハーレムタイムに身をゆだねた。

南インドケララ州ニヤルダム村にあるシヴァナンダヨガアシュラム。

ただの修行の場だと思っていたら、こんな楽しい出会いもある。

「もしかして、ここは恋のアシュラムかもしれない」

さっきまで俺を見て大爆笑していた太陽が、ニヤニヤしながら俺を見つめていた。

天真爛漫な南フランスの美女vs清楚で可愛い日本美人

湖から上がり、半裸のままアシュラムまでの道のりをサワと談笑しながら歩いた。びしょ濡れのTシャツから透ける下着と水気を含んだサワの髪に少しドキっとする。

「ねぇ、ごっつ。ごっつって名前、どんな意味があるの？」

「意味はないんだけどね。俺の日本の本名は『りゅういちろう　ごとう』っていうの」

「うーちろーごとー」

「りゅういちろう　ごとー」

「うーちろー」

「りゅういちろう。難しいでしょ？　だからイングリッシュネームをごっつにしたんだよ」

「うーちろ　うーちろ　ごとー　ごとー」

「うん、ゴトーの発音はあってるよ」

「オッケー、これからごっつのことをゴトーて呼ぶね！」

サワはそういうと顔をくしゃっとさせ、満面の笑みを浮かべた。アシュラムに戻るとサワと別れ、溜まり場である中庭に向かうと、朝のティータイムはすでに始まっていた。ヨガの生徒でシェフをやっている〝のっぽのフランス人〟が美味しそうな熱々のミルクティーを入れてくれた。どうやら「カルマヨガ」と呼ばれるボランティア修行の一環らしい。集まっている30人くらいの集団を見回してみると、白人グループから離れ、るりちゃんが一人でポツりとミルクティーを飲んでいた。ドキドキと胸が高鳴る。しかし、るりちゃんに避けられている可能性もある。

自然体を装って話しかけてみよう。ナチュラルにナチュラルに。

「るりちゃん！　アシュラムに辿り着いたよ〜」

「あー、ごっつさん、よく来ましたね。いつ来たんですか？」

おっ！　良かった。いつものるりちゃんだ。

「昨日の夜に着いて、るりちゃんを探したけど見当たらなかったんだよ」

「昨日は疲れちゃって早く寝ちゃったんです」

るりちゃんは自然な感じで俺と話をしてくれたが、その自然さが逆にお友達感を強調しているようにも感じる。

「アシュラム生活はどう？」

「すごく楽しくて、充実してます」

「へぇー。きつくない？」

「いや、まだ大丈夫です。夜はぐっすり眠れるんで」

「いいね。昨夜、蚊帳のセッティングに失敗しちゃって、蚊と悪戦苦闘したよ。今日この後のスケジュールってどうなるの？」

「8時から朝のレッスンが2時間ありますよ。あ、もう5分前だ用意しないと！」

そう言うとるりちゃんは急いでティーカップを片付け、一礼すると足早に去っていってしまった。

残された俺は、残ったミルクティーを一気に飲み干した。

朝8時、初めてのヨガレッスンが始まった。コースは二つあり、初心者用の基礎クラスと上級者クラス。ヨガ初心者の俺は、迷わず基礎クラスを選んだ。当然そこにヨガ上級者のるりちゃんの姿はない。湖で一緒に泳いだサワの姿も見当たらない。

基礎クラスでは20人くらいの生徒が床に両手を広げて寝そべっていた。これはシャバアサナと呼ばれるポーズで、体だけでなく心の底からリラックスすることが目的である。急いでヨガマットを引き、俺も寝そべって天井を見上げた。前日からの緊張がほぐれたせいか、深く呼吸している途中でスーと眠りに落ちてしまった。しばらくすると、ゆっくりと落ち着いた先生の声が聞こえ、ふと目が覚めた。

「これからヨガプログラムを始めます。今日、初めての方は誰ですか？」

手を挙げると、俺の他に3人の白人女性が手を挙げた。

「午前中は柔をメインとしたプログラムになります。それから太陽礼拝と呼ばれる10個のポーズを丁寧にゆっくりとやっていきます。みなさんは一つ一つの動きを正確に確認しながらやっていってください」

朝のヨガトレーニングでは、ヴァラカルビーチのアンジュ先生のもとで受けたレッスンよりも、繊細で正確なポーズが求められた。少しでも違うとサブの先生がやってきて、丁寧にポーズや息の仕方を教えてくれる。2時間の指導が終わるとTシャツがびしょびしょに濡れていた。

男子寮に戻ると急いでシャワーを浴び、Tシャツとパンツを洗い、外にある洗濯縄に干した。Tシャツと短パンは3枚しか持ってきてないため、一回のヨガが終わるとすぐに干さなければならない。洗濯が終わると、急いで10時半から始まるブランチに向かった。食堂と併用しているヨガのレッスン場に行くと長細いゴザが3列ほど引かれていて、そこに50人ぐらいの生徒が正座やあぐらの体制で座っていた。大勢の白人が椅子ではなく床に直座りしている姿が、もの珍しく面白く感じる。遠くの方に背筋を伸ばして美しい姿勢で座っているるりちゃんを見つけた。だが、彼女はゴザの中央部分に座っていて、両隣にはすでに他の人が陣取っている。俺自身もどこにどうやって座っていいのかわからずキョロキョロとしていた。

シヴァナンダヨガアシュラムの昼食

「ゴトー、ごはん初めて？」

またもや南フランスの美女サワが話しかけてきた。

「うん。すごいねー、運動部の合宿みたい」

「ゴトー、座ろう。食事を配り始めてるよ」

俺はサワの隣に座った。ステンレスの皿にバケツで運ばれてきたカレーとイドゥリと呼ばれる米と豆で作られた蒸しパンが配膳される。ここでの食事は全てベジタブル。南インドの野菜は強い太陽の日差しを浴びているため、他の地域に比べて美味しくパワーもつくという。

「サワ、めちゃくちゃ美味しいね」

「ゴトー、シー！」

そうだ。初日に受けた説明で食事中もおしゃべりは禁止と教えられていた。周りを見渡すと、目を瞑り、五感を研ぎ澄ませて味を嚙みしめている人もいる。もちろんスプーンもフォークもない。俺は覚えたてのインド式「右手で食べるメソッド」を使いカレーを平らげた。サワもるりちゃんも上手に右手を使いカレーを食べている。流石2人とも本格的なヨギーニだ。

「ミスターゴトー、ミスターゴトー」

食事が終わるとスタッフから名前を呼ばれた。これからお昼までの1時間「カルマヨガ」と呼ばれるボランティア活動の役割を決めなければならない。カルマとは古代インドの思想で因果応報のこと。カルマヨガとはヒンドゥー教で「人間の生き方」を意味する。俺は男子トイレ掃除担当を選んだ。修行をするのにトイレ掃除はベストだ。トイレ掃除が終わるとすぐにお昼のプライベートレッスンが始まった。ここでは先生がマンツーマンでポーズを手取り足とり教えてくれる。ヨガ部屋に行くと、そこにいる大部分の人がヘッドスタンドを練習していた。かつてバルカラビーチのヨガ教室で、るりちゃんが完璧なポーズを見せてくれたあれだ。だがそこにるりちゃんの姿はなく、黙々と練習しているサワを見つけた。

「おー、ゴトーも来たんだ。ヘッドスタンドの練習をするの？」

「いや、俺はまだそのレベルに達してないから。見よう見まねでゼロから練習するつもり」

「おー、ゴトー、偉いね～」

褒められた。ありがとうサワ。でも、本当はるりちゃんに褒められたかった。同じ敷地内にいても、るりちゃんとの距離が、埋まる気配がない。

「ゴトー、お願いがあるんだけど、私のヘッドスタンドをスマホで撮ってくれない？　今、どのくらいできているか確かめたいの」

カメラを向けると、サワは体をぷるぷる震わせながらヘッドスタンドを始めた。惜しい。あと少しで成功しそうだ。何度も何度も挑戦するサワに、イギリス人女性の先生が細かいアドバイスをしながら補助をしてポーズを整える。

「はぁーはぁーはぁー。どうだった？」

「あと少し。頑張ればすぐだよ」

サワはにこりと笑った。逆立ちをしていたので透き通った白い肌の顔がピンク色に染まりとてもキュートだ。あれ、なんだかサワとの距離がどんどん縮まっている気がする……。

プライベートレッスンが終わるとすぐにヨガ哲学の授業だ。サワは女子寮に戻って少し昼寝をするらしい。俺はその足で授業に向かった。すると、るりちゃんが綺麗な姿勢で体育座りをし、授業を受けていた。俺はドキドキしながらるりちゃんの隣に座った。緊張が胸の奥を支配する。

女の子の隣に座ってドキドキするなんて、高校以来だな……。

るりちゃんは俺を見てニコリと笑うと、すぐに前を見て真剣な表情で授業に集中した。

真面目に勉強する横顔もまたキュートだ。

今日の授業のテーマはヒンドゥー教。先生は70歳近いグルと呼ばれる導師で、その風貌はボロボロの宗教着に50～60センチはある真っ白い髭をたくわえている。「この方がインドの山奥で千年修行した仙人です」と言われても誰も疑わないような独特のオーラを漂わせていた。授業は英語で行われるのだが、かなり癖の強いインド訛りなうえに初めて聞くヨガやヒンドゥー教の専門用語が多く理解するのがかなり難しい。始めの5分でちんぷんかんぷんになった。

「(小声で)るりちゃん、聞き取れる?」

「いや、かなり訛りも強いし厳しいです」

「だよねー」

「でも、かなり勉強になることを教えて下さっていますよ」

そう言うとまた真剣な眼差しで授業に集中した。講義の途中、昨夜少し話をした60歳くらいのダンディーなイギリス人男性が立ち上がり、席を外そうとした。彼はこのアシュラムにもう3ヶ月間いるらしい。アメリカやイギリスの学校は自由な校風で、授業が面白くないと立ち上がって退出するようなシーンを青春映画で見たことがある。

「おい！　そこのお前。何を立ち上がってるんだ」

「少し部屋に帰って休もうと思って」

「ふざけるな！」

グルは張本勲ばりの大きな声で激昂し、喝を入れた。

「一生懸命講義してるのに失礼だろ！」

「好きなときに休んでも良いって聞いてるけど」

「あー、いつでも帰って良いぞ。だが、立ち上がって席を外すなら、なんか大切なものがあるだろう！　挨拶だよ。年上の私の講義を途中退室するなら一言あってもいいだろう。お前には敬意ってものがないのか！」

「……はい、では席を外します」

「敬意が足りない！」

「すみません。席を外させてもらいます」

「よし、良いだろう。行け！」

おー！　グルの感覚、昔の日本人と一緒だ。イギリス人相手に全く媚びてないし、白人コンプレックスなんて、欠片もない。

なんか…なんか…すげーーかっこいい！

俺はいつの間にか、このヒンドゥー教のグルを尊敬するようになっていた。ヨガ哲学の授業が終わると、すぐに夜ヨガの実技授業だ。その足で移動し、2回目の基礎クラスを受けた。夜のヨガは朝よりも多少ポーズの数が増えるが、基本的には太陽礼拝の10個のポーズを丁寧に行い、プラナヤマと呼ばれる呼吸法をきっちりと練習するという点においては、朝と同じだ。繰り返し同じことをすることにより、日々の自分自身の違いを観察する。そういう側面においてはヨガと瞑想は似ている。ここでも滝のような汗が出て、Tシャツがびっちょりと濡れた。急いでシャワーを浴び、洗濯物を干し、食堂に向かうと、すでに食事が始まっていた。夜もベジタブルカレー。ここでの1日2回の食事は毎日ベジタブルカレーらしい。だけど、カレーの種類が朝とは違っていてこれも美味しかった。食事が終わり、お皿を洗うと夜の瞑想までの間、1時間ほど休憩がある。慌ただしくハードな一日だったせいか、1時間の休憩が天国のように感じる。

アシュラムの夜はやはり気温が40度近いが、山の上にあるため風通しがよく、バルカラビーチに比べると少し涼しい。俺はみんなの溜まり場となっている、100人近くがヨガをする大きなレッスン広場に向かった。するとそこに、1人でボーっとしているるりちゃんがいた。

横にはアシュラムの守り神、心の平穏を意味する「シャンティー」が両手両足を広げ寝そべっている。

「るりちゃん、ここ涼しいね～」

「床が冷たくて気持ちいいですよね」

るりちゃんはヨガに集中している時とは一変して、ものすごく穏やかで優しい表情に変わっていた。

「どうでした？　1日過ごして」

「くたくただよ。これからこの生活がしばらく続くんだね。気が重いよ」

「ふふふ。すぐに慣れちゃいますよ」

おーーるりちゃんが笑った。バルカラビーチ以来の笑顔だ。そうだ。そうなんだ。俺はこの笑顔を見たくてここに来たんだ。

「女子寮はどう？」

「結構、みんな下着姿でうろうろしてますよ」

「おーーイイーねー」

「やらしいこと考えてるでしょ。ここで煩悩はダメですよ」

「ははは。確かに。あ、カルマヨガは何やってる？　俺は男子寮のトイレ掃除の担当になったよ」

「えーそうなんですか？　私も女子寮のトイレ掃除担当ですよ」

「奇遇だね～」

植村花菜が歌った『トイレの神様』が頭に浮かんだ。

♪トイレーには〜　それはそれはキレイな〜
女神様がいるんやで〜　（作詞：植村花菜・山田ひろし　2010年）

いた。ここにいた。女神様みたいなべっぴんがいた。そうか！　女神様はるりちゃんだったのか！　カルマとは因果応報のこと。良い行いをすれば良い結果がもたらされる。カルマヨガの効果が即効で現れたようだ。

それから1時間ほど、るりちゃんと他愛のない会話で盛り上がった。初恋のときの、放課後の教室で好きな娘と喋るような、綿菓子みたいなふわふわとした甘い匂いがした。その後、2人で夜の瞑想に行き、2時間の瞑想が終わると、ヒンドゥーの神様に捧げる歌を10曲ほど歌った。

「ごっつさん、おやすみなさい。明日も頑張りましょう！」

「うん、頑張ろう！　おやすみ〜」

夜10時。消灯の時間となり、るりちゃんは女子寮に帰って行った。夜空を見上げると満天の星が輝いている。

「るりちゃん。俺、頑張る」

年甲斐もなく夜空にそう誓い、眠りについた。

翌朝5時30分、朝の瞑想を行う。るりちゃんを見つけ、目で挨拶をすると、ニコリと笑ってくれた。

朝ヨガを終え、ブランチを食べ、カルマヨガであるトイレ掃除を行う。今日は昨日より気合いを入れ便器をピカピカに磨きあげる。太っちょインド人はあまりにも楽しそうにトイレ掃除をする俺に、インド人特有の小刻みに首を横に振る理解不能のポーズをした。

その後、お昼のプライベートレッスンまでに少し時間が余ったので、溜まり場である大広間で休んだ。大の字になって寝転ぶと、ひんやりとした床がとても気持ちがいい。俺は目を瞑った。

「何もかもが充実している」

るりちゃんと同じ空間で同じ空気を吸い、同じものを食べる。煩悩はこの空間で研ぎ澄まされシンプルな恋心に昇華しつつあった。俺は今この瞬間に感謝し、目を瞑ったまま空気を吸い込んだ。ふと目を開けると、サワが俺の隣にちょこんと座っていた。

「おー！　びっくりした。いつからいたの？」

「今来たの。ねぇ、ゴトー、この後少し時間がある？」

「え、うん。プライベートレッスンまで、30分ほど時間があるよ。どうしたの？」

「この後、2人でアシュラム抜け出して泳がない？　暑すぎるから体を冷やしたいの。アシュラムのすぐ下の湖で泳ごうよ」

「えー、泳ぐ？　いいのかな？」

「大丈夫よ。少しぐらい。ねぇーゴトー。行こうよー、少しだけ、ね！」

そう言って俺にウィンクをした。とてもキュートなウィンクだ。

「ゴトー。お願い！」

そう言うと、サワはニコリと微笑んだ。彼女の底抜けで天使爛漫な笑顔は、いつも俺の心をポカポカにしてくれる。うーん。どうしよう。でも、るりちゃんに悪いしなー。いや、ちょっと泳ぐくらい、いいか。るりちゃんとは付き合ってるわけでもないし、カルマヨガも終わったし、あと30分ほど時間あるし。カルマとは因果応報のこと。もしかすると、さっき便器をピカピカに磨き上げたからトイレの神様が俺にご褒美をくれたのかもしれない。しかも、こんな美女からのお願いだ。ここで断ると男がすたる。

「よし！　行くか！！」

「ナーーイス！」

俺とサワは外出届けを出し、アシュラムを抜け出した。みんなが真面目にヨガ合宿をしていると思うと、少し背徳感を覚える。いや、それはるりちゃんへの罪悪感なのかもしれない。だが、その背徳感と罪悪感が、より一層俺を興奮させた。何より、南フランスの美女と二人っきりで湖を泳ぐ。しかも金髪の白人美女。ここではご法度のはずの煩悩が、ひょこっと顔を出し始めていた。

俺の脳内iTunesには久しぶりにフランス映画『エマニエル夫人』のテーマがかかった。

♪ *Mélodie d'amour chante le cœur d'Emmanuelle - Qui bat cœur à corps perdu*

＜エマニエルの心に歌いかけた愛のメロディーは迷える肉体をときめかす＞

ああ、何とも甘美な歌だ。やはりフランス美女といえばこの曲しかない。サワ、どんな格好で泳ぐのかな？　水着？　下着？　それとも全裸？　南フランスの女性はトップレスで泳いだりするのかな？　気づくと俺の頭は煩悩でいっぱいになっていた。

ジジジジ（ノイズ音）

突然、変な雑音が頭の中に響いた。脳内iTunesがシャフルを起こしたのか？

今度は『トイレの神様』がかかった。

♪トイレーには～　それはそれはキレイな～　女神様がいるんやで～

あ、るりちゃんの歌だ。一体、俺の脳内で何が起きてるんだ？

ここに来て、またるりちゃんへの罪悪感が徐々に大きくなっていく。心が急激に乱れ、俺は混乱した。

「天真爛漫な南フランスの美女と清楚で可愛い日本美人、俺はどっちを選べばいいのだろう？」

脳内iTunesでは、『エマニエル夫人』のテーマと『トイレの神様』が1小節ずつ交互に流れ続けている。どうやら俺の脳内コンピューターが完全に故障してしまったようだ。

煩悩を取り除き、心身を整えるヨガ。心を沈めて無心になるための瞑想。しかし、ヨガ漬けの日々

も まだ序盤だというのに、俺は今までにないくらい心が乱れ、煩悩に取り憑かれてしまった。果たして、水着か？　下着か？　全裸か？　俺の煩悩が、この3択クイズの答えを今か今かと待ち構えている。もういい！　なるようになれ！

「恋の女神、出てこいや！」（プロレスラー髙田延彦風）

黒い悪魔の形をした煩悩が、俺の体から蒸気のように吹き出していた。

アシュラムから少しだけ山を降り、舗装されていない緑の中の小道を抜けると、緑の木々に覆われた青い湖に到着した。

「ここでサワと2人で泳ぐのか」

俺の中の煩悩はやらしい音を立てながら急速回転を始めている。湖の水はとても澄んでいて綺麗だ。あたりには誰もいなく、洗濯をしているインド人の姿もない。俺とサワは完全に二人っきりだ。

「ゴトー、水着持って来たの？」

「うん。このパンツ、水着なんだ」

「あ、そうなんだ。じゃあ、私も着替えるね」

後ろでゴソゴソという音が聞こえる。今振り向くと、サワはちょうど全裸なのだろう。

「オッケーだよー」

振り向くと、サワは真っ白の体に淡いブルーのビキニ姿になっていた。青い瞳とビキニが見事にマッチしている。胸は小ぶりだがきれいな形だ。彼女の全身を一瞬で捉えたが、恥ずかしくてすぐに目をそらした。

「泳ぐか」

俺はTシャツを脱ぎ捨てた。少し出た中年のお腹が恥ずかしい。サワは湖にダイブした。綺麗な飛び込みのフォームだ。俺も負けじと飛び込んだ。

「気持ちいいねー」「最高～」

サワは顔を上げ、平泳ぎからクロールに変えた。俺も負けじと、顔上げクロールに変えた。そのまま3分ほど泳ぎ続けたその時、ある問題が発生した。

「サワ、いつまで泳ぐんだ」

水深は意外に深く、足がつくような浅瀬ではない。

「ゴトー、沖まで行こう！」

サワはクロールで岸辺から離れた湖の中央にどんどん泳いで行く。俺の水を掻く腕はかなり重い。どうしよう……。ここで、やめたらダサいよな。でも、ここはプールじゃないしなぁ。数年前、友達の結婚式でハワイに行った時、沖でサーフィンをしていたら体力が切れ、1キロほど流されたことがある。あの時はサーフボードがあったから助かったが、今回は何もない。溺れたら死ぬ。脳裏に恐怖が突き刺さった。

「オッケー、今行くー」

俺はクロールで沖に向かうサワのほうに近づいて行った。だが、数メートル泳いだところで、もう腕が上がらないのに気づいた。

「やばい、ガチで溺れる……」

俺は慌てて方向転換し、サワと反対方向の岸のほうに戻って行った。浅瀬の足がつく場所に到着すると、息がぜぇぜぇしてなかなか止まらない。岸に登ろうとすると、足が鉛のように重く、何度もコケそうになった。

「ひとり？」

振り向くと、水着姿のインド人カップルが話しかけてきた。彼らもアシュラムから抜け出してここに泳ぎに来たとのこと。

「いや、友達の女の子があそこで泳いでるよ」

「君は泳がないの？」

「さっきまで一緒に泳いでたんだけど疲れて戻ってきちゃった」

「だめだよ、女の子1人にしちゃあ」

「体力の限界なんだ」

「だせーなー。男は女よりたくましくなきゃだめだよ。なぁ」

男は彼女に向かって言った。彼女は俺を気遣うように笑う。その後、カップルは湖に飛び込み、サワと3人で沖のほうで楽しそうにはしゃいだ。俺はその姿を、ただただ見つめる。正確には、見つめるしかなかった。自分の怠惰な体を本気で恥じた。

「ゴトー、どうして途中で帰っちゃったの？」

「ごめん、体力がなくて。ちょっと待て、マジで溺れるぞ！　と思って引き返した」

「ゴトー、死ぬとこだったんだ」

サワは大笑いをした。嗚呼サワ、君はなんて優しいんだ。そうやって笑いに変えてくれると救われた気持ちになる。

「ゴトー、キュート」

え？　キュート？　キュートってカワイイってこと？　こんなおっさんが？

サワは俺を見てニコニコしていた。自分の顔が熱っていくのがわかる。その時、先ほどのカップルの彼女が神妙な顔をして、話に割り込んできた。なんだよ、イイとこだったのに。

「ねぇ、今そこで看板を見つけたんだけど、この湖、人食いワニが出るらしいよ」

「人食いワニ？」

「危険だから泳ぐなって」

「え？　サワ、知ってた？」

「ううん、知らない」

「何年か前に人を襲って事故が起きたみたい」

一瞬、静寂が流れた。

湖の入り口に戻ると、鬱蒼と生い茂る南国の木々の前に、そっと掲げられた看板があった。
〈注意：この湖にはワニがいて危険なため、泳ぐことは禁止されてます。何かあってもアシュラムは一切の責任を取りません〉

「サワ、君も命がけで泳いでたみたいだね」

「みたいね。ゴトーといっしょ、命がけねー」

サワはまたクスクスと笑った。俺は顔をひきつらせながら笑った。

アシュラムに戻ると、るりちゃんがヨガ哲学の授業を相変わらず真剣に聞いていた。俺はさりげなくるりちゃんの隣に座る。

「どこ行ってたんです？」

「フランス人に誘われて、下の湖で泳いでた」

「えーー、あの湖、大っきなワニが出るんですよ」

「うん、さっき知った」

「ごっつさん、バカですね〜」

るりちゃんはクスクスと笑った。

「やっぱ、可愛いな〜」

るりちゃんとサワ、どちらも素敵すぎる美女だ。2人とも性格も顔も申し分ない。だが、アシュラムを出るまでに、俺はどちらかを選ばなければならない。そんなことできるのか？　いや待てよ。俺が選ぶ前に、向こうが俺を選ばない可能性もまぁまぁある。

ここはヨガ・アシュラム。心を沈めて無心になるため瞑想をする場所であり、ヨガを通じて煩悩を取り除き、心身を整える修行の場。恋愛は禁止。セックスも当然禁止。規約にもそう明記されている。だが、俺の心は今、１００％「恋」という煩悩に犯されていた。

このままでは全てがダメになる。

俺は何らか方法を見つけ、この煩悩と戦わなければならなかった。

ヨガアシュラム卒業　恋の行方は？

「アシュラムにいるのにヨガが下手なままではダサい。うまくなって上級者クラスに行こう！」

そう心に決めると、より真剣にヨガに打ち込んだ。朝5時30分に始まる瞑想から夜10時までびっちりと詰まったスケジュールをキッチリとこなす。汗をかけば自ずと答えが見えてくるはずだ。そう信じ、頑張った。バルカラビーチでのヨガを加えると、開始からすでに25日が経つ。あれから1日も休まず続けている。朝昼晩のヨガクラスに加え、空いている時間に柔軟運動を始めた。数日間それを続けると体がみるみる柔らかくなった。

「いける！」

すぐに結果が出るのは楽しかった。そうやって小さな目標を持つと、さらに集中することが出来た。体が柔らかくなると、太陽礼拝10個のポーズが納得のいく形でできるようになっていく。俺は午後だけ基礎クラスから上級者クラスに移った。上級者クラスはスピードが速く、運動量も多い。だが、それはバスケの練習に似ていて、容易に適応することが出来た。空き時間の会話も変わった。るりちゃんやサワとヨガの深い話をするようになった。それによって、自分が思っていた以上に2人は、ヨガと真剣に向き合っていることがわかった。そう気づくと、ヨガを恋愛目的でやることが、2人だけでなく、ここにいる全ての人たちに失礼だと感じるようになった。高校時代のバスケを思い出した。あの頃、神聖なる体育館のバスケットコートに、汚れたシューズで入ってくる奴が許せなかった。きっと、ヨガアシュラムも同じだ。俺は、ここに宿る魂に敬意を払い、真摯にレッスンに取り組むことを心に決めた。さらに1週間が過ぎると、ずっとできなかったヘッドスタンドにもトライしたくなる。それから、休み時間をヘッドスタンドの練習に当てることにした。るりちゃんもサワも練習に協力してくれて、いろいろと教えてくれた。毎日毎日、空いている時間はヘッドスタンドの練習をした。それから数日後、ついにその日が訪れる。

「ごっつさん、いいですよ。そのままそのまま、綺麗な形で立ってますよ」

「本当?」

「おめでとうございます」

ヘッドスタンドを成功させるには、体を柔らかくしてから立ち上がるのがコツだった。もちろん、協力してくれた周りのみんなのおかげだ。俺にとって、ヨガの先生よりも、日本語で丁寧に教えてくれたるりちゃんの適切なアドバイスが大きかった。

　この瞬間、なんとなくアシュラムでの目標が達成できたかのように感じた。

　翌朝。ティータイムでお茶を飲んでいると、サワが俺に話しかけてきた。

「ゴトー、アシュラムの後、どうするの？」

「いや、決めてないよ」

「ねぇ、一緒にゴアに行かない？」

「ゴアってあのヒッピーが集まるので有名なビーチ？」

「うん。私、踊りたくなっちゃった」

　二人っきりでビーチ。なんとも甘い誘惑だ。

「いつ行くの？」

「決めてないけど、明後日とかはどう？」

「急だねー。ちょっと考えるよ」

　翌日はアシュラムの休日で、るりちゃんともう1人の友達と3人で街に買い物に行く約束をしてい

初めて成功したヘッドスタンド

た。休日の朝、3人でリキシャに乗り込んだ。ぎゅうぎゅう詰めの後方席でるりちゃんは俺の隣に座った。街への道は悪く、かなりガタガタ揺れる。その時だった。

俺の左ひじに、るりちゃんのおっぱいが当たった。

その時、瞑想や修行でずっと押さえ込んでいた俺の煩悩が再びけたたましい雄叫びをあげる。

「るりちゃんの、おっぱーーーい！」(ジローラモ風)

るりちゃんの横顔を見た。

「やっぱり、めちゃくちゃ、君、可愛うぃぃぃーいねー！」(藤森慎吾風)

その後、一緒にトリバンドラムの街でインドの衣装屋に行き、男性が履く「ルンギ」という巻きスカートを買ったり、るりちゃんはインドのお弁当箱を買ったり、楽しくショッピングをし、晩ごはんを食べてからアシュラムに戻った。

夜の9時過ぎ、俺とるりちゃんはアシュラムの溜まり場に座り、水を飲みながらたわいもない会話をしていた。

「アシュラムを出た後はどうするの？」

「私、コヴァーラムビーチに行こうかなと思ってるんです」

「そうなんだ。カンニヤークマリって知ってる？」

「岬のほうでしたっけ？」

「うん。ここから3～4時間くらいのところにあるインド最南端の都市で、ヒンドゥー教の聖地なんだよね。ヒンドゥー教徒が朝日を見ながら沐浴をする場所らしいよ」

「ガンジス川みたいな場所なんですね」

「うん。南インドのバラナシ的な場所らしい。俺、そこに行きたいんだけど、良かったら一緒に行かない？　その後、一緒にコヴァーラムビーチに行こう」

「えー、カンニヤークマリかー。興味はありますね……うん。いいですよ　行きましょう。カンニヤークマリ」

俺は爆発しそうな感情を抑えて涼しい顔でこう言った。

「じゃあ、そっちのめどがついたら教えて」

おっしゃーー！　よし、俺はもう迷わない。るりちゃんに決めた。

誘ってくれたサワには本当に申し訳ないけど、もう優柔不断おじさんはアシュラムとともに卒業だ。

これからるりちゃんと2人でしばしのバケーションが始まる。

脳内iTunesに1996年に木村拓哉と山口智子が主演した恋愛ドラマ『ロングバケーション』の主題歌『LA・LA・LA LOVE SONG』が流れた。

♪まわれ まわれ メリーゴーラウンド
もう決して止まらないように
動き出したメロディ

LA・LA・LA・LA・LOVE SONG （歌詞：久保田利伸　1996年）

不思議なもので、ここアシュラムでヨガの道を邁進すると、るりちゃんへの一本道が見えてきた。るりちゃんとサワ、2人の女性の間で揺れ動き、一時はおっぱいにも浸食され煩悩まみれになってしまった。だが、ヨガを真剣に取り組むことを通じ一つだけ確かなことがわかった。

それは、るりちゃんへの一途な想いだった。

翌日、サワには丁重に断りを入れ、旅支度を始めた。アシュラムを旅立つ前夜、俺の胸はドキドキと高鳴っていた。こんな気持ち、本当に初デートのとき以来だ。それは純粋なる恋心に他ならなかった。

アシュラムに預けていたお金やパスポートを受け取り、るりちゃんとアシュラムの階段を降りた。1人で来た時はあんなに不安だったこの階段。まさか帰りに愛しのるりちゃんと一緒に降りることになるとは。俺は心の中で小さくガッツポーズしながらお世話になったヨガアシュラムに一礼をした。

「あ、あそこにリキシャがいる。荷物重いからバス停まであれに乗ろうか？」

リキシャのところに行き、俺はドライバーに話しかけた。

「どこに行くの？」

「バス停まで。10ルピーでお願いできる？」

「30ルピー」

「ありえねー」

いつものインドの交渉が始まる。でもこの人はそこまで悪いドライバーではなさそうだ。

「バスでどこまで行く？」

「トリバンドラムまで出て、その後、カンニヤークマリまで行くつもり」

「そうか。今日は暇だからカンニヤークマリまで700ルピーで連れていってあげるよ。悪くないだろ？」

「500」

「うーん。じゃあ、600でいいよ」

ここから南インドの最南端のカンニヤークマリまで約80キロもある。20キロのバックパックを背負い、気温40度の灼熱地獄を歩くのを考えると悪くない選択だ。

「600ルピー（900円）でカンニヤークマリまで行ってくれると言ってるんだけど」

「ごっつさん、それは安いです。それで行きましょう」

こんな感じで、るりちゃんとのなんとも甘酸っぱい3時間半のリキシャ二人旅が始まった。アシュラムではなかなか会えなかったるりちゃん。今は手を伸ばせばいつでも手が届く距離にいる。

それにしても隣に座るるりちゃんの横顔、可愛いすぎる。

「わー、ジュラシックパークみたい！」

最南端に位置するカンニヤークマリに近づいた頃には、木々の葉っぱが大きくなり、街並みもカラフルな建物に変わってきた。潮風の匂いが漂っている。もう海が近い。

カンニヤークマリの街に到着すると、20キロを超えるバックパックを担いで歩き始めた。

るりちゃんも大きなバックパックを背負っている。

「暑すぎて死ぬ～」

「これはヤバイですね」

「そう考えるとアシュラムは山の上だったから涼しかったな」

気温は余裕で40度を超えている。昼間の強すぎる日差しの中、少し歩いただけで滝のような汗が吹き出る。とりあえず、2人で安宿を探すことにした。あまり良い宿にこだわっていると暑さで死んでしまいそうだ。少し歩くと、海辺から少し離れたところに1泊600ルピーの宿を見つけた。

「すみません、今晩泊まれます？」

「2人一緒の部屋がいいの？」

宿主からの問いに、俺は即答できない。るりちゃんは沈黙を貫いている。俺は彼女に気づかれないよう、浅く静かに呼吸をした。

るりちゃん、もしかして。

この沈黙は「おまかせ」ってこと？

「アッコにおまかせ」ならぬ、「ごっつにおまかせ」ってこと？　で、あれば……

「別々の部屋でお願いします。ただし、隣の部屋ね」

俺は、男らしく隣り合わせの部屋を申し出た。隣同士でも充分だ。いや充分すぎる。

部屋に荷物を置き、冷たいシャワーを浴びた後、2人で街を散歩することにした。

カンニヤークマリはコモリン岬にある南インド最南端に位置し、アラビア海、インド洋、そしてベンガル湾という三つの海が交わる極めて特異な地理を持つ海辺の街。南インド最大のヒンドゥー教の聖地ということもあり、街全体に巡礼者が溢れかえっていた。金持ちのインド人から物乞いまでいろんな人種がごった煮状態でいる。そこには、様々な建築様式のヒンドゥー寺院があり、建築的視点で観光しても面白い街だ。出店も多く、宗教ビジネスも発達している。

「ごっつさん、船に乗りません？　浮島があって、有名なヒンドゥーの宗教家のヴィヴェーカーナンダさんのお墓があるんです。瞑想する場所としても有名らしいですよ」

「へぇー。行ってみよう」

港に着くと一艘の小船があった。2人でそれに乗り込み、ヴィヴェーカーナンダの墓に向かうことにした。海はかなりの荒波で港湾内なのに船はかなり揺れている。

俺は船に飛び乗ると、るりちゃんを手招きした。船上は手すりに捕まらないと立てないくらいの揺れで、かなり不安定だ。

「ひゃー、怖い！」

るりちゃんがそう叫ぶと、俺はさりげなく手を差し出した。しかし、彼女は自力で船に飛び乗る。

「まぁ、先は長い……」

　俺は差し出した手を、気づかれないようそっと元に戻した。

　そのまま船はヴィヴェーカーナンダの墓のある小島に向かった。沖合は、かなり激しい荒波にもかかわらず多くのヒンドゥー教徒もその島を目指している。しばらくすると小島に到着し、船を降りた。

「暑い、ですね……」

「うん、暑すぎる……」

　時刻は13時を少し過ぎたくらい。一番暑い時間帯だ。強烈な光を発する太陽は俺たちを燦々と照らしつけた。日差しが痛く、体感温度は45度を超えている。

「とりあえずお墓のある建物に行って、日陰に入ろう」

　2人はヴィヴェーカーナンダの墓がある寺院の方へ歩き出した。しかし、寺院近くの石畳を通過する直前に守衛に止められた。

「ここから先に入るなら靴を脱いで裸足になりなさい」

　どうやら靴を履いてヒンドゥー寺院に入るのは厳禁らしい。それだけ神聖な場所ということだ。しかし、直射日光を浴びた石畳は燃え盛る鉄板の上くらい熱い。裸足の2人は仔鹿のように飛び跳ねながら何とか寺院のある建物へ到着した。その時、とんでもないミスに気づいた。

「あ！　やばい。水持ってくるの忘れた」

「え！　……私もです」

辺りを見渡しても、売店らしきお店は一軒も見つからない。そりゃそうだ。ここは聖なるヒンドゥー寺院の境内。

「まぁまぁ、何とかなるでしょ！」

その後、俺たちは小島にある観光地を回り、写真を撮りまくったりして、一緒にはしゃいだ。

強烈すぎる太陽の下、調子に乗って動き回った2人は汗びっしょりになってしまった。

「あれ。やばい。ふらふらする」

「大丈夫ですか？」

「そう言うるりちゃんも、疲れてます！　って顔してるよ」

「喉カラカラです」

「とりあえず、隣の島のティルヴァッルヴァル巨像がある岩に行こう。あっちに水が売っているかもしれないし」

2人はまた裸足で仔鹿のように飛び跳ねながら境内を出て、小船で荒波を超え、タミル文学の詩人であるティルヴァッルヴァル巨像のある岩へ向かった。

「お水〜お水〜どこに売っていますか〜」

「あれ、ヤバい。目の前に蚊みたいのが沢山現れてきた」

脱水症状のせいなのか、足が時折痙攣し目がチカチカしてきた。これは結構なピンチだ。

「ごっつさん、見てください！　子供がアイスクリーム食べてる！」

「本当だ！」

駆け足でインド人の子供の元へ駆け寄った。

「それ、どこで買ったの？」

「あっちの売店で売ってるよ」

「ありがとう！　行ってみよう」

駆け足でそれらしき建物へ向かった。

「あった！　アイスクリームも売ってる」

「本当ですか？　アイスクリーム、食べたい！」

2人は1リットルの水を各々買い、一気飲みした。そして、俺はイチゴ味、るりちゃんはバナナ味のアイスクリームを注文した。

「冷たくておいし～い」

「生き返る～。このアイスクリーム、人生で一番美味しいかもです」

こうして、ある意味命がけのヒンドゥー教の聖地巡礼が終わり、カンニヤークマリの街に無事生還した。2人でピンチから脱出したせいか、なんだかその距離感がぐっと縮まったように感じた。

「ごっつさん、私、お花買いたいです。ジャスミンの白い花、ヒンドゥー教徒の女性が髪につけてるんですけど、すごく可愛いんです

タミル文学の詩人ティルヴァッルヴァルの巨像

よ」

　るりちゃんは海岸近くのヒンドゥー寺院のおみやげ屋さんと上手に交渉し、白いジャスミンの花でできた髪飾りを買った。

「ごっつさん、髪にお花を飾り付けるの手伝ってもらっていいですか？」

「え？　いいよ。もちろん」

　るりちゃんは鮮やかな手さばきで黒髪に白いジャスミンの花を飾った。そして後ろを向き、どう花を飾るかの指示を出した。こんな近い距離でるりちゃんを見るのは初めてだ。サラサラの黒髪はキューティクルでキラキラしている。後ろ姿の無防備なるりちゃんがとても愛しく感じた。

「どうですか？　ごっつさん」

「すごく綺麗だし、よく似合ってるよ」

「ありがとうございます。一度ジャスミンのお花、つけてみたかったんです」

　また2人の距離が縮まったように感じた。

「沐浴見に行かない？」

「行きたーい。りー、楽しみにしてたんです」

　ん！　りー？

「ピーナッツ売ってる〜。りー、もうお腹ペコペコ」

　また、「りー」って言った。

そうか、るりちゃんは自分のことを「りー」って呼ぶのか。アシュラムまではずっと「私」って呼んでいたのに。花飾りをつけてあげてから、俺の前で「りー」って言うようになった。少しは俺に心を許してきたのかな？

これは……

♪もしかしてだけど
もしかしてだけど
それってオイラに……　（©どぶろっく）

それから2人で、インド建国の父マハトマ・ガンジーの遺灰が流された場所としても有名なインド最南端のコモリン岬にある沐浴場に向かった。そこは、アラビア海、インド洋、ベンガル湾の三つの海流がぶつかりあい、不規則でうねりのある大きな波が力強く渦巻いていた。時折、荒波と荒波が衝突し、どデカい白波が立つ。生まれた水しぶきが霧のように立ち上り、太陽の光と混じり合うと何とも不思議で幻想的な風景が生み出された。沖合に聳え立つティルヴァッルヴァル巨像がその宗教性を色濃くさせる。さすが南インドのヒンドゥー教の聖地と呼ばれるだけあり、その風景にはどこか神々しさがあった。岩場の間にある小さな砂浜に、南インド特有のカラフルなサリーを着た女性や巻きスカートのルンギーを履いた男性など、老若男女の溢れんばかりのヒンドゥー教徒たちが沐浴をしている。ある者は一心不乱に神にお祈りを捧げ、またある者は家族と楽しそうに海に浸かっていた。るりちゃんはズボン、俺はルンギーをまくし上げ、水に入った。そして、目を閉じ、神様にお祈りを捧げる。

「るりちゃんとの恋が成就しますように」

「ごっつさん、そんなに長く何をお祈りしてたんですか?」

「秘密」

るりちゃんは首を傾げながらクシャリと笑った。それから2人で夕日を見に行った。

ここカンニヤークマリが神聖な宗教スポットである理由がもう一つある。インドで唯一、昇る朝日と沈む夕日が同じ海で見られるという摩訶不思議なスポットなのだ。

30分ほど歩き、俺たちは海辺の展望台に陣取ることにした。それから他愛のない話をしながら夕日が沈むのを待った。やがて、太陽が段々と海のほうに落ちてきた。空が黄金色にピンクが溶けたような神秘的な色合いに変わっていく。いよいよ日の入りの時間だ。

「太陽が大きーい」

「本当だ。なんでだろう?」

「不思議〜。こんな夕日見るの生まれて初めてかも」

もし俺がヒンドゥー教の創始者でも、「ここに聖地を創ろう」と思っただろう。今まで見たことない大きな太陽はゴッホが描く絵のような独特な味わいがある。2人は沈みゆく太陽を静かにじっと見つめた。ロマンティックとはまた違う、神々しい空気が2人を包んだ。気づくと目に涙が溜まり、溢れ落ちそうになっていた。

「帰ろうか」

「……はい」

宿までの道のりをほとんど会話もせず歩いた。日没後の空は透き通った薄ピンクから紺碧色へとグラデーションを描きながら移行し、まるで宇宙旅行しているような感覚を覚えた。やがて2人の会話は完全になくなり、ただひたすら、黙々と歩いた。宿に到着し、るりちゃんとしばしのお別れをすると、電気もつけずごろりとベッドに横になった。そして、天井を見上げながら、ふとこの旅について思いを馳せる。

「世界一周花嫁探しの旅か。何やってんだろう、俺」

東京から大分の実家へのバイク旅をしている時、博多の屋台で飲んだ、中学高校と同じバスケ部の親友、中道から説教された言葉を思い出した。

「あ？　世界一周花嫁探し？　調子乗るなよ。そんな連載を見た奥さんの気持ちも考えろ」

静かに目を閉じた。宇宙の起源から今に至る時の流れを感じる。

時間は一定方向にランダムなピアノ音を立てながら移ろっていく。

やがて、ピアノの音は消え、静寂に包まれた。

その時、ドアをノックする音が聞こえる。俺はベッドから飛び起き、ドアを開けると、そこには笑顔のるりちゃんが立っていた。

「ごっつさん、お腹空きません？　ごはん行きましょうよ」

「そういえば、朝からほとんど何も食べてないね」

夜の街に繰り出すと、巡礼者たちでごった返していた。まるでお祭りの夜のような喧騒で、どの食べ物屋さんも多くの人で溢れかえっている。

「ごっつさん、屋台で何か買ってお部屋で食べません？　疲れちゃって、あの人ごみの中で食べるパワーないです」

2人でインドの軽食であるサモサやカレードーサなどを買い、宿に戻った。

「るりちゃん、俺の部屋で食べる？　共用スペースないもんね」

「はい。5分後にお部屋に行きます」

俺は脱ぎ捨てられたTシャツやタオルなどをバックパックの中に押し込んだ。

そして、テーブルに買ってきた食べ物を並べた。

またもや中道のあの言葉が頭によぎる。

「あ？　世界一周花嫁探し？　調子乗るなよ」

「うるせー中道！　もう別れたし、捨てられたんだよ、俺は」

気持ちを切り替えるため、部屋でバスケのシュートを打つ動作を正確に再現してみた。そして、両手で両頬をビンタし、気合を入れる。

「今からるりちゃんが部屋に来るんだ。しっかりしろ！」

そうだ、大好きなるりちゃんと部屋で二人っきり。聖なる街の聖なる夜に二人っきり。何があってもおかしくはない。

「コンコン」

ノックの音が聞こえた。

「どうぞー」

ガチャリとドアが空き、るりちゃんが部屋に入ってきた。少し緊張した面持ちをしている。

「わー、ごはん食べる準備してくれてたんですね～」

気まずい雰囲気を打ち消すため、2人ともわざとテンション高めで会話をした。

「椅子がないから、ベッドに座って食べよう」

一瞬、ピリッとした空気が流れる。

「そうですね」

それから2人はベッドの上であぐらをかいて座った。憧れのるりちゃんが俺のベッドの上にいる。

胸はドキドキと高鳴り続けている。

「美味しそうー」

ベッドの上のるりちゃんは、ごはんに夢中だった。むしろ、ごはんのことしか見ていないようだ。そりゃそうだ。今日は移動もして、島巡りをし、日が暮れるまで歩き続けた。しかも、朝からろくな物を食べていない。

そう考えると俺も急にお腹が空いてきた。

「いただきま～す」

俺はサモサ、るりちゃんはカレードーサに食らいついた。

「美味しい～」

あっという間にすべてを平らげた。お腹が収まると、ヨガアシュラムのこと、日本での仕事の話、将来の話などを2時間ほどした。

「ごっつさん、明日の朝、日の出見に行きますよね？」

「もちろん。カンニヤークマリに来て、日の出を見ない手はないでしょう」

「じゃあ、明日も早いので寝ますか。4時半起きですよ」

「そ、そうだね」

「じゃあ、部屋に戻りま～す。おやすみなさ～い」

そう言うとるりちゃんは爽やかな笑顔で部屋に戻って行った。

「せっかくのチャンスだったのにな。う〜ん」

その夜は疲れているのにもかかわらず、なかなか寝付けなかった。

翌朝4時30分。

「ごっつさーん、起きてますかー？　朝ですよ〜」

ドア越しのるりちゃんの声で目が覚めた。嗚呼、なんて幸せなんだ。

「今、起きた！　すぐ用意する〜」

速攻で着替えをした。男は楽でいい。今日は朝日を撮影するため、インドのバンガロールで再購入したカメラを用意した。カニヤークマリの景色は他のインドの街とは違い、ディレクターとして「撮りたい」という欲望を駆り立てる。そして、この神聖な街に溶け込むるりちゃんをどうしてもカメラに収めたかった。

「朝早いのにすごい人ですね」

「お祭り並みの人だね。ここに着いてから一番人がいるかもね」

朝日が出る前のカンニヤークマリの街はものすごい人だかりで、全員が太陽を礼拝する海岸沿いの沐浴場であるガートを目指している。俺たちも人並みに身を任せ、足早に進んだ。

「わー、すごい人！」

ガートから交錯する三つの海を挟み、ヴィヴェーカーナンダの墓とティルヴァッルヴァルの巨像が見えた。ものすごい数のヒンドゥー教徒が、朝日を待ちわびている。すでに海に入り、沐浴を始めている人もかなりいる。巡礼者を目当てにチャイや軽食を売りに来る人、写真を撮ってお金を取る人など、たくましいインドの商売人と敬虔なヒンドゥー教徒のコントラストが面白く感じた。

俺たちは朝日が出るのを温かいチャイを飲みながら待った。そして……

「ごっつさん、朝日です」

「おーー」

御来光だ。金色の太陽が海を照らした。三つの海がちょうど交わる場所は潮が激しくぶつかり、大きな白い波を立てていた。その波しぶきに金色の朝陽が差し込み、眩いばかりの美しい曼荼羅のような世界を創り出す。

ヒンドゥー教徒たちは一斉にお祈りを始めた。波打ち際で沐浴をするカラフルなサリーを着たインドの女性たちは、その景観に完全に溶け込んでいる。

俺は太陽に向かい目を瞑った。ここでは個人的なお祈りはしなかった。ただ目を閉じて太陽の力を感じた。なぜかそうしたかった。

「ごっつさん、そんなに長い時間、何をお祈りしてたんですか?」

「秘密だよーん」

「ふふふ」

可愛い。素敵すぎる笑顔だ。なんて自然な笑い方をするんだろう。るりちゃんの青い洋服と金色の朝の光のコントラストが、彼女を一層可愛く見せた。ふと、王蟲《オーム》の上で黄金の光を浴びながら歩く

『風の谷のナウシカ』のワンシーンを思い出した。

「ひめねえさま、真っ青な異国の服を着ているの。まるで金色の草原を歩いているみたい」

「おお……その者蒼き衣を纏いて金色の野に降りたつべし。古き言い伝えはまことであった」

そうか、るりちゃんは清き心を持つ聖女なんだ。だからあんな自然な笑い方ができるんだ。

その時、るりちゃんに惹かれた理由がわかった。

「るりちゃんの笑顔には一片の曇りもない」

ずっとお笑いに携わる仕事をやってきた。25年間、いつもお笑いのことを考え生活をしてきた。趣味もお笑い番組や舞台の鑑賞。旅の間もずっとTBSの深夜ラジオやオールナイトニッポンをダウンロードして聴いている。俺はお笑いが好きだ。笑っている人を見るのも好きだ。

笑いを職業にしているから気づくこともある。人は社会に出ると笑い方が変わる。媚びた笑いが習慣になっている人もいれば、人の陰の部分だけを見て笑う人もいる。笑い方を忘れてしまった人もいる。子供の頃は誰もが自然な笑顔をしていたのに……

改めてるりちゃんの笑顔を見た。るりちゃんの笑顔は本当にナチュラルだ。そんな彼女の笑顔を見ると胸が締め付けられる。それ以上でも以下でもない。

それが俺の答えだった。

海から登る太陽の光が徐々に強くなり、るりちゃんをより鮮明に映し出した。

「この景色に溶け込んでいる……」

だが、その瞬間、自分の中に別の感情が湧いてきた。

「るりちゃんを笑わせたい」

多分、それはバラエティ番組のディレクターとしての職業病だろう。俺は頭の中を凄まじく回転させる。そして、ある答えが出た。

「あの御来光を背にして、ヨガの太陽礼拝してくる」

「えーー」

よし、ウケた！　るりちゃんが笑った。素敵な笑顔だ。

俺はサンダルで岩場を歩き、三つの海が交わる場所のほうへ歩いた。俺の太陽礼拝を何度も見ているるりちゃんには〝フリ〟が効いている。御来光の中、46歳の不恰好なおじさんが完璧な動きで太陽礼拝をすれば笑うはず。

今までヨガ修行したおじさんの肉体だからこそ取れる笑い。イメージは完璧だ。俺は、笑いを求め、大きな岩を越え、波打ち際に近づいた。その時だった。

空がよじれた。

地球がメリーゴーランドのようにぐるぐると回った。

時の流れを刻むランダムなピアノ音が速いリズムで不旋律を奏でながら悲鳴をあげる。

「？」

何が起きたんだ？

「痛っ！」

突然のことでよくわからなかったが、どうやら岩の上でダイナミックに滑って半回転したようだ。急いで起きあがろうとした。しかし、
ジャッポーン！

大波が岩まで到達し、その水しぶきで全身がビショビショになった。状況が飲み込めない。一瞬パニックに陥る。何度も立ち上がろうとしたが、濡れたサンダルがぬるぬるする岩に滑って立ち上がれない。周りを見回すと、みんなが俺に向かって大きな声を出している。遠くを見ると、かなりの大波が俺の方に迫ってきている。

やばい！　あれに飲み込まれると、沖合まで引っ張り込まれて死ぬ！

焦って立ち上がろうとするが、ぬるぬるの岩場だけでなく、濡れた足裏もサンダルの上を滑り、何度もコケてしまう。正真正銘のピンチだ。

「俺の手に掴まれ！」

インド人2人が俺の元に駆け寄り助けに来てくれた。俺は彼らの手を握りなんとか立ち上がった。そして3人で一目散に走り、波打ち際から離れる。そこに、大波が到達した。

ジャッポーーーン！

あぶねーー
「ありがとう。助かった」

「ノープロブレム。どこから来たの？」

「日本です」

「珍しいな、一緒に写真撮って良い？」

さすがインド人、こんな状況でも写真撮影するんだ。彼らのカメラでセルフィースタイル3ショット写真を撮った。命の恩人と3ショット。ノリが軽くてインド人っぽい。

固い握手を交わすと、彼らにお礼を言い、お別れをした。

「るりちゃ〜ん」

全身がビショビショの状態でるりちゃんの元に戻った。

「えっ!?　ごっつさん、大丈夫ですか？」

「岩が滑って、全然立てなくって、大きな波が来て、とにかく大変だった。見てた？」

「遠くのほうで、ごっつさん急に消えたなーって思ってたんです」

「いやー、失敗しちゃったよ。ははは」

おどけた顔をして笑いを誘う。るりちゃんの顔を見た。ドン引きしてる。むしろ心配している。

「怪我はないですか？」

「たぶん。少し擦りむいたぐらい」

カッコ悪いなぁ。肝心な時なのに……。

「ごっつさん、カメラ……」

「あーーー」

スリランカで盗まれ、インドのバンガロールで泣く泣く購入したデジタルカメラ。岩に打ちつけられたらしく、4分の1がへこんでいた。レンズも割れてしまい、さらに、海水で濡れてしまい、ボタンを押しても全く反応がない。

「ごめんな。俺のせいでこんな姿になってしまって」

「るりちゃんに面白い人と思われたい」という承認欲求が招いた悲しい結末だった。

俺は、首に掛けていた壊れたカメラをもう一度手に取り、ぼんやりと見つめた。

その時、タランティーノ映画『パルプフィクション』のワンシーンが頭に浮かんだ。人を殺す前に旧約聖書の一節を暗唱する謎の信仰心を持つ殺し屋が、隠れていた青年から数発の弾丸を打ち込まれる。しかし、奇跡的に全弾外れたことをきっかけに、ギャングをやめ、改心するシーンだ。

「もしかしてこれは神様からのお告げなのかもしれない。もうこの旅で女性の写真を撮るなってことなのかも……」

煩悩を捨て無心でお祈りをするべきヒンドゥー教の聖地・カンニヤークマリの御来光。連載に登場する女性を撮影するためのカメラは、まさに煩悩の権化だ。神様はそれを破壊した。それはきっと、破壊と創造の神シヴァのお告げに違いない。

ふと元妻と結婚式の打ち合わせをした時のキリスト教神父の言葉を思い出した。

「演出家は結婚を演出してはいけない」

演出家はテレビ番組や結婚式だけでなく、日常生活でさえも演出目線で見てしまう。それは職業病だ。しかし、結婚だけは普通の夫として振る舞い、素の自分で生きていきなさいという教えだ。思えば、「花嫁を探しながらそれを連載に書く」ということ自体、自分自身や恋愛をどこか客観的な冷めた目で見ている。そして面白くなるように行動し、それを文章に書き、冷静にカメラに収める。つまりは恋物語を演出している。今は休業中だが、俺は生粋のテレビディレクターだ。旅の始まりには「旅で仕事をしたくない」という理由でビデオカメラを置いてきた。カメラを持つと、それはロケになり、仕事の鬼になる。人の気持ちも考えずズケズケと被写体に近づいて行く。

「良い画が欲しい！　もっと強い画が撮りたい！」

考えてみたら撮られる側にとっては、はた迷惑な話だ。ふと気づいた。カメラを置いたとしても、この連載を書き続けている限り、俺は結局、同じことをやっているんじゃないのか？

「あ？　世界一周花嫁探し？　調子乗るなよ。そんな連載を見た奥さんの気持ちも考えろ」

また中道の言葉が頭に浮かぶ。さすが親友。俺の心の奥にある陰影を一瞬で見抜いていた。元嫁だけではない。この旅で出会った女性はどんな気持ちで俺を見ていたんだろう？

「俺、最低なことしてたかも……」

海から見えるカンニヤークマリの金色の太陽は俺を蔑んでいるように感じた。そして、破壊神シヴァはインドを舐めるなよ！　と腕を組み、空の上から睨みつけていた。

るりちゃんとの別れ

御来光を見た帰り道、るりちゃんから提案があった。

「ごっつさん、そろそろコヴァーラムビーチに移動しませんか？　私、インドに滞在できるの、あと5日しかないんです。少しビーチでのんびりしたいです」

そう、るりちゃんと旅ができるのは、あと5日しかない。

「うん。そうだね。じゃあ、とっとと荷物まとめるか！」

朝食のチキンビリヤーニを食べ、素早く荷物をまとめると、40度の猛暑の中、相も変わらず時間通りに来ないインドのローカルバスに乗りコヴァーラムビーチを目指した。

南インドの主要都市、トリヴァントラムのバス停で降りると、駅前に群がるリキャシャとビーチまでの値段交渉をした。どのリキシャもかなりの金額をふっかけてくる。

「コヴァーラムビーチまで、200ルピーでいい？」

「いいよ。乗りな」

2人で重い荷物を積み込みリキシャに乗り込んだ。リキシャが走って1分ほど経った。

「コヴァーラムビーチまでは500ルピーだ」

「は？　乗る時に200って言ったよね？」

「言ってない」

「言ったよ。確かに200ルピーって」

ドライバーは目も合わせず無視をする。

「おい！　ふざけんなよ！」

かなり頭にきた。態度もふてぶてしくて、こちらを完全に舐めきっている。

「おい、そのまま警察に向かってくれ。お前を訴える」

「はは。ここはインドだぞ。警察が取り合うはずないだろ」

「おい、お前。殴るぞ、こら」

するとるりちゃんが俺を制しに入った。

「ごっつさん、もう降りましょうよ。この運転手さん、人柄も悪いし、これ以上一緒にいたくないです」

「ごめん。熱くなりすぎた。おい！　止めてくれ。今すぐここで降りる」

「オッケー500ルピー」

「は？　なめんなよ。1分しか走ってねーだろう」

「お前が勝手に降りるって言ったんだろう？」

「いいから、一旦下ろせ！」

「500」

「ふざけるな。リキシャ止めろよ！」

するとドライバーは道の脇でリキシャを止めた。そして、誰かと話し始めた。

「あの人、警察じゃないですか？」

るりちゃんは不安そうにその様子を見つめる。すると、警察らしき男が近づいてきた。

「おい、お前ら一旦リキシャから降りろ」

「は？　違うんです。騙したのはこいつなんです」

俺とるりちゃんはリキシャから降り、荷物を担ぎ出した。

「ドライバーがここまで運んだのにお金を払わないって言ってるぞ」

「いや、違うんです。初め200ルピーでコヴァーラムビーチまで行くって言ったのに、乗ったら500払えっていうんです」

「でも、乗って運んでもらったんだろう？」

「ほんの1分です。交渉が決裂して、今すぐ降ろしてくれと言ったんです」

リキシャドライバーのほうに目をやると、ニヤニヤしながら煙草を吸っている。

あの野郎、こうなるのが分かってわざと警察に行ったな。マジでイラつく。

「それでもここまで運んできたんだからお金を払いなさい」

「いや、それはおかしいでしょう！」

俺はしばらく警察と押し問答した。でも、警察は一向に俺の意見を聞いてくれない。しばらくすると、周りに多くの人が集まってきて人だかりができた。

「ごっつさん、お金払ってこの場から離れましょう」

「いや、あいつムカつくから……」

「ね、早く払って行きましょう」

珍しくるりちゃんの表情から優しい笑顔が消えていた。ハッとした。リキシャのドライバーの悪態に腹を立てすぎ、我を忘れてしまっていたようだ。

「そうだね。そうしよう」

それから警察と交渉し、200ルピーだけ払うと、リキシャのドライバーはそれを受け取った。そして、ニヤニヤとしながらその場から去っていった。

騒動が収まったことがわかると、集まった街の人たちはバラバラと散っていった。だが、俺はいまだにそいつの嫌味な顔が頭から離れない。トロつくようなドス黒い感情がぐるぐると心の奥底で暴れている。

「大丈夫だったかい？　災難だったね」

50代ぐらいの男性が話しかけてきた。身なりもきちんとしていて優しそうな顔をしている。

「そうなんです。なんか騙されたっぽくて」

「警察と少し話しをしたけど、どうやら言葉の行き違いだと言ってたよ」

確かに俺の英語は中学生レベルだ。

「うーん。ちゃんと伝えたはずなんですけど」

「まぁ、しょうがないよ。で、どこに行きたいんだい？」

「コヴァーラムビーチです」

「コヴァーラムか。だったらバスに乗ればいい。バスだったら騙すことはないし、バス停もすぐ近くだ」

そう言うと、彼はバス停まで案内してくれ、バスの運転手と話をし、行き先に着いたら俺たちに教えてくれるように話をしてくれた。

「なんか困ったことがあったら、ここに連絡して」

男は名刺を差し出した。

「インドを嫌いにならないでね」

「本当にありがとうございました」

コヴァーラムビーチに向かうバスの中で、るりちゃんがこんなことを言った。

「インド人って騙す人もいっぱいいるけど、最後は必ず誰かが助けてくれるんですよね。だから、インド大好きなんです」

るりちゃんは本当にイイ娘だ……。

コヴァーラムビーチに到着すると、2人で泊まる宿を探した。ベストシーズンが少し過ぎているため、交渉するとかなり値段が落ちた。日本と違ってシーズンが終わると涼しくなるのではなく暑くなる。モンスーンの影響だ。

「俺、クーラーのある部屋を借りたいんだけど、るりちゃん、どうする?」

「私はない部屋でいいです」

「オッケー、クーラーがないと俺の部屋の半分の値段で借りれるよ」

俺の部屋は1泊600ルピーで900円。るりちゃんは1泊450円の部屋を借りた。ストイックな生活を続けていたヨガアシュラムを出たばかりなのにクーラー付きの部屋を借りるのはカッコ悪いが、この暑さで俺は少しばかりまいっていた。

各々の部屋でシャワーを浴び、ビーチを散策した。

「わー、素敵なカフェがいっぱいありますね〜」

コヴァーラムビーチは噂に違わぬ美しさだ。大きな波が打ちよせるその海が、遠くに見える紅白のペンキが輝くライトハウス(灯台)とコントラストを見せ、サーファーの魂を呼び覚ますように感じられる。ビーチ沿いには西洋風のお洒落なカフェやレストランが軒を連ね、まるでヨーロッパに足を踏み入れたような錯覚に陥る。だが、ヒンドゥーや仏教をモチーフとしたデザインのお店が立ち並ぶエリアもあり、東洋と西洋がミックスされた少しハイエンドなセンスが浜辺全体に漂っている。こんな素敵なビーチでるりちゃんと二人っきりなんて最高だ。しばらく歩くと夕暮れになってきた。並んでビーチに座り、夕日を見た。真っ赤に染まった空はまばゆいように美しく、少しだけロマンティクな雰囲気になった。

その後、晩ごはんを食べにレストランに入ると、突然白人女性から話しかけられた。

「あー！　ごっつ。コヴァーラムに来たんだ」

「おー」

ヨガアシュラムで一緒に修行した女子たちがごはんを食べていた。どうやらここは厳しい修行をしたアシュラム終わりの人が、ゆったりするビーチらしい。アシュラムからもそれなりに近い。

2人で彼女らと軽く話をすると、軽く会釈をし、お別れをした。

「せっかく2人になれたんだから他の女に邪魔されたくない」

るりちゃんからそんな意思を感じた。なんとなくだが。

晩ごはんを食べ終わると辺りは真っ暗になっていた。だが、夜とはいえかなり暑い。海から吹くモンスーンの夜風もなかなかの熱波だ。海沿いの夜道を少し歩いただけで、背中から生暖かい汗が滲んでくる。

「夜なのに暑いね。35℃は超えてるかな」

「ですねー。夜中に何回か水シャワーしないと寝れないかもですね」

ん？　チャンスだ。

俺たち2人は隣同士の部屋に泊まっているとはいえ、その距離は果てしなく遠い。しかし、俺の部屋にはクーラーがある。ヨガ修行中のるりちゃんとはいえ、日本では経験したことない暑さに参ってない訳が無い。

「じゃあ俺の部屋に遊びにおいでよ。クーラーが効いてるから少しは涼しいよ」

「えー、良いんですか？」

「もちろん！　夜、やることないし」

「確かにやることないですねー。じゃあ後でお部屋に行きまーす」

やったー。るりちゃんが部屋に涼みに来る。900円出して、クーラー付きの部屋にして良かった～。

部屋に戻ると速攻でクーラーを入れ、水シャワーを浴びた。クーラーを入れてるとはいえ、水浴びしないと耐えられない暑さには変わりはない。汗臭いおじさん臭も落とさないと。その後、バックパックに洗濯物を入れ、蚊取り線香をつけた。準備は完璧。ベッドにごろりと横たわり、るりちゃんを待った。

コンコン
「ごっつさーん、お邪魔しても良いですかー？」

「どうぞー」

「わー、涼しいー」

「でしょう」

「クーラーのある部屋を借りて大正解ですね」

るりちゃんはベッドの上にちょこんと座った。南インドのビーチにある個室のベッドの上に男女が二人っきり。正確に言えばおじさんと若くて綺麗な女性が二人っきり。しかも、ベッドに座っているのは恋するるりちゃん。

「何があってもおかしくない」

だが、2人は男女の関係に全くというほど発展することなく、ただただ他愛のないおしゃべりをした。るりちゃんは「あくまでも涼みにきた」というスタンスを崩さない。「ただのお友達」という雰囲気は一向に変わることがなかった。

俺はバルカラビーチでるりちゃんが、出会ったばかりのたかしくんに告白された時のことを思い出した。

「実は……告白されちゃったんです。結婚してくれって」

「で、困ってるんです。だから、無理ですってちゃんとお断りしたんです」

「同じゲストハウスで毎日会うから、気まずくって」

たかしくん、告白するなんて勇気があるなぁ。でも、隣の部屋に泊まっているのに、俺が急に告白なんてすると、るりちゃん気まずいだろうな〜。

「よし、もう少しお友達関係を続けよう」

俺はるりちゃんの前で、「あくまでも〝ただのお友達〟ですよー」という雰囲気を負けじと醸し出した。そうすることで、会話は盛り上がる。そうこうしているうちにあっという間に2時間が経った。

時刻は夜の11時30分。

「じゃあ、そろそろ遅くなったので部屋に帰りますねー」

「うん。明日、一緒に朝ごはん食べようよ」

「はーい。じゃあ、ごはんを食べに行く時、ごっつさんの部屋、ノックしますね」

「オッケー。おやすみー」

「おやすみなさーい」

そう言うと、るりちゃんは部屋に帰って行った。俺は1人ベッドに横たわる。

「まぁ、まだまだ時間はあるさ……」

こうしてコヴァーラムビーチの初日は過ぎていった。

るりちゃんとのお別れまで、あと4日。


翌朝、るりちゃんのノックで目が覚めた。

「ごっつさーん、朝ごはん食べに行きましょう」

海辺の道を散歩した後、「ビートルズカフェ」という名の海が見えるカフェに入った。俺は卵チョーメン、るりちゃんはフルーツサラダを食べ、食後は2人で美味しいケララコーヒーを飲んだ。

「ごっつさん、今日は何するんですか?」

「俺、この旅の連載を書かなきゃならないんだよね。アシュラムで書く暇が全くなかったから、そろそろ書かないと」

「そうなんですか。じゃあ、昼間は1人でこの辺をうろうろしてますね」

「うん。晩ごはんは一緒に食べよう」

「そうですね。じゃあ、晩ごはんのタイミングで待ち合わせしましょう」

それから2人は別々に過ごした。本当は一緒にいたいけど、仕事は休めない。またもやこの連載に嫌気がさした。昼間、カフェにこもってずっと連載を書いた。チャイを何杯も飲んだのでお腹がタプタプになってしまった。気づくと日が暮れていて、辺りは真っ暗だ。

「ごはん食べに行かない？」

「はーい。行きましょう」

それから海沿いまで歩き、美味しそうなお店を探した。そして、海が見えるヒンドゥー教をモチーフとしたデザインのお洒落なベジタブルレストランでカレーを食べることにした。

「昼間は何をしてたの？」

「今日、ちょっと離れたところにあるモスクに行ったんですけど、バイクでこけちゃったんです」

「え？　バイク？　こけた？　どういうこと？　ケガないの？」

矢継ぎ早に質問した。気になることがありすぎる。

「ケガはないです。海沿いを歩いていたらインド人と仲良くなって、バイクでモスクまで連れて行ってくれることになったんです。で、その途中、バイクが転倒しちゃったんです」

「えーー大丈夫？」

「道を曲がる時、ちょうどゆっくりと走っていたので、全然大丈夫です」

「ケガは？」

「ケガもないです」

とりあえず、良かった。本当に怪我はなさそうだ。だが、気になるのはるりちゃんが2人乗りした
インド人だ。ナンパされたのかなぁ？　2人乗りってことは相手にしがみついたのかなぁ？　そして、
一番気になるのはこれ。

「そのインド人、イケメンなの？」

「いや、全然。優しい人でしたよ」

「知らない人に付いて行くと危ないいんじゃない？」

「大丈夫ですよー。せっかくインドに来てるからインド人とは友達になりたいし」

「そうなんだ。ふーん」

少し空気が悪くなった。

クールを気取っていたが、心に渦巻く嫉妬が表情や態度に出たのかもしれない。

「やはり、るりちゃんは……モテる」

出会ったばかりのたかしくんにもプロポーズされるほどのモテっぷりだ。インドのビーチで女性が

1人で散歩していると、いろんなインド人が話しかけてくる。しかも、るりちゃんはとびきり可愛い。ほっておくのはヤバイ。

「でも、一応は気をつけてね」

「はーい」

その時、突然見知らぬ若いインド人がるりちゃんの隣の席に座った。

「ねぇ、日本人?」

「そうだけど」

「珍しい。一緒にお話ししてもいい?」

なんだこいつ。うざい。

「イエスイエス、オッケー」

るりちゃんが「イエス」を2回言った。しょうがない。2回のイエスは気遣いの証。

「やっぱり日本人の女の子は可愛いねー」

そういうと、そいつは俺には目もくれず、るりちゃんだけに話しかけた。途中、俺が質問をすると、面倒くさそうな顔をしながら短く回答し、その後は俺を完全に無視した。そして、るりちゃんだけと話をした。バルカラビーチで出会ったガルシアの苦い経験が頭をよぎる。もうあんな目には会いたくない。

「るりちゃん、そろそろ遅くなったから行かない？ また、部屋で涼もうよ」

「そうですね」

「ソーリー、フレンド。俺たちもう帰らないと」

「オッケー。どこのホステルに泊まってるの？」

「えーと」

「（日本語で）るりちゃん答えなくていいよ」

「ねぇ、どこ？」

インド人もひかない。

「俺と一緒のとこに泊まってる。まぁ、このビーチのどこかだよ」

毅然とした態度を取った。

「俺もホステル探してるからホステルの名前教えて」

それでもこいつはあきらめずしつこく聞いてくる。無性に腹が立った。俺は彼を追い払うように席を立ち、付いてこないかを確認しながら宿の方に向かった。

「あいつ、少し舐めてる思うんだよな。これが白人だったら絶対同じことはしないと思うんだ」

「そうですかね。ただ、日本人とおしゃべりしたいだけだと思ったんですけど」

「そうかもしれないけど、少し嫌な雰囲気を感じるんだよね」

2人の雰囲気がまた悪くなった。るりちゃんは部屋に涼みにきたが、その夜はすぐに部屋に帰って行った。こうしてコヴァーラムビーチ2日目の夜は終わった。

るりちゃんの旅立ちまで、あと3日。

それから翌日も、朝は一緒にごはんを食べ、俺は連載を書き、るりちゃんは1人で行動した。夜は一緒にごはんを食べ、少しの時間だけ俺の部屋でお話しをした。

その翌日も翌々日も同じように過ごし、11時30分になると、るりちゃんは部屋に帰った。まるでインドのシンデレラ姫だ。魔法が解ける時間が本物のシンデレラより30分ほど早い。

2人の関係はますます「ただのお友達」のようになってきている。「ただのお友達」が一番恋愛から遠い。若い頃に読んだ雑誌『ホットドッグプレス』の恋愛マニュアルにもそう書かれていた。

ここ3日間、るりちゃんは、カンニヤークマリの時のように自分のことを「りー」と呼ばなくなり、また「私」と呼ぶようになっていた。会話は盛り上がるが、心は段々と閉じていっている。そうやって「ただのお友達」のお付き合いのまま、時間だけが無情に流れていった。残された時間はあと1日しかない。

るりちゃんがインドを去る前日の朝、2人で「ビートルズカフェ」まで歩き、朝食を食べた。

このルーティンがコヴァーラムビーチでの定番となっている。

「るりちゃん、俺、今日は連載を書くのをお休みする。一緒にライトハウスに行かない？」

連載なんかより、リアルな恋のほうが重要だ。初めて連載の締め切り日をすっ飛ばした。なんで最初からそうしなかったんだろう？

「え、今日、お休みにするんですね。……いいですよ」

るりちゃんは少し喜んでいるように見えたのだが、返答をするときに生じた少しの〝間〟が妙に気になった。

「今日はるりちゃんのインド最終日だしね」

「インドを離れるの、さみしいです」

るりちゃんとの旅も今日で終わる。2人で海辺を歩き、崖の上に聳え立つライトハウスへと向かった。こうやって2人でどこかに行くのも、今日で最後だ。ライトハウスの急な螺旋階段を登り、はぁーはぁーと息を弾ませながら展望台に到着した。そして、2人でコヴァーラムビーチを見下ろした。遠くまで冴え渡った青い海と、大きく激しい白い波が広がる。生い茂る熱帯の力強い緑が南国情緒を際立たせる。やはり、南インドの海は優しいだけでなく、荒々しい美しさがある。ブォーという強い風の音が鳴り響いていた。

「インドの海って感じですねー」

景色の美しさが無情さを際立たせる。るりちゃんは、ただの恋する相手だけでなく、バルカラビーチ、ヨガアシュラム、カンニヤークマリ、コヴァーラムビーチとずっと一緒に旅した大切な旅の仲間だ。単純にお別れするのがさみしい。そして、このままお別れすると二度と会わなくなるような気もしていた。それには理由がある。

俺が恋に落ちてしまったからだ……。

るりちゃんは俺のこと、どう思っているんだろう？　その疑問がずっと頭の中でループする。

彼女は俺から醸し出される哀しみのオーラを感じるのか、言葉数が少ない。空気は重く、会話はそんなに盛り上がらなかった。

静かに景色を眺めるるりちゃんの横顔をそっと見つめた。相変わらず素敵だ。

「あの～ごっつさん」

突然、るりちゃんが俺のほうを向き、話しかけてきた。その態度からどこかよそよそしさを感じる。表情が少しだけ曇っているように見えた。

「どうしたの？」

「実はこの後、私、この間一緒にバイクに乗ったインド人と昼ごはんを食べる予定があるんです」

えっ？　頭が真っ白になった。脳がフリーズしたという方が正確かもしれない。

「……そうなんだ」

「ごっつさんはどんな予定です？」

「んー、特に予定はないよ。どうしよっかなー海辺を散歩でもしようかなー」

俺は気丈に振る舞った。だが、頭がうまく回らない。足元がふわふわする。

「ごっつさんも一緒に来ます？」

「え？」

「一緒に昼ごはん食べましょうよ」

「お邪魔じゃないかな。せっかくイケメンとのランチなのに」

「全然、そんな関係じゃないですよ。ゴリラみたいなおじさんですよ」

「ゴリラのおじさん」

俺も少しだけゴリラに似ている。中学時代のあだ名は「ブラックマウンテンゴリラ」だ。そう考えると、少々複雑な気分になった。

2人で待ち合わせのレストランに向かった。すると、そこには本当にゴリラみたいなおじさんが座っていた。

「こんにちは」

「あ、こんにちは」

ゴリラのおじさんは少し戸惑っているように見えた。そりゃそうだ。向こうにしてみれば、可愛いるりちゃんと海辺のレストランでランチしようと思ったら、日本のゴリラみたいなおじさんが付いてきちゃったのだから。ゴリラはゴリラの気持ちがわかる。

「るりちゃんの日本のお友達なんだね」

「日本の旅仲間のごっつさんと言います」

「初めまして、ごっつです」

ゴリラおじさんは旅行会社に勤めているようで、とても親切にインド旅の情報を教えてくれた。彼は俺に気を使ってか、決してるりちゃんに色目を使うことをしない。その後、2時間近く3人で話をし、お別れをした。

「ゴリラのおじさん、いい人だったね」

「でしょう。すごーくいい人なんです。本当にインド人、優しい人が多いです」

しかし、俺にはわかる。ゴリラおじさんには少しばかり下心があった。そりゃそうだ。るりちゃんは万国共通で可愛い。これはゴリラ同士の野性の勘ではなく、人間の男としての共通見解だ。だけど、ゴリラおじさんは大人の態度でそれを抑制した。彼の紳士的な態度や話す内容から深い教養を感じる。そして何よりも優しくて人柄が良かった。ヨガの先生のるりちゃんにとって、インドは特別だ。現地の人と友達になり、インドの文化を知ることがとても重要なのは間違いない。そんなるりちゃんを縛ることはできない。恋人同士ではないのだから……。

「るりちゃん、今晩隣のビーチの崖沿いのレストランに行かない？」

「あー、前から気になってたとこですね。いいですよー」

やったー。それから一旦宿に戻り、シャワーを浴び、涼しくなる夕暮れを待ってから2人で出かけた。いよいよるりちゃんとのラストナイトだ。

途中、花火やカラフルな出店がたくさん出ていることに気づいた。どうやら今日はお祭りをやっているようだ。ふと、高校時代に初恋の人と偶然出会った田舎の夏祭りを思い出した。夜のお祭りをカップルで歩くのがあの頃の夢だった。30年の時を超え、南インドでそれが実現しようとしている。

しかも、相手は可愛いるりちゃんだ。

「わー、綺麗～。これも可愛い～」

出店に並ぶカラフルなヒンドゥー教のグッズに、るりちゃんは高揚している。

「ヒンドゥーの神様のお人形だ～。小さくて可愛い～」

「るりちゃん、俺、どれかプレゼントしたいんだけど」

「えー、悪いですよ」

「いや、イイよ。1個100円くらいだし」

「本当ですかー？」

「うん。その中から選びな」

「えー、じゃあ、甘えちゃいますね。どれにしようかな～。女性の神様がイイんですけど」

「それは？　その象みたいな神様」

「あ、ガネーシャですね。シヴァ神の子供ですよ」

「可愛いじゃん」

「じゃあ、それにします！　ありがとうございます！」

それから、るりちゃんは自分用の神様フィギュアも買い、プレゼントしたガネーシャも大切そうにバッグに詰めた。ガネーシャのおかげか、それからものすご～くイイ雰囲気になった。少しの冗談でケラケラと笑う。彼女の自然な笑顔を見ると何だか幸せな気持ちになれる。それから10分ほど歩くと、海辺の道の明かりが全て消え、月明かりだけになった。リュックから懐中電灯を取り出し、目当てのレストランを探すと、暗がりの中、月に照らされた海沿いの崖の上に光り輝く一軒家のレストランを見つけた。なかなか素敵な雰囲気のお店だ。中に入ると、お客は俺たち2人しかいないようだ。崖の上には強い風が吹いていて、窓から入ってくる夜風が気持ちいい。熱帯夜が続いていたので、その涼しさがとても心地よかった。2人でベジタブルカレーとフィッシュカレーをシェアした。

「美味しくない？　このカレー」

「おいしい～。実はりー、このお店ずっと気になってたんです。最後に来れて良かった～」

出たーーるりちゃんが自分のことを「りー」と呼んだ。カンニャークマリ以来、久しぶりの「りー」だ。これは、るりちゃんが俺に心を許した証し。

「風も気持ちいいね」

「うん。いい風ですね」

なんだかとてもスウィートな雰囲気だ。露店で買ったガネーシャの力が働いているのかもしれない。

すると、奥から1人のインド人のおっさんがやってきた。どうやらこの店の店長らしい。

「君たち、日本人か？」

「はい。なんでわかったんですか？」

「俺、極真空手やってるからね。何となく」

「すごーい」

するとおっさんはいきなり深呼吸を始めた。

「キエー！」

いきなり大声を出し、空手の形をやり始めた。

「おい、日本人、お前は空手できないのか？」

おじさんなりにコミュニケーションを取ろうとしてくれている。日本を愛してくれているインド人には日本の伝統文化でお返しをしなければならない。俺は立ち上がった。

「はーー」

掛け声とともに、ゆっくりと手を蛇の形にした。そう「蛇拳」だ。ガルシアの気を引こうと披露したとき以来の、蛇拳ダンスだ。おっさんが突きをすると、それに蛇のように手首を絡め、おっさんの目を突く。するとおっさんが、それを払い逆手で突きを入れる。それを蛇の胴の部分で弾き、二本指でおっさんの目を突く。

るりちゃんのほうに目をやった。

ものすごく冷めた顔をしている。ドン引きに近い。

俺は速攻で心の蛇を収め、おっさんと握手をした。

「あのおっさん、面白いね〜」

るりちゃんは思いっきり愛想笑いをした。変なおっさんのせいで2人のロマンティクな時間が終わってしまった。俺は自分自身のお調子者の性格を深く深く反省した。

2人で来た道を戻ると、暗闇から街の明かりが見えて来た。ビーチには多くのインド人がたむろしている。もう一度、ロマンティクな雰囲気を取り戻さないと。るりちゃんとのラストナイトも終盤に迫っている。

「ねぇ、少しカフェに寄ろうよ」

「いいですよ。喉が渇いちゃいました」

それから宿の近くの海沿いのカフェでお茶をした。淡い色のカラフルな提灯が灯る素敵な雰囲気のチベット仏教カフェだ。

「明日、何時の飛行機なの？」

「2時過ぎなんでお昼前にはここを出ないといけないです」

「……そうなんだ。」

「さみしいです。まだ、インドにいたいです」

「この後、ハワイだっけ？」

「はい」

「絶対、ハワイも楽しいよ」

「ですよね」

その時、2日前にしつこくナンパをしてきたあの若いインド人が、また現れた。

なんだこいつ。跡をつけているのか？

「はーい。一緒に座って良い？」

「ごめん。今日は忙しいからちょっと勘弁してくれ」

しかし、そいつは俺を無視して2人の前に座り、るりちゃんにだけ話しかけた。

「今日は何してたの？」

「一緒にごはん食べに行ってました」

「ねぇ、頼むからどっか行ってくれない」

「いつまでいるの？」

「明日帰るんです」

「そうなんだ。今晩、遊ぼうよ。どこに泊まってるの？」

相変わらず俺を無視し、るりちゃんだけに話しかけ続けている。

「何であんなに馴れ馴れしいの？（以下、日本語）」

「昨日の昼間、ビーチで少し話をしたんです。悪い人じゃないんですけど……」

「るりちゃん、もうここを出て部屋で涼もうよ」

「そうですね。そうしましょっか」

2人は立ち上がりお会計をし、宿に戻ろうとした。しかし、若いインド人はまだしつこく俺らの後を付いてくる。さすがにムッときたが、冷静に冷静に。

「ごめん、もう俺たち帰るから。また今度ね」

俺が握手を求めると、彼は渋々俺の手を握り返した。そして、付いてくるのをやめた。この時、俺の頭の中にはある疑念が生まれていた。若いインド人がしつこいとはいえ、ちょっと馴れ馴れしすぎる。俺たちはずっと2人でいるのだから、カップルだと思われてもおかしくない。にもかかわらず、あのインド人は俺を無視して席に座った。そのことから推測すると、るりちゃんと彼との間で昼間、こんな会話があったに違いない。

「ねぇ、この間一緒にいた人、彼氏なの？」

「ううん。〝ただのお友達〟です」

ただのお友達、ただのお友達、ただのお友達……。

この言葉が頭の中でぐるぐると渦巻き出した。俺とるりちゃん。一緒に旅をしてはいるが、2人の関係は「ただのお友達」。それはまぎれもない事実だ。なんで俺たちはいつまでも「ただのお友達」なんだろう？　俺は自分の心の奥底にある感情に気づいた。

「フラれるのが怖い……」

昔からそうだ。女の子とはすぐに友達になれる。だが、本当に好きになった人とは、いつも友達止まりで、恋人関係にまでなかなか発展しない。少女漫画でいったら主人公ではなく恋をサポートする脇役だ。

部屋に戻ると、るりちゃんが訪ねてきた。いつもは嬉しくてドキドキしていたが、この日は違った。

「そうか、〝ただのお友達〟と思ってるから、気兼ねなく部屋に遊びに来ていたのか……」

るりちゃんは安心し切った顔をしている。妙に虚しくなっていた。しかし、そんな素振りを見せる訳にはいかない。

「そういや、パソコンに漫画入ってるよ」

「えー、読みたい～」

るりちゃんはリラックスしてベッドに寝そべり、俺のパソコンで漫画を読んでいる。まるで、高校時代に仲の良かった女友達のようだ。とても愛の告白をするような雰囲気ではない。そうしているうちに時間は刻一刻と過ぎていき、夜の11時20分を回っていた。そろそろ、るりちゃんが部屋に帰る時間だ。

るりちゃんは毎晩11時30分にはきっちり部屋に帰る。最後の夜とはいえ、シンデレラの魔法はいとも簡単に溶けてしまい、元の姿に戻るだろう。

「どうすればいいんだ。どうすれば……」

時計の針が無情にも11時30分を指した。るりちゃんとの恋は「〝ただのお友達〟のままでした」という残酷な結末で終わろうとしている。もう神頼みしかない。俺はガネーシャに祈った。

「ガネーシャ様、どうかもう少しだけ俺に時間を下さい！」

ふと、ガネーシャがニヤリと笑ったように感じた。すると突然、るりちゃんの雰囲気が変わった。

部屋が、奥深い森のようなひんやりとした静寂に包まれる。

「何が起きたんだ？」

よく見ると、るりちゃんが漫画を読みながらベッドの上にうつ伏せて、寝息を立てている。

俺は静かにるりちゃんのほうに顔を寄せた。

「こ、こ、これは！　ガネーシャがラストチャンスをくれたのかもしれない」

いや、もしかして、今晩が最後だから一緒に寝たいということ？

るりちゃんの寝顔を見た。すごく綺麗だ。こんなに近くでるりちゃんの顔を見たのは初めてだった。

俺はるりちゃんの隣で胡座をかき、10分ほどるりちゃんの寝顔を眺めた。

「本当に可愛い」

目も鼻も小さな耳も唇も髪の毛も、全てが完璧だ。そしてただのお友達にもある欲望が生まれた。

「るりちゃんに触ってみたい」

嫌われるかもしれない。もう「ただのお友達」に戻れないかもしれない。それでもるりちゃんに触りたかった。だが、俺の中の〝もうひとりの俺〟がそれを制止しようとしている。

「触りたい」「やめとけ」

「嫌われたらどうしよう？」「向こうは〝ただのお友達〟としか思ってないぞ」

「そうだよな」「このままいい関係で終わろう」

「いや触りたい」「やめとけよ」

「〝ただのお友達〟でいいのか？」「それは嫌だ」

「怖いんだろう？」「うん」

「ビビってんだろう？」「うん」

「怖いのはわかるぞ。でも頑張れよ」「うん」

「な、素直になれよ」「……わかった」

「そうだ、今の気持ちは？」「るりちゃんが好き……」

「本当か？」「好きだ！」

「よし、わかった」「やるし〝ご〟ないんだよ！」

「気合を入れろ！　やるし〝ご〟ないんだ」

俺は覚悟を決めた。そして、勇気を振り絞り、そーっとるりちゃんの髪の毛を触ろうとした。

その時だった……

「え？」

「え？」

るりちゃんが急に目覚めた。図らずも、至近距離で見つめ合う格好になってしまった。

「ごっつさん何してるんですか？」

「いや、その、ごめん」

るりちゃんは悲しそうな目をした。そして、慌てて起き上がった。

「私、部屋に帰ります」

そう言って起き上がると、るりちゃんは足早に部屋を出た。部屋を出るときの横顔は少し怒っているように見えた。数秒後、彼女が部屋のドアを閉める音が聞こえてくる。その音で、俺はふと我に返った。

やってしまった……。これでもう「ただのお友達」にも戻れない。「ただのお友達」であれば最後までいい関係で終われたのに。俺はうつ伏せでベッドに屈み込んだ。

そして、激しい後悔が俺を襲った。

「るりちゃんとの良い思い出を汚してしまった」

カンニヤークマリでジャスミンの花飾りをつけた時の「りー」の姿が脳裏に浮かんだ。仰向けになり、天井のライトの周りでたむろう蚊をボーっと見つめた。2匹の蚊は何度かライトに突進し、しばらくすると視界から消えた。俺は起き上がるとベッドの横にあるコーラを手に取り、コップに注ごうとした。しかし、手が小刻みに震えている。

「まだビビってる……」

俺は勇気がなく告白さえもできなかった。告白してフラれたほうがどんなに心が晴れ晴れとしただろう。結局、自分自身の恐怖に打ち勝つことができなかったのだ。

翌日、るりちゃんは南インドを離れハワイへと旅立っていった。

リキシャでお別れした時、なんとも言えない笑顔を作っていた。

こうして、南インドの旅で出会ったるりちゃんへの恋は終わった……。

それから数週間――。

スマホを眺めていると、るりちゃんがインドの思い出をフェイスブックにアップしていた。そこにはこんなコメントが書かれていた。

「インド旅これでよかったのか？って思ってたけど、帰りの空港で日記を読み返してみるとたくさんの感情があった。インドありがとー」

コメントと一緒に一枚の写真が貼られていた。それは、御来光の時、俺のカメラで撮った写真だ。写真の中のるりちゃんは、カンニヤークマリの朝の光を背に笑っていた。それは俺が大好きになった、自然な満面の笑顔だ。俺はその写真が妙に眩しくて、すぐさまスマホを消した。

しかし、るりちゃんの笑顔が脳裏に焼き付いて、しばらく消えなかった。

◇

南インドのるりちゃん編を最後に連載が休止する。

そして、恋物語は更新されず、旅が始まって2年11ヶ月後、「世界一周花嫁探しの旅」は連載終了の報告と共に最終回を迎えた。

第2部

風の旅人

9章　ペルー

旅のやめ時がわからなくなっていた。気づけば日本を離れ3年と6ヶ月が経つ。ここは南米ペルーのクスコ。かつてインカ帝国の首都として栄華を極めた標高3400メートルの街だ。カサデル・インカ（スペイン語でインカの家）という名のバックパッカー宿はマチュピチュを目指す旅人で連日にぎわいを見せていた。金も底をつき、旅人からお金を集め、シェア飯のシェフをすることで1日の生活費を抑えていた。この宿に沈没して2ヶ月半になる。

「ごっつさん、マチュピチュには行かないんですか？」

連日のように同じ質問が繰り返される。

「うーん。まだイイかな～」

マチュピチュに行くにはお金がかかる。しかし、理由はお金ではない。旅への情熱がなくなっているのだ。9ヶ月かけたアフリカ縦断が終わり、南アフリカからブラジル経由で南米ペルーに入った。大陸が変わると文化や景色がガラリと変わる。ペルーに入った初日はそのカラフルな建物に目を奪われた。ガタイの良い黒人と違い、背の小さいペルー人は顔つきがアジア人っぽいということもあり親しみを感じた。しかし、3日も経つと全てが色褪せた。とある人類学者の論文によると、恋は3年で冷めるという。生まれた子供が自分自身で排便・食事などが出来るようになるのが3年。その間に男女が別れないよう、ドーパミンが排出されるシステムが脳内に組み込まれているのだと。

旅に飽きてしまったのかもしれない……。

文字を持たないアンデス文明の謎の遺跡マチュピチュ。「空中都市」「インカの失われた都市」。ユネスコ世界遺産にも登録され、インカ帝国を紐解く重要な場所。以前の俺なら知的好奇心がそそられ、いち早く行きたいと思っていたはず。だが、そんな魅惑的な場所でさえも行く気にならないのだ。

「みんな行ってるからベタで嫌なんだよ」

そう言い訳し、長期旅人特有の何ともひねくれたスタンスで、マチュピチュに目を輝かせている旅人の質問を煙に巻いた。実はその理由を自分自身で把握していた。あのアフリカでの経験、脳内のドーパミンとアドレナリンがどばどばと出続け、旅に情熱を傾けたあそこが今回の旅のピークだったのかもしれない。

インカ帝国の首都クスコ

10章　スーダン

「日刊SPA!」で「世界一周花嫁探しの旅」連載終了のご報告の文章を書いた時、北アフリカ・スーダンの首都ハルツームにいた。実はその時、まずい状況に陥っていた。謎の奇病に冒されたのだ。右足の甲が腫れ、ベッドに横たわっていた。微熱も続いている。

スーダンは、北東アフリカに位置するアフリカ大陸で3番目に広い国土面積を持つ大きな国だ。南北をナイル川が貫き、スエズ運河の背後に位置することから、地中海世界、中東世界、そしてアフリカを結ぶ重要な地域として歴史的な役割を果たしてきた。北部では、イスラム教を信仰するアラブ系住民が多く、南部ではキリスト教や伝統的な宗教を信仰するアフリカ系住民が多く存在する。この両地域の間で、長期にわたる武力衝突や内戦が続いており、現在でも不安定な状況が続いている。過去には、ビンラディンがイスラム主義軍事政権の庇護を受けて5年以上滞在し、アメリカからテロ支援国家に認定され、今も尚、経済制裁が行われている。故に物資が少なくエジプトとの国境から入国をした時、バスの上だけでなく、車内の空いているスペースにも白物家電を中心とした電化製品、生活用品などがびっしりと敷き詰められていた。バスに乗っている人に話を聞くとカイロで買った商品を物資の少ないスーダンに持ち込んでいるらしい。砂漠の国境では武器や爆弾のチェックなのか、それらの荷物を全てチェックするため12時間近く待たされた。気温は50度近くにも関わらず、バスにクーラーは付いていない。暑すぎて車内にはいられないので、バスの影に座り込み水分を補給しながらチェックが終わるのを待った。ようやくバスが走り出し、砂漠の一本道を抜け、首都のハルツームに到着した頃には夜になっていた。それから歩いて安宿を探し、何とか到着した頃にはぐったりと疲れていた。

翌日、首都ハルツームを見て回った。アメリカと敵対するイスラム社会ってどんな国なんだろうか？　実は、花嫁探しの連載をやめた理由の一つがこれだ。恋愛だけでなく、文化・宗教・政治・芸術など世界のあらゆることが知りたい。旅を続けるうちにそれが鮮明になっていった。旅の途中、フィリピン・マルタ・イギリスと英語学校に10ヶ月間も通ったのには理由がある。コミュニケーションを通じ恋の成功率を高めるためというより、言葉が解るとその国の人間や文化を深く知ることができる。情報収集の密度も高くなる。そして何より単純に新しい言語を学ぶこと自体が楽しかった。そして、そちらの比重の方が恋物語を書くよりもでかくなっていった。知らないことを知る。俺はその欲求が人一倍強い。小学6年の時、実家の庭に土の釜を作り、縄文式土器を自力で作った。中学3年の時、ひと夏かけ、大分市上野ヶ丘の地層を一人で調査し断層を発見した。そんな俺にとってテレビの仕事は天職だった。お金をかけて色んなことが取材出来る。日本だけでなく世界中を飛び回った。しかし、「トリビアの泉」や池上彰さんの番組をやっている時くらいから、現場より会議室で人をまとめることが多くなっていた。その方が情報を効率的に集められる。勿論お金も良い。だが、それはあまり面白くはなかった。やはり座学ではなく、自分の目や耳、匂いなど全ての感覚で様々な物を体験する方が圧倒的に楽しい。ここは「アフリカの砂漠にある、アメリカからテロ支援国家に認定された国」。何とも妖艶で危険な響き。長年のテレビ番組での取材経験から、多くの人が訪れられない場所ほど、希少な情報が埋もれていることを知っている俺にとって、そこはまるで海賊が隠した財宝が眠る宝島のように感じられた。

街を歩きながらスマホでハルツームの人々の日常を撮影していた。砂漠の街並みは首都だというのに道がほとんど塗装されておらず砂土の地面だ。黄土色の地面の上に3階建から5階建ての古い雑居ビルやトタンで出来た小さな平家のお店が雑然と並んでいる。オレンジやメロンなどのフルーツが安いようで街の至る所でフレッシュジュースの販売店を見かけた。白いイスラムの衣装を着ている人も多いが、路面店で携帯ケースなどを販売する商売人などジーンズに長袖シャツという出立ちの人も数多くいる。日本製の錆びた中古車が至る所に停まっていて、黄色いタクシーのボンネットの上に布団を敷き眠り込んでしまっている年老いた運転手も見かけた。夕刻になり空が暗くなると、遠くのモスクからイスラム教の礼拝の呼びかけ、アザーンが聞こえてきた。街全体に蛍光灯の明かりが灯されると、古びた街並みは質素というより貧乏であるという印象を強く受ける。太

スーダンの首都ハルツーム

陽が落ちてしまい完全に暗くなった時、トタン屋根の怪しげなシーシャ屋の前でたむろしている漆黒の肌をした人々が、写真撮影をする俺を睨みつけているのがわかった。スーダンは古代エジプト語で「黒い人の国」を意味する。元々スーダンは、アフリカ大陸北部を総称する言葉として使われていたが、ナイル川上流域で、アラブ人と混血した黒い皮膚をもつ人々をスーダン人と呼ぶようになり、これが国名となった。実際に、北アフリカのエジプトからスーダンまで陸路で旅してみると、エジプトの国境までは黒人とはいえ肌に少し褐色が帯びている人の割合が高かった。しかし、スーダンの首都ハルツームに入ると、そこに住むほとんどの人々の肌は漆黒のように真っ黒だ。今まで経験したことがないほど背の高い黒人たちの中に1人アジア人が混じると、その異質さに恐怖を感じてしまう。漆黒の肌の人にギョロリとした白い目で見つめられると、自然と身体がすくんだ。

晩ごはんを食べに出た時、突如、街中が停電となった。暗闇の中で白いイスラムの衣服を着た黒人たちが蠢く。到着2日目なのでハルツームの治安がまだ把握できていない上、宿に戻ろうにも位置がわからない。ここで強盗にあったら一溜まりもない。いつ襲われても戦えるよう、全身全霊の感覚を研ぎ澄ませた。十数分後、街全体に明かりが灯ると、そこに住む人々は慣れているようで、暗闇の中でも普通に食事をしていた。子供達は可愛い笑顔で家族とごはんを食べている。心からホッとした。次回からは懐中電灯をサブバックに入れ、晩メシを食べに出ようと決めた。ホテルに戻り、昼間撮影した写真をインスタグラムにアップするとインドで一緒に旅をしたニューヨークの女友達からこんなメッセージが入った。

「ごっつ、男の人の写真ばかりだね。女の子のファッションとか顔が見たい」

彼女はウォール街で働いていたインテリで、出会った旅人の中でピカイチに地頭が良く行動力もある女性だ。洋服や会話も都会的なセンスで洗練され、写真は世界のローカルストリートフードを独特な視点で撮影していた。そんな彼女からの鋭い指摘。写真を見ると確かに男性ばかりを撮影している。というのも、イスラム社会では女性の写真撮影は難しい。イスラム教の女性は、聖典コーランの神の教えに従い頭に被るベール、ヒジャブを着けている（国や宗派によって衣装は変わる）。神は女性たちに「目を伏せ、プライベートな部分を守り、（魅惑させないよう）飾らず」と伝えている。貞操観念が強いイスラム世界で女性の写真を撮るということは、あえて日本の感覚に置き換えるなら、外国人男性が日本の清純そうな未成年の女の子をパシャパシャと撮影するのと同じようなことだと思う。あまりいい気はしない。ヤンキーの地元の女友達がそんな目にあったら、おそらくキレるだろう。そんな基本的な感情に偶像崇拝が禁止される厳しいイスラムの戒律が加わっている。そうイメージしていた。しかし、ドバイやヨルダン、モロッコ、エジプトでは、若い女性に撮影をお願いすると簡単に許可をしてくれる人もいた。本で読むイスラムの知識と現実は少し違うようだ。

翌日、今度は女性も含めた写真を撮りに街に出た。女性だけを狙って撮影するのではなく、チャンスがあればというスタンスで。雑居ビルの中の電気街では、中古のPCでオンラインゲームをしている若者がいたり、床屋でだべっているおっさんがいたり、大きな木の下の影には果物を売っているおばちゃんがいて、その周りに多くの人々が座っていたりと街はにぎわっている。中心街を抜け30分ほど歩くと一軒だけ小さなショッピングモールがあるのを発見した。街の中心部の古い建物とは違う近代的な建物だ。ショッピングモールはどの国でも同じような店が立ち並ぶ。グッチやエルメスなどハイブランドの洋服や高級時計、電化製品、食料品など。中東のアラブ首長国連邦にあるドバイのショッピングモールは世界一の大きさで全部回るのに2日ほどかかったが、他の国とそんなに変わりはなかった。これまで色んな国を回って来た経験から、ショッピングモールが文化を比較するのに適してないことは知っていた。だが、スーダンのショッピングモールは気になる。アメリカが起源といわれるショッピングモール。ここは敵対するイスラムの国。そんな些細なところに興味が湧いた。中に入ってみると、電化製品やスマートフォンのメーカーなどは入っているが、他の国のショッピングモールとは違っていた。まず第一に人が少ない。正規店ではないソニーのショップやアディダスやリーバイスなどアメリカ製品を扱う洋服屋もあるが、全体的に商品が少ない。街との差別化で西洋の商品で品揃えしたいのだろうが、正規店がほとんどない。ポツリポツリと閉店している店もある。モール全体が薄暗く、クーラーは効いているが設定温度が高いのかうっすらと暑い。おそらくここに来るのはスーダンの裕福な層だろう。しかし、中東などの産油国とは違い全体的に活気がなかった。俺は改めてスーダンがアメリカから経済制裁されているという現実を垣間見た。

モールを出て街を歩いていると前方に大学生らしき男女の4〜5人の集団が見えた。女の子たちは、黒いヒジャブに赤いロングTシャツを合わせていたり、ピンクのヒジャブに花柄の長袖のシャツを合わせたりとかなりお洒落に気を遣っている。ノリも明るく元気そうだ。

「これは、シャッターチャンスかも」

これまでムスリムの若い女性を撮影してきた経験から、若い人なら年配のイスラム教徒より写真に寛容なのではないか？　と仮説を立てた。話しかけるのが礼儀だが、写真として日常の一コマが撮りたい。典型的な観光客のようにスマホで街並みを撮影しながら、そーっとそのグループにレンズを向けた。

「おい、お前何してるんだ！　撮影しただろう」

2人の若い男たちが小走りでこちらに近づいてきた。

「街の風景を撮影してただけだけど」

「嘘をつけ、こっちにカメラを向けてたのを見たぞ」

「すみません。日本から来たバックパッカーで、世界の写真を撮ってます」

「そんなのどうだっていい。写真を見せろ」

俺はスマホのフォトアプリを開き見せた。

「女性の写真を撮ってるぞ」

男たちは怒りの表情を見せた。やばい。

「本当にごめんなさい。映っている写真を全て消去します」

そう言って、写真を相手に見せながら撮影したデータを消した。

「全部消しました。本当に申し訳ないです」

女性たちはOKのサインを気軽な感じで出してくれた。男たちは「彼女たちが良いならイイか」というような顔をしている。その時、「おい、どうしたんだ」というような態度で、後方から5人くらいの40、50代の男達が近づいてきた。顔つきからあまり良くない雰囲気がする。若い男たちがアラビア語で状況を説明すると、その男たちが俺に近づいて来た。危険を察し、おどけた顔をしながら彼らの反対側にゆっくりと動く。そしてことを荒立てないよう、静かに身を構えた。

「一緒に来い！」

彼らは俺を指差した後に、その指を古い雑居ビルの方に動かした。人目の付かない所に連れて行こうとしている。あそこに行ったら身ぐるみ剝がされる。いや、もっと酷い目に合うかもしれない。

「すみません。もう全ての写真は消去しました」

そうやって写真を見せたが、首を横に振り、俺の主張を取り下げようとしている。彼らには英語が通じていない。すると突然、男たちは声を荒げながら2人がかりで俺の腕を摑もうとしてきた。

「何するんだ」

咄嗟に振り払った。相手を刺激しないよう拒絶の言葉と態度で行きたくないという意志を示した。言葉が通じなくとも身振りや顔つき、声の大きさで相手に意志を伝えることは出来る。更に人が集まって来た。人々は静観しながらこの状況を監視しているようにも感じる。しかし、全体的に異様な高揚感がある。集団での高揚感はやばい。予想外の方向に進む可能性がある。助けてくれそうなアジア人や西洋人を探したがいない。この街に着いてから、バックパッカーさえ見かけていない。観光客を装って写真を撮るという作戦がそもそも失敗だった。俺はイスラムの白装束を着た黒人たちに完全に囲まれた。

「お前の目的はなんだ」

怖そうな男たちは片言の英語でそう言った。

「いや、ただ観光写真を撮影していただけです」

男たちはさらに興奮し、早口で捲し立ててくる。そうやって皆の気持ちを扇動しているようにも感じた。意図がわからない。建物の中で金品を巻き上げたいのか、女性を撮影した異国人（中国人だと思われている可能性大）に鉄拳制裁したいのか、それとも、本当に政治犯として拉致したいのか。そういえば、中東ヨルダンで出会ったレバノン人の映画監督がベイルートでの撮影は気をつけた方が良いと言っていた。戦時中の国での撮影は、雑居ビル一つをとっても誰がどこに住んでいるか等、敵軍が爆撃をする際の有益な情報となる。見つかると拉致される可能性があるので注意しろとのことだった。脳裏にイスラム過激派にカメラの前で銃殺された日本人ジャーナリストの無残な映像が浮かんだ。

「ここまでやるってことはただの物取りとは違うかも……」

俺は脱出ルートを探った。だが、逃げて捕まる方がやばい。本当に政治犯だと思われる。捕まるか逃げるか、その決断をしなければならなかった。その時だった。

「待って。私たち大丈夫だから」

撮影した女の子が俺に解るよう英語で声をあげた。するとそれを察した若い男の子が

「彼は日本から来たただの観光客だよ。間違って写真を撮っただけだよ」

そう言って俺を庇った。集まってきた人たちに大きな声で説明をしてくれているようにも感じた。

若者たちは中年の男達に対し、再度俺の説明をしている。年上への敬意を示す態度も忘れていない。

本気で彼らを止めてくれているようだ。周囲の人々は陪審員のようにその状況を静かに見守っている。

中年の男達は周りを気にしながら
「行け」

と追い払うようなジェスチャーを見せた。俺は若者たちに会釈をした。

「シュクラン（ありがとう）」

すると彼らはニコッと笑い、うんうんと頭を傾げた。

女の子たちは笑顔でオッケーポーズをしてくれた。

そのまま早歩きで来た道を進み、宿に戻った。心臓がバクバクしている。

「本当に彼女達に悪いことをした」

写真への固執からこの国の文化や宗教への配慮を欠いた。プロとしても旅人としても失格だ。

俺は自分の行動を恥じた。

それからしばらく経っても、女の子と俺を守ってくれた若い男の子たちの最後の笑顔が頭にこびり付いて離れなかった。

なぜなら、俺を助けてくれた若者たちの笑顔は、心優しい人間だけが見せる、屈託のない笑顔だからだ。その笑顔を思い出すたびに胸の奥にある罪悪感が激しく暴れた。

翌朝、ベッドから降りてトイレに行こうとした時、足の異変に気づいた。

「う……」

右足を床につけた瞬間、激痛が走る。捻挫か、靭帯でも切って血が溜まったのか。右足の甲がボッコリ腫れている。しかし、怪我をした覚えはない。原因不明だ。体もだるく体温計で熱を測ると37度5分ほどある。未だかつて経験をしたことのない体の異変。左片足跳びでトイレに行こうとしたが、振動で右足に激痛が走り、ベッドの横に倒れこんだ。しばらくの間、床の上に横たわり痛みが引くのを待ち、体を這わせながらベッドによじ登った。

「これはやばいぞ……」

ここはアメリカと敵対する国、スーダン。首都のハルツームに入ってから英語が喋れる人がほとんどいない。ホテルのスタッフも英語などまともに喋れないし、喋ろうともしない。4階に泊まっているこの安ホテルにはエレベーターもなく階段で上り下りしなければならない。部屋に電話はなく、Wi-Fiも通じない。

残り少ない水で常備薬の痛み止めと抗菌剤を飲み、しばらく眠った。目覚めるとほんの少しだけ痛みが引いたので、横にあった木の椅子に何とか座り、片足で椅子を滑らせてトイレに向かった。わずかな揺れでも激痛が走る。それでもトイレがついている個室を取ったのはラッキーだった。

「水と食料を確保しないと……」

砂漠エリアなので乾燥が激しく、すぐに喉が乾く。外の気温は45度を超えている。部屋にはクーラーはなく、あるのは天井にある扇風機のみ。また体がだるくなり、ベッドに横たわるとすぐに眠り込んだ。その後、起きては眠りを繰り返し、目が覚めた時、あることに気づいた。

「口がネバネバする……」

もう水を飲み干していた。最後の水が切れておそらく数時間が経つだろう。部屋には窓がないので昼か夜かもわからない。頭がぼーとしている。一瞬、「死」が頭の中を横切った。そしてその恐怖が体を侵食し背中がゾワっとする。にも関わらず物凄い眠気が襲う。そしてそのまま気を失うように眠った。さらに時間が経ち、今度は足がつった痛みで目が覚めた。脱水症状だ。喉の渇きも半端ない。

「死ぬぞ……」

生存本能がアラートを鳴らす。水が飲めない時代のバスケの合宿を思い出したが、病気も相まってか、あの時より遥かにキツイ。エジプト入国からの数ヶ月間、連日40度を超える乾燥地帯で生活して来た。国境の街アスワンに着いてからは毎日が50度近く。さらに追い討ちをかける灼熱の国境越え。自分では気づかなかったが疲れが溜まっていたようだ。昨日、サンダルで塗装されていないでこぼこの土の道を歩き回った時、足を捻ったか怪我をし、そこから細菌が体に侵入したのではないかと推測した。疲労で免疫力が低下しているから菌に侵食されてしまったんだろう。日本に馴染みのないアフリカの菌は今まで経験のない症状を発症させた。さらに追い討ちをかける脱水症状で抵抗力がますます落ちている。状況は最悪だ。しかし、まだまだ病と戦う意志は残っていた。こんなとこで死ぬ訳にはいかない。自分の根っこの部分が体に入って来たこの未知なるものを拒絶していた。本能は完全に生を選択している。

「気合を入れろ！　やるし〝こ〟ない」

残りの力を振り絞りベッドから起き上がった。根性と気合だ。ベッドに座り少し冷静になった。

「椅子を使ってドアの外へ出よう」

トイレに行った時に使った椅子に座り、入口のドアまで片足で椅子を滑らせた。椅子を動かす度に振動で激痛が走る。たった2メートルくらいなのに息がゼーゼーと上がった。それでも、何とかドアにたどり着き、ノブを捻り、椅子ごと廊下に出た。外は明るい。太陽が出ている時間だ。

「人がいない深夜じゃなくて良かった」

廊下はひっそりと静まり返り、人の気配は無い。椅子に座ったまま数十分待った。すると、前方の方からイスラムの白い服を着た背の高い男性がびっくりした表情を見せ、近づいて来た。

「どうした？」

どうやら英語が話せるようだ。

「原因不明の熱が出て、足が痛くて動けないんです」

「大丈夫か？」

「いや、水も食料もなくってずっと部屋で眠ってるんです」

「薬は？」

「ありますが、もうすぐ切れると思います」

その人はイエメン出身で、ドバイで働いているビジネスマン。だから英語が喋れるらしい。

「わかった。水と食料と解熱剤を買ってくる。ベッドまで連れて行こう」

彼は肩を貸してくれた。片足跳びでベッドまで進むとそのまま倒れ込んだ。激痛で右足がじんじんとする。弱いとこを見せたくないので平気な顔をした。

「ちょっと待っててね」

そう言うと彼は持てるだけの水、パンや缶詰など保存のきく食料、そして新鮮な果物、鎮痛剤を買って来てくれた。

「ありがとうございます。お金、いくらかかりましたか？」

「大丈夫、いらないよ」

「え、それは悪いです。払わせて下さい」

すると笑顔で
「オッケーオッケー。君が動けるようになるまで毎日水と食料を買ってくるから次回からもらうね」

それから1週間、毎日2回、ファラフェル（豆コロッケ）のサンドウィッチやケバブのバーガー、新鮮なフルーツジュースなど体によさそうな食べ物・水を部屋に運んできてくれた。体の底のエネルギーが徐々に大きくなって行く。

「優しい人だ」

毎日彼に感謝した。そして、それとは別にもう一つの感情が沸いた。

「生命の力ってすげーな」

パソコンなどのデジタル製品はウィルス感染しても勝手には治らないが、人間の体は日々回復していく。人間に組み込まれている高度なOSと生命の力強さに畏敬の念を抱いた。

1週間くらい経つと痛みが少しだけ引き、何かに掴まりながら片足でホテルの1階まで歩けるようになった。ロビーでは多くの人たちがテレビでワールドカップのサッカーを観ている。

「ごっつ、大分良くなったね」

「ありがとうございます。多分、今日くらいから自分でごはんを買いに行けると思います」

「良かった。実は俺、明日でここを去ってドバイに戻るから、ホテルの人に状況を伝えていたんだ」

ホテルのスタッフも俺の回復具合を見て笑顔を見せた。

「良かったら外で煙草吸わないっスか?」

「お、いいねー。行こうか」

ホテルの外に常設されている灰皿の前で一緒に煙草を吸った。煙草が旨い。煙草の味は自分の健康状態を教えてくれる。

「顔色が良くなった。初めて見た時は顔が真っ白だったよ」

「あなたに比べれば白いっすよ」

そうやって真っ黒に日焼けした自分の腕と彼の腕を比べた。

「確かに」

彼は爆笑した。優しい笑顔だ。

「途中から、食料の他に煙草もお願いしてきたよね。ごっつ」

「ニコチンがキレちゃうと死んじゃうんで」

今度は2人で笑った。

ちなみにスーダンは今回旅した国の中で一番煙草が安い。お金に裏レートがあるため、正確には分からないが日本円で一箱50円位。最安値だったエジプトよりさらに少し安い。

「スーダンにはよく来るんですか？」

「うん。観光でね。今、イエメンって戦争中だから、中々いろんな国に入れなくて。エジプトとかモロッコとかは観光でよく行くんだけど、もう何十回も行って飽きてしまって。で、スーダンは物価も安いし穴場なんだよね。母国イエメンのお隣だし」

ホテルの前の道路を見回すと、20人ぐらいのストリートチルドレンとそのお母さんが少し離れたところでずっとこちらを見ている。

「君は日本から来たのかい？」

65歳ぐらいの矍鑠とした威厳のあるおじいちゃんも煙草を吸いにやって来た。

「日本人か。珍しいねー。人生で初だよ」

「国はどちらですか？」

リビアはかつてカダフィー大佐が独裁政権を握っていた国。イエメン同様戦時中だ。

「リビアだよ」

「こちらも初めてリビアの人に会いましたよ」

おじさんは煙草を吐き出した後、目で表情を作り大きく笑った。

「観光ですか？」

「観光半分ビジネス半分かな。あ、ちょっと待ってな」

リビアの老人は外に溜まっている母子たちに声をかけ、こちらに来るように促し、お金を渡し始めた。そのタイミングで俺を助けてくれた男性もお金を渡した。どんどん人が寄って来る。2人とも相当な金額を渡した。お金を配り終えると煙草に火を付けた。

「バクシーシですね」

バクシーシとはイスラム世界の習慣で富める人が貧しい人に施しを与えること。

「あの子たちはシリアの難民だよ。シリアの状況知ってるだろ。国にいられないからスーダンに流れてきてるんだよ」

「結構なお金、渡しましたね」

リビアのおじいさんは、ニコニコ笑いながらお茶目に目配せをし、空になった財布を見せた。

「うん。あの子たち困っているだろうからな」

そう言うと目を細め、遠くを眺めながらゆっくりと煙を吐いた。太陽の強い光が煙を際立たせ、乾いた街を幻想的な街に変えた。

日本にいる時、正直イスラム教が怖かった。連日ニュースで流れてくる過激派の映像。アメリカが指定するテロ支援国家や戦時中の国、スーダン・シリア・リビア・イエメン。国際ニュースで知るのは理解できない恐怖の行動や価値観。しかし、実際にここに来てみたらどうだ。女性の写真を勝手に撮った時、自分を守ってくれた若者たち。治安を守ろうとする街の人々。部屋で倒れた俺に水と食料を毎日買ってきてくれたイエメン男性。シリアの難民に手持ちのお金のほとんどを渡すリビアの老人。肌の色や宗教は違えど根っこの部分は日本人と同じだ。いや、むしろ彼らの方が人間味がある。

勿論、イスラム原理主義の過激派がイスラム教圏の出入国がゆるいこの国に集結し、秘密会議を開催しようとすれば簡単だろう。アメリカからテロ支援国家に認定されたのも頷ける。しかし、日本のメディアからイスラム過激派のショッキングな映像こそ流れてくるが、イスラム世界のごくごく普通の日常が映し出されることは稀だ。ニュースを定義づけするならば「珍しい出来事や新しい情報」。ニュースだけで見るイスラムの世界は、特異な出来事だけ映し出される。我々日本人は知らず知らずの間に、こちら側の世界に対しマイナスな印象が刷り込まれているように感じた。

「ごっつ、何か問題が発生したらいつでもワッツアップで連絡して。アラビア語で通訳してあげるから」

そう言い残し、命の恩人はドバイへ帰って行った。

翌日から、左片足跳びで食物や水の買い出しに出た。切れてしまった抗菌薬や鎮痛剤は街の薬屋で調達した。英語で表記されている薬はドバイ産のもので高い。しかし、グーグル翻訳でアラビア語に変換し、スーダン産の抗菌薬を購入すると金額が3分の1に抑えられた。とはいえ、足の痛みは引かない。3日分の食料や水、保存食を買い、部屋で連載終了の文章を書き、食材が切れると片足跳びで買い出しに出た。一番困ったのが、雨の日だ。街中に大きな水溜りが出来る。変な菌を足に入れたくないので、ホテルの目の前のお店なのに300〜400メートルは回り道をし、泥水に右足をつけないように買い物をしなければならなかった。病気が発生してから10日が経つ。そのほとんどの時間をベッドの上で過ごしているが、痛みが治まらない。俺はだんだん不安になって行った。「これ、治るのか？」10日も経つのにまともに歩けない。抗菌薬も飲んでいるのに……。ネットでスーダンの病院を検索したが、病院に行くとお金がかかる。

「病院は最終手段だな」

自分の回復力を信じた。しかし、部屋に置いてある総重量20キロになるバックパックを見る度に「こんな重い荷物を背負ってこのままアフリカを旅するのか……」と自信を失った。この時、出発して以来初めて旅の中断を考えた。まだまだ旅を続けたいが、最悪のケースとして日本への帰国をも視野に入れた。

しかし、もう1週間経つと痛みはあるが歩けるようになってきた。毎日少しずつ歩行練習をし、ともに歩けるようになったらバックパックを背負って街を歩く練習をした。回復に合わせ荷物の重さを徐々に上げ、スーダン入国3週間後にはハルツームを出発し、エチオピア近くのガダーレフという小さな村まで移動出来るまで回復した。

ガダーレフは観光客が来るようなところでもないので安宿もない。地元の人に事情を話すとモスクの休憩所に簡易ベッドがあり、そこに2泊させて頂くこととなった。日本人は珍しいらしく、モスクで働くスタッフが毎日やってきては日本や東京の話を聞いてきた。「東京の電車は1分も狂いなく正確に来る」と話すと、信じられないという表情を見せた。最終日にモスクの人々にお礼を言い、僅かばかりのお金を払った。そしてさらに南下し、エチオピアを目指す。乗り合いの小さなバンにぎゅーぎゅー詰めで乗り、エチオピアとの国境へ続く砂漠道を走った。バンの窓に外から足をかけ、立ち乗りをしている人もいたが、インドなどの国を見てきたので、「あー、ここもこんな感じか」と思った。

旅人として成長した自分に少しばかり酔っていた。

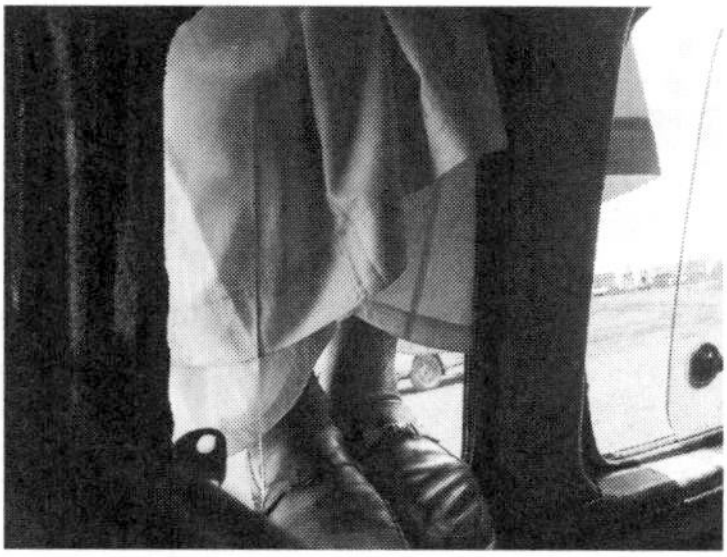

足を車の窓にかけている

11章 エチオピア

スーダンの国境の街ガラバトからエチオピアに入国した。ビザはハルツームにあるエチオピア大使館で事前に取得していたので、国境超えは割とすんなりいった。ここからゴンダールという古都の街を目指すのだが、入国した時間は午後3時を回っている。国境にいたエチオピア人から、急がないと今日中にゴンダールにたどり着かないと言われた。

国境の街メテマに入ると、国境名物の両替商が寄って来る。この手の人達はぼったくりが多く、レートもやたら高い。だが、闇ルートで買ったスーダンポンドは残り500円をきっていたので、数人と交渉し、一番レートが高い商人でエチオピアブルに両替した。

テレビの仕事をしている時、とにかく時間がなくて、お金で時間を買っていた。ギリギリまでPCで作業し、電車ではなくタクシーで移動。タクシー内でもカタカタとキーボードを叩いた。

しかし、すっかり旅に馴染んでからは、時間でお金を買う生活になった。わずか100円をケチるため20キロのバックパックを背負い、灼熱の太陽の下、平気で数キロは歩く。最初は真逆の価値観を楽しんでいたが、この頃にはごくごく普通のこととして肌身に染み込んでいた。だが、今は時間がない。ここで両替にもたつくと、最終のゴンダール行きのバスを逃してしまう。国境近くの街は大体どこの国も治安が悪く、宿代が高い。総合的に判断して素早く両替することを選択した。お金に関してはかなり慎重になっている。アフリカ旅はお金で安全を買える。高い宿は安全だし、強盗にあってもお金で解決出来る。勿論、病院にも行ける。また、アフリカ諸国はビザ代が高く、陸路で国境越えするのにUSドルが必要との情報を得た。既に取得したスーダン・エチオピアのビザの情報から類推するにその情報は間違っていないようだ。USドルはエジプトで手に入れた。ドルを両替してくれる場所が中々なく、リサーチにリサーチを重ね、最終的にエジプトのカイロでカジノに行き、カードで10万円ほどチップを買い、それをそのまま換金してUSドルを手に入れた。現金は肌身離さず、靴のソールの裏、パスポートと一緒に体に巻きつけたシークレットポーチ、裏ポケット、盗まれてもイイ見せ財布などに分散し管理した。金とパスポートさえあれば、何とかなる。

換金したお金でバス停に向かう乗合のトゥクトゥクに乗った。すると、出発直前に人相の悪い40代位の男が乗り込んで俺の隣に座った。トゥクトゥクが進むと「どこに行くのか?」と聞いてきた。何となく嫌な予感がしたので「ゴンダールまで」と素気なく返答し、目線を合わせないよう景色を眺めた。すると、「ゴンダールへの行き方を教えてあげる」「もし観光するなら案内する」「両替はしたのか?」などと話しかけてくる。「いや大丈夫。ノーサンキュー」と言い無視をした。アフリカを旅した旅人から、エチオピア人はかなりしつこいと聞いている。さらに、拳銃を所持している人がいるから気をつけろとも言われた。それでも話しかけてくる男に「ごめん、俺には必要ない」と強い口調で突き放したが、全然おさまらないので途中から完全に無視をした。

インドや中東にも面倒臭い輩はいたが、こちらにその気がないとあきらめる人がほとんどだった。しかし、こいつは明確に「ノーサンキュー」と意思表示をしても気にせず話かけてくる。かなりやっかいな奴だ。トゥクトゥクを降りバス停を探した。バス停近くには十数人ほどの男女がいた。皆、細身でスーダン人より若干背が低い人が多いように感じた。男性の洋服はブルージーンズにTシャツで女性は露出の多い格好をしている。エジプト・スーダンというイスラム教徒が多い北アフリカの国から久々にキリスト教圏に入ったんだなと思った。英語が喋れる人も多く、自由な雰囲気がある。

バスを待っている男性に「ゴンダール行きですか？」と尋ねた。

「ゴンダールには行かないよ」

「え？　ゴンダール行きはないんですか？」

「うん。今、ゴンダール行きのバスはない」

理由を尋ねたが「わからない」と言い、目を逸らした。その表情から何か言いたくないことがあるように感じた。やってきたのはイメージしたバスとは違い、20人位の小さなバンだった。ゴンダール方面には進むが途中のマガナンという村までしか行かないとのこと。スマホのオフラインマップでマガナンの位置をチェックすると、ここからそんなに遠くはなくゴンダール方面に向かうのでミニバスに乗り込むことにした。その時だった。

「おい、ここまで案内しただろ。金を払え」

先ほど話かけてきた男が言い寄ってきた。無視をしてバスに乗り込もうとすると、肩に手をかけ俺を外に押し戻した。バスはほぼ満杯で、俺を残し最後の数人が乗り込もうとしている。

「ノーサンキューって言ったよな。意味がわかんねーよ」

そう言ってもう一度バスに乗り込もうとしたら、今度は俺の前に回り込んだ。彼を避けて強引にバスの席に座ろうとしたが、また肩に手をかけてきたので流石に頭にきて手を払い、体を突き飛ばした。拳銃やナイフを出す仕草がないか静かに観察した。

一度イギリスのブライトンでナイフを持ったブラジル人と格闘したことがある。深夜にドミトリーの外で煙草を吸っていると、薬でヘロヘロにキマった同じ位の背丈のブラジル人が話しかけてきた。面倒なことにならないよう、笑顔で会話をし、酔っ払いをいなすように話していると突然「ジャップ」「イエロー」「国に帰れ」などと激昂し、罵ってきた。直ぐに金品目当ての恐喝だと悟った。無視して宿に戻ろうとドアを開けたその時、ナイフを持って俺に近づいてきた。咄嗟に相手のナイフを持った手首を握り、そのまま腕と体を壁に押し付け、大声で助けを呼んだ。相手は薬でヘロヘロだったのと、腕っぷしは俺の方が強かったということもあり、何とか力で制することが出来た。にぎやかな繁華街に面した宿だったので、直ぐに人が集まりそのジャンキーは警察が来る前に走って逃げていった。その時、生まれて初めて命を賭けた喧嘩をした。騒動が終わりドミトリーの共用ソファーで一息ついていると、死への脅威が遅れてやって来て、胸の鼓動が激しく高鳴った。体に纏わりついた暗雲のような恐怖はしばらくたっても拭い去ることが出来なかった。

今回の相手は身長180センチぐらいの黒人だ。身体能力では引けをとるかもしれないし、拳銃を持っている可能性もある。面倒なことは避けたい。しかし、男同士は身体の接触をきっかけに喧嘩のスイッチが入る。俺は相手を咄嗟に突き飛ばしてしまった。

「こいつ、ここまで案内してやったのに金を払わない」

男はそう乗客に説明をし、自分の正当性を冷静に訴えた。そして、再び俺の肩に腕をかけ俺を外に連れ出そうとする。外に連れ出され、バスが逃げるように出発し、二人きりになったら最悪だ。その時は何をされるかわからない。おそらくだが、こいつは喧嘩に慣れている。やり方があざとい。今度は腕を摑んできた。ふり払おうとしたが、摑んだ腕を離さないのでバスの入口で軽い揉み合いになった。

「こいつは案内なんて必要ないと断ってるのにずっとついて来て、金を要求しています」

バスの乗客に助けを求めた。

「同じエチオピア人から止めるように言ってもらえませんか」

だが、乗客たちは目を伏せたり無視をしたりした。面倒には巻き込まれたくないという雰囲気だ。

「運転手さん、出発して下さい」

運転手はエンジンをかけた。俺はドアを閉めようとしたが、彼は片足を車内に突っ込みバスの出発をさせない。こいつは本当にタチが悪い。国境越えをした外国人目当てにこうやってゆする常習犯に違いない。

「この村は貧乏なんだ。俺には子供が4人もいる。仕事の報酬がないと暮らしていけない。俺は君をここまで案内をしたが、金を払わない。俺は真っ当なビジネスの話をしてるんだ」

彼は乗客や運転手にも訴えかけた。知性も高いようで嘘もうまい。

「さっきも言ったけど、君が勝手に話しかけてきて、俺は明確に断った。ビジネスは成立していない。君がやってるのはゆすりだ」

気づけば10分以上はこのやりとり。他の乗客からも早く出発したいと言う雰囲気が醸し出される。時間を稼ぎ、遅延の罪悪感からお金を払わせる作戦に切り替えてきたようだ。

「絶対に金を払わない」

最後にそう言って無視をし、何も喋らなかった。ミニバスの運転手が痺れを切らし、ドアが開いた状態でゆっくりアクセルを踏んだ。バスが動き始めた。彼は車に乗り込み、「金を払え!」「泥棒!」「中国人が!」と俺を罵り、20メートルくらい動いたところでバスから飛び降りた。窓から彼を眺めるとしばらく大声を出しながらバスを追いかけ、途中であきらめた。車内は何事もなかったような空気だ。おそらくこういうことに慣れているんだろう。エチオピアの治安の悪さが何となく理解できた。

「すみません。ご迷惑をおかけしました」

乗客に謝ると、人の良さそうな太った男性が
「オッケーオッケー」

と言い、他の人も大丈夫だよという感じで作り笑いをした。心配してくれていた表情も垣間見える。

荷物を置き、座席に座った。まだ、息が荒々しい。だが、数分後には通常の呼吸に戻り、冷静さを取り戻した。こんなやりとりにも大分慣れてきた。わずかなお金を払って穏便に解決しようかとも思ったが、それはやっぱり納得が出来なかった。ヨーロッパ滞在中に西洋社会に1年いたせいで自己主張が強くなったのか、生来の気質がそうなのかわからない。確かに子供の頃から理不尽なことを強要させられると必ず反抗した。高校1年の時、得意だった数学で先生に「解き方が違う」と指摘された。「いや、この解き方もある」と主張したら「黙って記憶しなさい」と大きな声で怒鳴られた。その日以来、数学の授業は腹が痛いと嘘をつき保健室で過ごした。高校バスケ部では、監督が理不尽なことを言っても「はい」と元気な声で返事をした。しかし、「今のおかしくね。あいつ絶対潰す」と陰で文句を言い、チーム全体で理不尽と戦うように仕向けるので、裏キャプテンとか影のキャプテンとか言われた。旅に出てから、その本性がだんだんと剝き出しとなり、アフリカに入ってからさらに加速している。曖昧を良しとする日本人的な感覚が剝がれ落ちてきているのかもしれない。

窓の外を眺めた。初めて見るエチオピアの風景は、砂漠地帯とは違い南国特有の大きな木や葉っぱが多い。とんがり帽子のような円錐形の茅葺き屋根が数軒ほど連なる小さな村が印象的だ。スーダンとの国境からわずか数キロしか離れてないのに、こんなにも景色が変わるのかと少しびっくりした。

「血が出てる……」

先ほど男が腕を摑んだ時、爪がめり込んでいたようで血が滲んでいた。わずかばかりだが痛みがある。落ち着いていたと思っていた気分がまた高揚した。

「クソが」

あの男の嘘が許せなかった。自分の奥底にある野生の部分が熱く燃えたぎるのを感じた。

エチオピア北部の村マガナンに到着した頃には17時を少し回り、空は薄暗くなりかけていた。小さな村らしく、でこぼこの土の地面に古いトタン小屋の家がぽつりぽつりとある。スラム街にも似た雰囲気があるがドブの匂いはしない。一瞬、足の怪我が頭をよぎったが、揉み消した。知らない街でのマイナスの感情は判断力を鈍らせる。決して治安の良さそうな場所ではない。

村を歩き回り、人を探すが見あたらない。この調子では宿などなさそうだ。村人を発見し「宿はないか」と聞いてみたが、やはり「知らない」と言われた。

「まぁ何とかなるでしょ」

そう思いながら歩いていると、少しガラの悪そうな30代位の男が話しかけてきた。

「中国人？」

「いえ、日本人です」

「へぇ〜日本人か、初めて見た。珍しいね」

男は全身を舐め回すように俺を見る。

「国境からゴンダールに行こうと思ったらこの村までしかバスが行かなくて」

「あー。今、この先の道で政治的問題が発生しているからな」

政治的な問題？　一体どういうことなんだろう？

「この先の道路が封鎖されている」

政治家のパレードとかがあるのだろうか？　それとも……。

「何かあったんですか？」

「政治的な問題としか言えない」

「どういうことですか？」

「ごめん。これ以上はわからない」

そうやって男は質問を拒んだ。これ以上はわからないというより言いたくないという雰囲気だ。英語が少したどたどしいので何度も聞き返したが返答は同じだった。

「この辺に宿ってありますか？」

「うーん、ないけど友達の家に空き部屋がある。聞いてみようか？」

その男は友達に電話をかけた。

「オッケーみたい。1晩5ドルだけどいい？」

「勿論です」

男は家まで案内してくれた。中から彼と同い年位の金色のネックレスを付けたチャラそうな男が出てきた。この人もお世辞にも良い人には見えない。むしろ、案内してくれた男よりもワルの雰囲気に本物感がある。

その男はトタンで出来た離れの小さな一室を案内してくれた。生業で宿を営んでいるのではなく空いている部屋を貸してくれたようだ。

「1泊5ドルだけど」

「はい、大丈夫です。ありがとうございます」

「いやいいよ。俺の本業はミニバスの運転手なんだ」

バスの運転手なら詳しい情報を持っているかもしれない。

「ゴンダール行きはいつ出るか知ってますか？」

「1週間後になるか、もしかして1ヶ月後になるかもしれない」

「え、そんなに。1ヶ月ですか……」

長すぎる。エチオピアのビザは1ヶ月間しか滞在期限がない。

「何が起きたんですか？」

「村と村の間で闘争が起きてる」

「闘争？」

「この辺は小さな村が沢山あるんだけど、政治家が役所を移転したら、元々役所があった地域の村民が怒って、それでかなり揉めてる」

なるほど。国境で話しかけた男性や案内してくれた人がお茶を濁した理由がわかった。異国の人間に自分の国の良くない部分を聞かれるのが嫌だったのだ。田舎の人特有の保守的な感情をイメージした。恥ずかしいと思っているのかもしれない。それにしてもこの悪チャラ男はその辺を全然隠そうとしない。オープンな性格なのか、少しぶっ飛んでいるのか。

「晩ごはんになったら部屋に呼びに行くよ」

「ありがとうございます」

「酒でも飲もうぜ。エチオピアはビールが美味いぜ」

「ビールですか。いいっスね」

そういえば、アフリカに入ってからほとんどお酒を飲んでいない。イスラム教の戒律でお酒は禁止されているため、酒は飲めない。隠れて売っているお店もあるが高い。スーダンの首都ハルツームでは厳格なイスラム教徒が多いという理由なのか闇酒場さえ見つけられなかった。インドや中東などもそうだったが、宗教でお酒を禁止されている国ではあまり酒を口にしなくなった。その方が何かと面倒なことに巻き込まれないと学んだからだ。また、旅の予算管理をしていると、無駄にお金を使っているのはお酒を飲んでいる時だ。酒・煙草などの嗜好品は本当にお金がかかる。毎晩浴びるように飲んでいた東京・目黒のしょんべん横丁が懐かしい。

「チアーズ（乾杯）」

庭先で悪チャラと乾杯をし、派手なラベルの生ぬるい瓶ビールを一気に喉に流し込んだ。暑くて喉が渇いている。久しぶりのアルコールなのでビールが喉から胃までたどる経路が熱くなって行くのを感じた。

「旨い」

悪チャラは大笑いした。

「そうだろ。エチオピアビールは世界で一番旨いんだぜ」

味はラガー系でそんなに癖が強くなく飲みやすい。少しコクのあるすっきりとした地ビールのような味わいだ。5歳くらいの小さな男の子がやってきた。珍しい来客をじっと眺めていたので、ジャッキーチェンの「蛇拳」の動きをし、子供の頭を撫でた。するとケラケラ笑い、最終的には俺の膝の上にちょこりと座った。軽くて小さくて愛おしい。エチオピアの子供は人懐っこく、日本の子供に比べるとシャイな部分が少ないように思えた。屈託なく喋りかてくる子供の瞳がキラキラしすぎて少し照れてしまった。その後、おじいちゃんとおばあちゃん、家族、俺の噂を聞きつけた近所の人たちがやってきて大宴会となった。

「もう1本行けよ」

悪チャラが酒をすすめる。そしてちゃっかり金をとる。1本80円くらいだ。皆で飲む酒は楽しく、エチオピア初日の夜は最高の気分となった。

すると、14~15歳ぐらいの華奢で清楚そうな美少女がトマトパスタを運んできた。てっきりエチオピアの地元料理インジェラを食べられると思っていたので少し拍子抜けをした。後に知るのだが、エチオピアはかつてイタリアに事実上植民地化された歴史があり、イタリア料理の文化が根付いているらしい。

「パスタなんて作れるんだ。すごいね」

　少女は照れた笑いを見せた。恥ずかしがり屋さんのようだ。

「美味しい」

　彼女に向かって大袈裟に言うと、嬉しそうに微笑んだ。本当は既製品のトマトソースとニンニク味が薄すぎる上にパスタが伸びてしまっているのだが、そんなことはどうでもいい。村の人たちと食べる最高のひと時が、パスタの味を最高に変えた。悪チャラもほろ酔い気分で少しだけ目がとろーんとしている。

「あの娘だけ働いてるけど、ごはんに呼ばないの？」

「あー、あの娘はここで働いているんだ。近くの部族の娘なんだけど小さい頃からお母さんと住み込みで働いている」

　そういえば全体的な雰囲気から自信のなさや悲しみを感じる。奉公に出された山形生まれの貧しい少女が、ひたむきに生き抜く名作ドラマ『おしん』を思い出した。

　皆は楽しそうにはしゃぎ、可愛い子供は「遊ぼう」とせがむ。その一方で部族の少女はごはんも食べずに働いている。複雑な気分になった。

「あの娘、お腹減ってないのかなぁ」

「お前、あの娘が気にいったのか？」

　悪チャラがニヤニヤしながら俺の顔を覗き込む。

「違うよ。若いのに大変だなと思って」

子供が再び膝の上に座り、笑顔を見せる。相変わらず透き通ったキラキラとした瞳だ。

「あの女とセックスするか？」

子供がきょとんとした表情で俺を見た。

「やめろ、そんな話をするのは。相手は少女だぞ。しかも子供の前で」

怒りにも似た感情が湧いた。

「おい、こっちへ来い」

すると悪チャラはニヤニヤしながらその娘を呼びつけた。

「この日本人、お前が気に入ったらしいぞ」

少女は何ともいえない笑顔を見せる。作り笑いと照れが同居している。

「ごめんね、こいつ酔っ払ってるだけなんだ」

すると、悪チャラは少女をからかうように
「こいつお前とセックスをしたいそうだ」

と言い、いやらしくニヤけた。

「イイ加減にしろ」

俺は少し怒った口調で言った。子供はその状況を「何が起きているの？」という目で見ている。

「お前、クレージーだよ」

そう言うと、悪チャラは手で膝を叩きながらゲラゲラと笑った。

夜も大分遅くなり、晩ごはん飲み会はお開きとなった。皆に「さよなら」の挨拶を告げ、「楽しかったです」とお礼を述べた。部屋に戻ろうとした時、悪チャラが近づいてきた。

「今、確認したら彼女、30ドルでやらしてくれると言ってる。どうする？」

何とも言えない気持ちになった。

「いや、大丈夫。興味がない」

部屋のドアを閉めた。悪チャラはドア越しで「わかった。おやすみ、ゆっくりな」と言い、上機嫌で家の方へ戻っていった。

部屋には電気がなく床の上に簡易な布団があるだけだ。暗闇の中、懐中電灯でバックパックを探り、南京錠を取り出した。ドアには鍵がないので内鍵をする。布団に潜ると窓のない部屋は漆黒の暗闇だった。物凄い静けさだ。外から聞こえるわずかな物音に体が敏感に反応した。犬の鳴き声が聞こえる。深夜にドアをこじ開けられ、襲われる可能性もあるなと恐怖を感じたが、酒と疲れで気を失うように眠りに落ちた。

「ごっつ、ごっつ」

朝早くドアを叩き、俺を呼ぶ声が聞こえた。腕時計を見ると5時前。悪チャラの声だ。

「こんな朝早くどうした？」

「急遽、連絡が来てゴンダールまでバスの運転をすることになった。行くか？」

俺は慌ててコンタクトを入れ、荷物の準備をした。腹もそんなに空いていない。

「10分後に呼びにくるから一緒に行こう。20ドルかかるけどいいか？」

事前に調べていた情報だと、国境の街メテマからゴンダールまで地元価格は700円前後。高すぎる。

「ゴンダールからメテマまで7ドルって聞いてるけど」

「普通はそうだけど、特別便だから高いんだ」

確かに道路が封鎖されていると聞いている。

「10ドルでどう？」

「15」

「12」

「オッケー、それでいいよ」

金額の折り合いがつき、村にあるミニバス乗り場に行くと6人ほどの人が既に待っていた。40代位の女性も一人いる。ここに来た時よりも小さい8人乗りのバンがやってきた。

「ごっつは助手席に座れ」

言われるがままに助手席に座った。前の方が景色がよく見える。こいつ、意外と良いやつなのかもしれない。他の人の荷物とバックパックを車の上に縛り終えるとバスは出発した。村を抜けると広大な緑の畑が見える。スーダンに比べるとこの辺は雨が多く降るようで砂漠化が進んでいない。悪チャラは鼻歌を交えながらアクセルをふかす。時速は200キロ近く。やはりこいつはクレージーだ。途中、急にスピードを落とした。すると、牛の集団が道路を横切って行く。

「あんな遠くの牛、よく見えたね」

「まぁ、この辺は庭みたいなもんだからな。どこに牛がいるかは大体予想できるよ」

リュックベッソン製作の『Taxi』というフランス映画を思い出した。主人公の運転手は無免許でスピード狂だが腕はピカイチ。彼からそんな印象を受けた。その後、1時間ほど走ると景色が変わり起伏のある草むらが続いた。幼い頃、「野生の王国」というテレビ番組で見たアフリカの平原が眼下に広がる。一本道の先にある、透き通った空が青くて気持ちが良い。

俺は、窓を開け、手のひらを外に出し進行方向に向けた。

「何やってるんだ?」

「風の抵抗がちょうどおっぱいの柔らかさと同じなんだ」

そう言って風に向かって「おっぱい、おっぱい、おっぱい」と叫びながら揉む動きをすると、悪チャラはゲラゲラと笑った。その時、道路上の数百メートル先に数人の人影が見えた。時速は200キロ近く出ている。かなり危険だ。しかし、道路に出ている人たちは車との距離が徐々に狭まるにも関わらず一向に避けようとしない。悪チャラもスピードを落とさない。何かがおかしい。100メートル位まで迫ってきた時、悪チャラが右手を俺の方に伸ばし体を触った。

「ごっつ、伏せろ」

訳が分からないまま頭を伏せた。ガシャンという音と鈍い音が数回聞こえた。

「キャー」

後ろの座席から女性の悲鳴が上がる。何が起きたか分からない。俺は助手席で伏せたまま頭を抑えた。悪チャラはアクセルを踏み更にスピードを上げる。高速で回転するエンジン音が鳴り響く。運転席との隙間から頭を伏せた状態で後ろを覗き込むと、車内に血が飛び散っていた。数人の男がうずくまり血まみれの手で顔を覆っている。顔からは更なる血が流れ落ちる。女の人は恐怖で顔が引きつりパニック状態に陥っている。呼吸が浅く息を吸っていない。

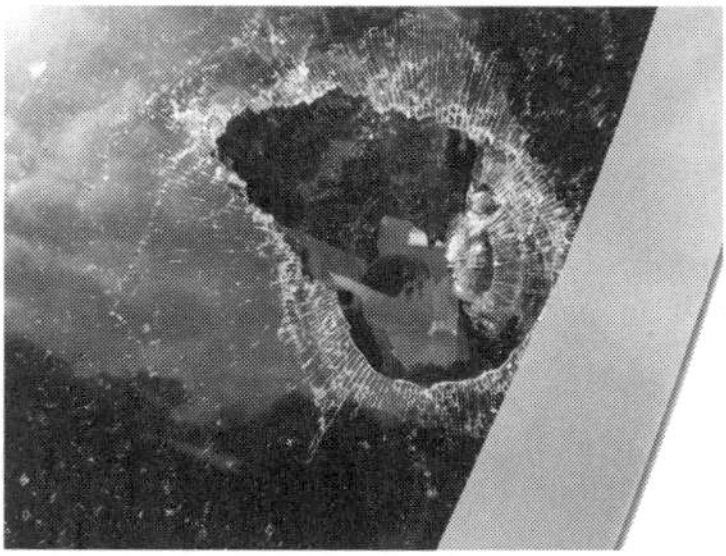
投石で割れてしまった車の窓ガラス

「何が起きた?」

悪チャラに質問をした。

「さっきの男たちが大きな石を投げ込んだ。あと1キロ先にエチオピア陸軍の基地があるからそこに逃げ込む」

一瞬の出来事で頭が混乱していた。脳からアドレナリンが出ているせいか恐怖を感じていない。が、かなり危険な状況だということだけはわかった。そっと頭を上げ、前方を見るともう人影はなかった。しかし、またいつ人が出てきて同じ目に合うか分からない。俺は左右前方に全神経を集中させ何か違和感がないかを見た。ゾーンに入ったのか全ての景色がゆっくり動いているように感じた。陸軍基地の道路標識が見えると道路を右折し、脇道に入った。しばらく行くと多くの車が停まっている場所があり、そこで停車した。皆が外に降りるタイミングで俺もドアを開け、車から降りた。一番大きな怪我をした人が数人に抱えられ軍医のいるテントまで運ばれる。怪我したもう1人は手で顔を抑え、自らテントまで歩いて行った。車を見ると右側中腹部分、つまり俺の真後ろの窓ガラスに20センチ強の穴が空き、放射線状にガラスが割れている。中はガラスの破片が飛び散り、半径20センチ位の血のついた石が転がっていた。つまり、俺の頭のわずか30～40センチ後方でこの惨劇は起きていたことになる。車は時速200キロで走っていた。助手席の俺が狙われ、外れて後ろの人たちに危害が加えられた可能性もある。停まっていた10台近くのバンやトラックも同じように襲われ陸軍基地に逃げ込んできたようだ。フロントガラスの助手席部分が割れている車もあった。運転手の悪チャラが中心となり、迷彩服を着たアーミーに事情を説明している。襲われた他の一般人もアーミーのところに集まっていた。そこにいる多くの人に共通するのは基地に逃げ込んで来た安堵感と高揚感だ。話し声は大きくもなく小さくもなかった。

頭の中がふわふわとして興奮状態にあった。恐怖は感じていない。職業病のディレクターモードが発動し、あちらこちら動き回り、何が起きたかを取材をした。軍の基地なので写真は機密情報に当たる。スマホでシャッターを切る時は辺りをチェックし、誰も見てないことを確認してから最低限の写真を撮った。状況を説明すると、紛争中の村の農民が無節操に通る車に怒り、威嚇で石を投げ込んだのではないかという話だ。窓から投げられた半径20センチの石は時速200キロのスピードで走っている車内に投げ込まれた。石は前方右側から一人目の男の左目の部分に直撃し、その後バウンドしてもう1人の男の顔や頭に当たった。ガラスの破片で、石が直撃した列とその後ろの列の人も軽い怪我をしている。1時間ほど軍医が手当し、包帯を巻いた人々が車に戻ってきた。幸い死者はなく、石が最初に当たった男性は意識が朦朧としていたが自力で歩けるようだ。

「この後どうなる？」

悪チャラに尋ねた。

「1時間後、さっきの道路をゴンダールまで行く陸軍の車が通るので、その車についていくという話になった」

「じゃあ、陸軍が守ってくれるんだ」

「いや、守ってくれるかは分からない。ただ、陸軍の後ろについて行けば少しは安全だ。俺たちはただ、あくまでも陸軍に連なっていくだけ」

悪チャラが深刻な顔をしていたのが気になった。

停まっていた車が連なりメインロードに出て、見晴らしが良い場所で車を止めた。ここで陸軍が来るのを待つ。陸軍基地の近くということもあり、我々以外の人影は見当たらない。皆、車の外に出て水を飲んだり煙草を吸ったりしている。少しは安全なようだ。俺も外に出て煙草を吸った。

「日本人だって、珍しいね」

50歳くらいの男性が話しかけてきた。

「はい。いや、驚きました。ゴンダールに行けるという話だったからてっきり紛争が終わったか休止になったと思い込んでました」

「この辺りの人たちはずっと揉めてるからね。村と村も揉めてるし、部族間でも揉めてる」

「そうなんですね……。でも、ここからは軍隊が先導してくれるから少しは安心ですね」

男は神妙な顔を見せた。

「聞いてないのか？」

「何をです？」

嫌な予感がする。

「ここからゴンダールが一番危険なんだ。銃撃戦も起きてる」

絶句した。今までは危険地域に入る手前だった。投石は「これ以上先に近づくな」という警告だったのかもしれない。

「ごっつ、煙草1本くれない？」

悪チャラが俺の元にやってきた。

「いいよ。スーダンのやつだけど」

「お、スーダン産か。珍しいね」

持っていたライターで風を避けながら火をつけてあげると、顔を近づけ火種を大きくした。

「なぁ、別の人に聞いたんだけど、この先が紛争地域で、さっきの場所より危険って本当?」

悪チャラはバレたかと言う顔をした。おそらく俺に心配をかけまいと思い、喋らなかったに違いない。

「あー本当だよ」

そう言って煙を吐いた。俺はもう1本の煙草に火をつけた。流石に2本連続だと喉がイガイガする。

「お前、出発前にここがこんなに危険って教えてくれなかったよね」

「あー、お前が急いでゴンダールに行きたそうだったし、次はいつ車が出るかわかんないしな」

悪チャラは悪びれることもなく余裕の表情で煙草を吸う。

「戻れないよね?」

「うん、戻れない。1台で戻る方が危険だ」

もう行くしかないようだ。

「それにしてもこの道を1人20ドルで運転するのは安すぎたな。窓ガラスの修理代もかかるし」

「運が悪かったんだ。しょーがねーよ」

「車出すの断ればよかったのに」

「まぁ、でも、家族のために金稼がなきゃならねーから」

昨晩の家族の笑顔が頭に浮かんだ。こいつもこいつなりに真剣に生きている。

「なー、俺が今何を考えているかわかる?」

「わかんない。来なきゃ良かったとか」

「違うな。こんなに危険な目にあって、12ドルは高すぎる。もっと安くしろ」

悪チャラは「フフフ」と笑った。表情が明らかに緩んでいくのがわかる。こいつも本当は怖いはずなのに、ドライバーとしての責任感からか、ずっと余裕のフリをしていた。

「ここからが勝負だな」

「あーそうだ」

「頼むぜ運転手」

「オッケーブラザー、任せとけ」

悪チャラは吸殻を勢いよく投げ捨て、俺は吸い殻を数本残った煙草の箱に律儀に入れた。

数十分後、1台の装甲車と2台のTOYOTAの白いトラックがやって来て、我々のいる場所に停まった。トラックの荷台には機関銃を首に下げた8人ほどの迷彩服を着た男たちが座っている。

運転手と兵隊が車から降り、5分程話をした。そして、最前列に装甲車、続いて軍のトラック、一般車、最後尾に軍のトラックの順で陣形をとり移動を始めた。俺たちの車は軍のトラックの真後

エチオピア軍に護送される一般車

ろ、一般車の最前列だ。トラックの荷台には1台につき4人の兵隊が乗り、うち2人が前方方向を向き、もう2人が左右外側に背中を向け、片足を車の外にぶらりと降ろし荷台の端に腰掛けた。３６０度チェック出来る配置だ。時速は30キロ位。意外とゆっくり進む。車が13〜14台連なるのでスピードをあげると最前列と最後尾の距離が開いてしまう。ゆっくりコンパクトに進み、襲撃を受けた時は前後から守る作戦のようだ。車内には若干の緊張感があるものの、時折話し声も聞こえる。俺は一度も後ろ座席の方へ振り返らなかった。全神経を集中して軍隊の動きと左右に人がいないかをチェックした。兵隊は一本道では割とリラックスしているが、山道のカーブに差し掛かると立ち上がり、銃を構えた。その所作は慣れたもので余計な力を使わないよう必要最低限の動きだけをしているように見えた。1時間ほど走ると車のスピードが上がった。そしてもう30分ほど走ったところで最前列の軍隊の車2台が、自分達の車を追い越すよう指示した。ここで軍隊とはお別れし、自力で走る。どうやら危険地帯を過ぎたようだ。その後、1時間ほどで目的地のゴンダールの街が見えた。車を降りると悪チャラは車上の荷台に登り、次々と荷物を降ろしていった。乗車していた人々は安堵からかお喋りの声のトーンが高い。時折笑い声も聞こえる。俺は20キロのバックパックを背負った。

「サンキューブラザー、おかげで無事にゴンダールに到着できたよ」

「いろいろと大変だったな」

「いや、いい経験になったよ」

悪チャラはニコリと笑った。

「元気で良い旅をな」

「そっちも。家族や働いてる人たちにお世話になりましたって伝えてな」

「おー、伝えとく」

「じゃあ」

「じゃあ」

そう言って固い握手とハグをし、お別れをした。

ゴンダールからマガナンまでの道は1本しかない。悪チャラは全員が降りたのを確認すると危険な道に向かい走って行った。家族の元に戻るために……。

12章 ソマリア

アディスアベバはエチオピアの首都で人口480万人のエチオピア最大の都市。エチオピアの言語、アムハラ語で「新しい花」を意味する標高2300メートルの街は、涼しくて過ごしやすい。安宿が集まるピアッザ地区にあるタイトゥーホテルでソマリア入国への下調べをしていた。

ソマリアは今回選んだアフリカ縦断ルートで一番の危険地域だ。1991年の内戦により国土が三つに分断され、事実上の無政府状態が続いている。南部に位置する連邦政府「ソマリア連邦共和国」、1998年自治宣言した「プントランド」、旧英領の「ソマリランド共和国」に分裂し、この三つの地域で内戦が起きている。また、ソマリア半島に面するアデン湾では多数の海賊行為が報告され、その大多数がプントランドから出撃していることが、米国の無人偵察機や衛星写真などから判明している。さらに、ソマリア連邦共和国が支配地域としている領域内には、アルカーイダとも繋がりがあるイスラム勢力アル・シャバブの支配地が内包され、テロ活動が頻繁に起きている。外務省の危険度マップでは全域が最も危険なレベル4。渡航禁止勧告が呼びかけられている。ちなみに紛争中だったメテマ～ゴンダール間は、情報が遅れたのか危険度レベル2。レベル4の危険さが肌身にしみる。ソマリア入国に関する情報は渡航者が少ないからか、日本語に限らず英語でもほとんど見つからない。

あるにはあるが、数年前のものだったりする。この手のリサーチをする場合、数年前の情報はざっくりとした概要は把握できるが、刻一刻と変化する情勢下ではあまり役に立たなかったりする。

などとカッコつけてこの文章を書いているが、正直な気持ち「超～ビビっている」。レベル4は危険すぎる。スーダンでは病気、エチオピアでは紛争に巻き込まれるなど、ここ最近ついていない。

「この調子だと、次は死ぬかもしれないなぁ」

ネガティブな感情が頭によぎる。ここまでは運が良かったが、もっと慎重にならなくてはならない。旅人にありがちな、〝危険な目にあった武勇伝〟はもうイイ。安全に旅するため、なぜ今まで危険な目に遭ってしまったのかを分析した。

①旅慣れてきて、最低限のことだけを調べ、ふらふらと旅するのがカッコいいと思っている。
②短気な部分があり、喧嘩を売られると買ってしまう。
③お金を節約し過ぎている。

この三つが挙げられる。しかし、ソマリアに関しては①②③を完全に排除し、細心の注意を払わなければ命を落とす可能性がある。

まず、リサーチにお金をかけた。Kindleでノンフィクション作家の高野秀行さんが書いた『謎の独立国家ソマリランド』という本を購入した。高野さんは誰も行ったことのない辺境ばかりを旅する早稲田大学探検部出身の作家さんで、著書『謎の独立国家ソマリランド』では、2009年にソマリランドに潜入したルポが綴られている。ビザの取り方や陸路入国での注意事項などが詳細に書かれていた。ソマリアに住む民族や文化なども詳しく取材されていて非常に参考になった。旅慣れた高野さんでも、ソマリランド入国前には政府関係者と面会し、もしもの時に備えての人脈を作るなど、入念すぎるほどの準備をしている。やはり良い旅人はポイントの押さえ方に無駄がない。

次に、ソマリアの隣国であるエチオピアの日本大使館とアポをとり、取材という形でソマリアの情勢を伺った。しかし、大使館員はお茶を濁すような感じで中々ソマリアの内情を教えてくれない。「もしパスポートを失ったらエチオピアにも再入国出来ないどころかソマリアから出られない」「ソマリアとの国交がない日本政府は、現地で邦人が何らかの被害や事件に巻き込まれても助けることが出来ない」など、暗に渡航中止を訴えかけた。バレバレだが、こちらも渡航するとは言わず、旅人ではなく、テレビディレクターで今はアフリカの本を執筆するためのリサーチをしているという体裁で話をしていたので、最終的には「そうは言ったが、日本政府としてはソマリアに入国しようとする日本人を止めることは出来ない。それは日本人が持つ権利だから」という証言を得た。「旅する権利」である。無論、自己責任だが。そして、もし現地で何かあった場合は、国交があるケニア大使館に逃げ込むと話がスムーズに進むとの情報も頂いた。

その後、エジプトのカイロで知り合ったフランス人バックパッカーが「イギリス政府が出している危険度マップを参考にすると良い」というアドバイスをくれたのを思い出した。調べてみると、やはりソマリア全土は真っ赤のレベル4だが、唯一ソマリランドの首都ハルゲイサだけがレベル3。真っ赤な地図の中に小さな小さな黄色のドットが浮かんでいる。想定ルートが出来た。目的地はソマリランドの首都ハルゲイサ。アディスアベバからバスでエチオピア東部にある街ハラールで1泊し、そこからジジガというソマリランドとの国境近くの小さな街に向かう。そこで車を見つけ、国境を超えハルゲイサに向かうというルートだ。高野さんも含め、ソマリランドに陸路での入国に成功した旅人はそのルートを選択している。おそらく、エチオピアからの陸路で入国出来るのはそのルートしかない。ただ、このルートに関する最新情報を探しても全く見つからない。英語だけでなく、エチオピアで使われているアムハラ語も含め、更なるリサーチを続けた。昔からリサーチには定評があり日テレの報道局から賞を頂いたこともある。気になる記事を見つけた。

「現在、ジジガで紛争が起きている。キリスト教の6人の司祭を若いイスラム教徒のグループが殺害し、その後、街全体で暴動が起きている」

しかし、ネット記事では真意はわからない。

「外気に当たってエチオピアコーヒーでも飲みに行くか」

アディスアベバの街を散歩することにした。立ち飲みスタンドでコーヒーを飲み、街を散策していると30代前半の日本代表のサッカーのユニホームを着ているアジア人男性を見かけた。

「日本人ですか？」

「はい」

「本当っスか。嬉しいです。日本語に飢えていて」

「旅人さんですか？」

「そうです。エジプトから南アフリカまで縦断中なんです。そちらは？」

「私はJICAで働いていまして」

JICAとは途上国における社会課題を解決するために発足した外務省所管の独立行政法人。ソマリランドに関する情報を持っているかもしれない。

「今からアディスに住む日本人チームでサッカーやるんですけどジョインします？」

「参加させて下さい」

アディスアベバの街の真ん中に大きなスポーツ施設がありサッカーグランドが併設されていた。そこにはエチオピア人を含む、現地在住の日本人が沢山いて、休日のサッカーを楽しんでいる。俺もゲームに参加させてもらったが、標高が2300メートルあるので空気が薄くかなり息切れしてしまった。一汗かいてシャワーを浴びると、ソマリランドへの恐怖がほんの少しだけ薄らいだように感じた。試合後、国連で働く日本人男性と仲良くなり、食事に誘って頂いた。

「後藤さん、ソマリランドに行かれるんですか？」

「はい。そのつもりです」

「やめておいたほうがいいですよ。危険ですから」

事件が発生し、日本政府が動けない場合は国連が出動しなければならないので、あまり行って欲しくないという話だった。働いている立場からすれば当然の意見だ。

「あのー、一つ質問していいですか？　ジジガで紛争が起きているって情報があるんですけど本当ですか？」

「本当です。今、国連が入って情報収集しています」

「日本大使館では教えて頂けなかったですけど」

「日本大使館の情報は、国連、ＢＢＣやＣＮＮなどの国際メディア、現地警察からの情報を得て発表されるので情報が遅れるんです。国連が一次情報になるんですよ」

なるほど。だとすれば、国連の情報の方が早い。情勢が目まぐるしく変わる戦時下ではスピードが命だ。勿論、正確な情報であることは言うまでもない。メテマ〜ゴンダール間で起きている紛争は未だに大使館情報に記載されていない。

「キリスト教司祭がイスラム教徒に殺害されたと記事を読んだのですが、宗教戦争ですか？」

「いや、政治家の闘争という説もあります。在任の長かった政治家の対立候補をキリスト教司祭が推し、選挙で勝利したので、逆恨みで襲撃されたのではないかとも言われています。宗教上の可能性もありますが、まだ不確定です」

「街の様子はどんな感じですか？」

「今、情報収集しているんで何とも言えないですが、かなり危険な状態なのは間違いないですね。行く予定があるのですか？」

「ジジガからソマリランド行きの車に乗ろうと思っているんです」

「うーん。お勧めしないですね」

「とりあえず、ハラールまでは行こうと思っています。そこで少し様子を見ようと思って。物理的距離が近い方が正確な情報が集まりやすいので」

「……そうですか。それと今、ソマリランドはコレラ菌が流行っているので気をつけて下さいね」

その夜、少し冷静になりソマリランド入国について考えた。大使館や国連の情報。何よりそこで働く人々の表情。さらに、探せど探せど出てこないソマリランドの最新情報。唯一の望みはイギリス政府が出している危険度マップの黄色のドットのみ。それ以外は全て「危険、行くな」という警告を鳴らしている。ものすごく冷静に判断すると「行くべきではない」という結論になる。気分転換にベッドに転がり天井を見た。扇風機がカラカラと音をたてて回っている。

「なんで命を懸けてまでソマリアに行くんだろう？」

そもそもの疑念が湧いた。俺はビビりだ。今だって死ぬのが怖くて怖くてしょうがない。投石で血まみれになった男の顔が頭にこびり付いて離れない。

「旅とはなんだ？」――

「ただの娯楽」「失恋を癒すもの」「真実の愛を見つけるもの」「自分を見つめ直すもの」「自分自身を成長させるもの」「新しいものを見たり発見したりすること」「冒険」「人生」

「旅とは……」――

一晩かけて「自分にとっての旅」を考え続けた。しかし答えは出なかった。

その後、世界一過酷なツアーと呼ばれるダナキルツアーで一緒に火山に登った韓国外国語大学の大学院でアフリカ文化の論文を書いている韓国人女性が宿を訪ねてきた。彼女は、エチオピア情勢に特に詳しく現地の知り合いを紹介してくれ、一緒にエチオピアビールを飲みながら、ソマリア南部に拠点を置くイスラム過激派組織アル・シャバブがアディスアベバにテロを計画し逮捕された事件など、ソマリアとエチオピアの紛争の歴史を教えてくれた。しかし、ソマリランド入国に関する有益な情報までは得ることは出来なかった。アディスアベバにも慣れてきて、夜一人で街にふらふらと出かけるようになった頃、油断して二人組に路地裏に連れ込まれ、羽交い締めで金品を要求された。1円も持っていなかったので無事に解放されたが、そんな日々を過ごしながら、リサーチと命の危険を肌身に感じつつ「死を賭けた旅」について考え続けた。

時は刻々と過ぎ、エチオピアに滞在できるビザの期限1ヶ月が間近に迫ってきた。もう行くか行かないかの選択をしなければならない。とりあえず、ソマリランドの大使館にビザの申請をすることにした。アディスアベバにはソマリア連邦共和国大使館、ソマリランド共和国大使館の両方がある。ネットで調べた場所まで行くと、情報が古かったようでソマリランド大使館は別の場所に移転してしまっていた。現地で聞き込みをし、大使館に到着したのは閉館時間を15分ほど過ぎた17時15分。どこの国でも公の機関は時間に厳しい。190センチ近くある守衛さんが門を閉めようとしている。この人は多分、初めて会うソマリ人だ。

「すみません、ソマリランドのビザを申請しに来たんですが」

「もう閉館時間だよ」

「大使館が移転したの知らなくて」

「ビザを取りに来たの？」

「そうです」

「どこの国の人？」

「日本人です」

「おー日本か。トヨタの車、好きだよ。ちょっと待ってね。大使にお願いしてみる」

なんと守衛さんが大使と直接話をしてくれるという。他の国ではあり得ない。

「オッケーだってよ。120ドルかかるけど良い？」

「60ドルって聞いていますが」

「時間外価格だよ」

「とりあえず中で話を聞いて良いですか？」

「オッケー。じゃーパスポート見せて」

守衛さんはパスポートをチェックすると、とてもフレンドリーな感じで書類申請の仕方を教えてくれ、大使の部屋まで案内してくれた。室内は重厚な英国風の作りで、緑白赤のソマリランドの国旗が飾られている。国旗の緑の部分に描かれたシャハーダ（信仰告白）をデザイン化した白文字が、何かしらの強いメッセージを放っているように感じた。部屋の奥に目をやると、20代の秘書らしき綺麗な女性が小さな椅子に座り、人の良さそうな60歳位の威厳のある男性が真ん中の大きな椅子に座っている。案内してくれた守衛さんは部屋の後ろで背筋を伸ばし皆の様子を伺っていた。室内にいるということは守衛ではなく大使館職員なのかもしれない。かなり少ない人数で大使館を運営しているようだ。

挨拶をし、パスポートを渡すと大使自らが面接をしてくれた。

「すごく多くの国を回ってるね」

「はい、3年ほどバックパッカーをやっていまして世界を放浪しています」

「羨ましいなー。うちの国はこんな状況だから行ける国が限られているんだ」

スーダンで俺を助けてくれたイエメンの男性と同じだ。やはり、戦時中の国では世界旅行が憧れらしい。

「今回のソマリランド入国の目的は？」

「観光です」

「観光するって国ではないだろう」

大使は笑って言った。

「あまり皆が行かないような国や場所に行くのが好きなんです」

「どんな場所に行ったの？」

「例えば、インドにある標高4000メートルのヒマラヤ山脈にあるチベット人の村に滞在させてもらったりとか」

「へぇー。面白い経験してるね〜」

「はい。料理が美味しくて、人が優しく、星空が綺麗でした」

彼は目をキラキラと輝かせながら話を聞いた。

「ソマリランドを選んだ理由は？」

ずっと考えていたけど結論が出なかった質問だ。

「日本も昔、鎖国していて、その時に浮世絵など素晴らしい文化が生まれました。ソマリランドは今、あまり多くの国と国交がありません。その分、素晴らしい独自の文化や芸術が生まれているはずです。あと、現地の人がどんな暮らしをしていて、どんな物を食べているのか？　そんなことを知りたいです」

優等生のような回答をした。大使はにこやかな笑顔でうんうんと頷いている。

「オッケー。入国を許可しよう。1階で70ドルを払ってくれ」

「120ドルと聞きましたが」

「それは、ビジネスやジャーナリスト専用のビザの金額だ。君はただのツーリストなので70ドルでいいよ」

後ろにいる守衛の顔をちらりと見た。ひょうきんな顔で俺に目配せしている。大使は俺のパスポートにソマリランドのスタンプをバンっという音をたて、勢いよく押した。

「ミスターゴトー、君に聞きたいことがあるんだけど」

「何でしょうか?」

「日本の車はなんであんなに故障するんだ? 実は私の親族が日本車の故障で事故を起こし死んでしまった。郊外の岩の道でね。うちの国ではそんな事故が多発している」

「……そうですか。それはお気の毒に。もしかしてその車は中古車ではないですか?」

「あー、うちの国のほとんどの車はドバイから輸入した中古車だ」

「日本では2年か3年に一度点検をして故障をなおさないと法律上、車に乗ることを許されていません。なので故障で事故を起こすケースは非常に少ないです。そのような法整備をすれば事故は減ると思います」

「そうか、もう一つ質問を」

「どうぞ」

「日本政府はなぜ、アフリカ諸国に金を配るんだ? ここいらの国の政治家は汚職まみれで腐っている。政治家の懐は肥えるが一般の人たちに還元されない」

「すみません。その辺は明るくなくて」

「中国はお金をくれないが水道や道路などインフラを作る。雇用も生む。勿論、現地の人の中には自分の国に入ってくる中国人を憎んでいる人もいるが、そちらの方が理にかなっている」

「一帯一路政策ですね」

「そうだ」

「中国のインフラ投資計画は国際社会で様々な問題が指摘されていますよね。ぶっちゃけて聞きますが、日本のようにお金を渡すやり方と中国のやり方、どちらが良いと思われますか」

「その答えは明確だよ。中国の方だ」

大使は強い口調で言った。

「それを日本に帰ったら政府に伝えてくれ」

「わかりました。ただ、私はただの観光客なのでそんな力はありませんが」

大使は「そうだな」と言い笑った。

「僕からも質問しても良いですか?」

「勿論」

「ジジガから国境を超えてハルゲイサに行こうかと思っているんですが、その道は安全ですか?」

「うーん。あの辺は道が悪いから、パンクとかあるかもしれないけど大丈夫だよ」

「ハルゲイサは今、どんな状況ですか?　安全ですか?」

「勿論、ハルゲイサは安全だよ。今は隣国からの攻撃も収まっているしもう10年近くテロも起きていないよ。渡航しても身の危険はないと思います」

「そうですか、安心しました。ありがとうございます」

そうお礼を言い、大使と固い握手を交わした。すると、彼は箱の中から名刺を出し、渡してくれた。

「ミスターゴトー、もし何かあったら私の名前を出しなさい。力になれると思います」

「ありがとうございます」

わざと日本人らしく頭を下げ深々とお辞儀をした。感謝の意は伝わったと思う。部屋を出るとお金を払い、足早に外へと向かった。急いで宿に戻らなければならなかった。夜のアディスアベバは決して安全とは言えない。まして今いるエリアは、移動を繰り返してきたので土地勘がなく、いまいち治安を把握できていない。守衛さんにお礼を言い、急いで大使館を出ようとした。すると守衛さんが俺の方に近づき、耳元で静かに囁いた。

「なぁ、大使に都合をつけてあげたんだから謝礼をくれ。10ドルでいい」

交渉をふっかけてきた。役人なのに。

「ダメだよ。大使に言うぞ」

「オッケーオッケー、冗談だよ」

そう言って初めて出会ったソマリ人は笑いながら門を閉めた。

翌朝、近くの旅行会社でハラール行きのバスのチケットを購入した。そして、ホテルに戻り収集した情報をもう一度読み返し頭に叩き込んだ。バックパックの荷物や必要書類も再点検した。

気づくと窓の外は暮れていて、夜の9時を回っている。いよいよ明日、ソマリランドへ向けて出発する。ほとんど情報がない未知の国。無政府状態の未承認国家。謎の独立国家へと。しかし、その前に俺にはやり残したことがあった。ソマリランドへ入国する前にやらねばならぬこと。それは、遺書を書くことだった。今回だけは生きて帰れる保証はない。ここのところSNSもほとんど更新をしていない。今書いていること以外にも、数えきれないほどの危険な目にあっている。それらを武勇伝のようにSNSでアップすると日本にいる家族や友人に心配をかけてしまう。それを避けるため自身の情報をセーブしていた。しかし、今回だけは最悪なケースに備え、自身の今の気持ちなどを文章として残しておこう思った。まずは誰に書くかをリストアップする。両親・家族・友人・お世話になった人。そして、最愛の人。

「彼女は俺が死んだら悲しんでくれるのかなぁ」

一瞬魔が差す。そんな考えはズルいと反省し、即座にかき消した。

「あの人にもお世話になった、あの人にも……」

幼い頃からの人生を詳細に思い出した。大切な人との思い出を振り返れば振り返るほど、書く人が増えていく。名前をあげては消し、あげては消しを繰り返した。これではきりがない。

「そういえば、妹から電話があって、最近お母さんの元気がないって言っていたな」

優しい妹は、実家で姪っ子を育てながら母と父の面倒を見てくれていて、実家で何かあると、真っ先に連絡をくれる。そんな妹の言葉が少しだけ頭に引っ掛かっていた。

「何かあったのかな……」

旅の前、東京で荷物の片付けを手伝ってくれた母は元気一杯だった。しかし、よくよく考えると、最初の一年くらいは母からよく連絡があったが、最近はめっきり少なくなくなっている。

急に心配になった。やはり、最初に書く遺書は、母に向けてしかない。

「お母さんへ
この手紙はエチオピアの首都アディスアベバのタイトゥーホテルというところで書いています。これから、ソマリランドという国に行きます。お母さんにこのことを話したら、直ぐに帰ってきなさい。そんな危険なところに行ってはダメですと言うに違いありません。だけど……」

筆が止まる。母の悲しむ顔が頭に浮かぶ。小さい頃からいつも俺の味方をしてくれた優しい母。そんな大切な人を悲しませてまで行く必要が本当にあるのだろうか？　そもそも命を賭けてまで旅する意味って？　ずっと悩んできた疑問が再び突きつけられる。そして、俺は未だその答えを見つけられずにいた。今だったらやめられる。全ては自分自身の選択なのだ。

気分転換に外に煙草を吸いに出た。ホテルの庭はオレンジ色の照明で灯されている。夜空を見上げたが、街が明るいせいか星はそんなに綺麗には見えない。ライターに火をつけると、手が微かに震えているのに気づいた。「なるほど、そういうことか」。自分の奥深い感情を理解した。ライターの炎は小さく消えかけていた。標高が高い街なので空気が薄いせいだ。煙草の先端の火種を息で吸ったり吐いたりして大きくした。そして深く煙を吸い、ゆっくりと吐き出した。

「そういえば、小さい時から目立ちたがりの子供だったなぁ」

冬でもランニングシャツと短パンで過ごした小学校の6年間を思い出した。もしかすると、ただ目立ちたいだけなのかもしれない。しかし、目立つだけなら、これまで十分すぎるほどの経験をしている。金のため？　仕事や社会的な大義があれば行く理由になる。しかし、この時点ですでに連載を止めると宣言している。本を書くためという理由でもない。だけど行こうとしている。なぜだ？

怖くはないのか？　いや、怖くて怖くて仕方がない。それだけは確かだった。

部屋に戻り、ベッドに横たわっていると、携帯電話が鳴った。直電なんて珍しい。ディスプレーを見ると昨日会った国連の職員さんだった。

「後藤さん、昨日はありがとうございました。もうハラールに向かってますか？」

「いえ、明日の朝一のバスで向かう予定です」

「良かった。ジジガの街は今、非常に危険な状態になっています。街の電気も切れ、真っ暗です。水道などのインフラも全て止まっています。銃撃戦も起きているようです。国連にも撤退命令が出て、全ての職員が引き上げています」

「収束する感じはないですか？」

「しばらくはないと思われます」

「……そうですか。わかりました。貴重な情報ありがとうございます」

エチオピアビザの期限は残り3日。今回の陸路での入国はあきらめなければならないようだ。そのままネットで空路のチケットを探した。明日の早朝、アディスアベバ空港〜ハルゲイサ空港の便が空いている。ビザ切れまでに飛ぶ空路はそれしかない。そのままクレジット情報などを入力し予約をした。

「よし、行こう」

覚悟を決めた。明日は朝が早いので遺書を書くのをあきらめた。睡眠不足での出国は危険すぎる。大学時代からの友人で「世界一周花嫁探しの旅」の連載を勧めてくれた『週刊SPA!』編集長の金泉にメッセージを入れ、実家、友人、外務省の連絡先を教え「もし1ヶ月後に俺からの連絡がなかったら、そこに連絡してくれ」とお願いをした。そして、皆に心配をかけたくないので「ソマリランドでの安全が確認出来るまで渡航したことを内緒にしてくれ」とメッセージを添えた。

ハルゲイサ行きの飛行機は左右一列の4人掛け座席しかない小さな旅客機だった。乗客は30人ぐらいで男性が95%、搭乗率は30%くらい。男性はイスラムの装束ではなく多くの人がシャツとズボンを着ている。女性はカラフルなヒジャブをかぶり、全体的にカジュアルな印象を受けた。ハルゲイサ国際空港に到着すると、別途30ドルの空港税を払わなければならず、それを払うとあっさりとソマリランドに入国することが出来た。空は透き通るような水色で、気持ちが良い。空港からハルゲイサの街に向かうバスを探したが、それらしき場所が見つからない。タクシーもいない。他の乗客は家族などの迎えの車が来ていて、それぞれに乗って行く。やがて、空港から人がいなくなった。どうしようかと途方にくれていると40歳ぐらいのビジネスマンが声をかけてくれ、運転手付きのハイヤーで街まで送ってくれた。ホテルを決めていないという話をすると、1泊12ドルで街に近いW-Fiのあるホテルを紹介してくれた。別れ際にお礼を言うと、ワッツアップの電話番号を紙に書き「何か問題があったらいつでも連絡してね」と言い去っていった。初っ端から優しい人に出会えて幸先が良い。

シャワーを浴び、一息つくと街を散策に出た。ホテルから中心部まで10分ほどかかる。ホテルのスタッフは英語が使え、街までの道のりを丁寧に教えてくれた。ホテルから中心部まで10分ほどかかる。襲われるような場所はないかとチェックしながら歩いてみたが、大きな一本道で人も多い。特に危険はなさそうだ。道中、様々な動物に遭遇したのが面白かった。街中にも関わらず、コブ付き牛の集団、山羊、ロバなどが普通にいる。そのほとんどが放し飼いだ。きっと飼育されているのだろうが、野良犬や野良猫のように自由に街の中を行き来している。野原にゴミが大量に捨てられている場所があり、そこでゴミを漁り食料を探している山羊の集団も見かけた。リサーチした資料の中にソマリ人は遊牧民で移動牧畜をしているという論文があった。家畜を放し飼いにする文化があるのだろう。

街はスーダンと同じく砂漠の黄土色の土の地面で、道端には段ボールやビニールなどのゴミが落ちていている。スーダンより少し煩雑な感じがする。今のところ兵士を見かけていない。戦時中の国だと軍服を着た兵士がウロウロしているケースが多いのだが1人もいない。治安は安定しているようだ。中心部で活気ある市場を見つけた。トタンで出来た店先には日除け用の赤や黄色のビニールのパラソル傘が道路に沿って並べられ、その下で商売をしている。なんとも色鮮やかだ。店先には、衣服や食器などの日用品、スイカやオレンジなどのフルーツ、山羊や牛の肉、カートと言われる葉っぱが大量に並べられている。人が多くとても活気がある。働いている人や道行く人に「写真を撮って良いか？」とお願いすると、快くオッケーを出してくれた。10人ぐらいは撮影したが、撮影後にお金をせびる人はいない。カメラを向けると自然な笑顔を見せてくれた。市場ではイスラムの国では珍しく女性も働いている。戒律の厳しいイスラム社会ではあるが、元々は遊牧民。二つの文化が合理的に融合しているように感じた。

市場を抜けるとコンクリートのビルがある大通りにでた。白い壁にモスグリーンやパステルカラーの水色など鮮やかな色合いのペンキが綺麗に塗られ、透き通った水色の空とマッチしている。

黄土色の砂漠の街は全体的に色の統一感があり、まるで芸術作品のようだ。調和を乱す無駄な色がない。至る所でスペインの画家が描くようなカラフルなストリートアートを見かけた。街にいる人々の服も華やかだ。エメラルドグリーンや赤・茶色・紺色と個性的な色合いのイスラムの衣服を着たスタイルの良い高校生ぐらいの男の子たちが楽しそうにおしゃべりをしながら歩いている。真っ黄色のジャージに真っ赤なズボンを合わせるお爺ちゃんのセンスには脱帽させられた。女性はカラフルなヒジャブを被り、服装は原色を上手に使ったお洒落をしている。他のイスラムの国と違い女性が街に沢山いる。店先で商売をしている人々の顔は活き活きとしている。笑顔が沢山あり街全体から自由を感じた。3時間近く街歩きをすると日が落ちて来た。夕暮れの太陽は綺麗なピンク色でカラフルな街並みに彩り

ソマリランドの首都ハルゲイサの市場

を添える。遠くのモスクからアザーンが聞こえてきた。その独特な音階がピンクに彩られたカラフルな街並みに不思議な魔法をかけ、異国情緒をさらに際立たせる。その光景は今まで体験したことのない美しさだった。

「摩訶不思議な世界に迷い込んだみたいだな」

感動と興奮で身震いがした。入国前の恐怖が強かった分、感動が深い。誰も行かないような街に到着すると、その大きさは様々だが毎回このような感覚が訪れる。もしかすると、この快感を求めてソマリランドに来たのかもしれない。社会的意義や大義などない。確固たる理由もない。ただただ、快楽を求めて。

翌日、街の中心部にあるローカルの店で緑の豆のスープと揚げパンを食べると値段が1ドルを切っていたので、ソマリランドシリングでお釣りを貰った。ソマリランドは国際社会では未承認の独立国家なのに独自通貨がある。しかし、国の通貨は信用がないようでハイパーインフレが起きていた。1ドルは1万シリング。両替商はお金を路上でバナナの叩き売りのように売っている。小さな段ボール4箱分位のお金が道路に無造作に積み上げられていた。街を歩くと、あちらこちらにそのような人がいて、誰かに見張ってもらいお金を置きっぱなしにしたまま食事に出かける両替商もいた。路上に置かれた誰からも盗ま

路上に積み上げられた大量の札束

れない大金。中々シュールな光景だ。500ドルも出せば中学生向けの自己啓発雑誌にあるような、お風呂をお札で埋め、「俺は億万長者だ。地位と名誉と最高の女を手に入れた」という例のヤツが出来そうだ。そんな経済状況なので、USドル・ユーロ・エチオピアブル・南アフリカドルが一般的に流通していた。びっくりしたのはアメリカ・ニューヨークに本社があるアメリカンエキスプレスのクレジットカードが使えることだ。アメックスは今までパリ・ロンドン・バルセロナなどの大都市でしか使えなかった。アメリカからテロ支援国家に認定されている敵対国なのにビジネスマンは水面下でしたたかに商売をしている。ヨーロッパなどの西欧諸国の白人や中国人ビジネスマンだけが住むエリアもあるらしい。経済が伸びていた頃の日本なら、猛烈なビジネスマンがここにいたであろう。俺は両替商の元で10ドルだけをソマリアシリングに替えた。ローカルのお店で水やパンなど安価なものを購入するには現地通貨の方が何かと便利だし、少しだけ安いことに気づいたのだ。街を歩くと、至る所に日本の中古車を見かける。俺の見立てだと9割近くが日本の車だ。アディスアベバで名刺を頂いたソマリランド大使の話だと、そのほとんどがドバイから輸入されているものらしい。日産の車が人気があるのか、NISSANと後方に自作ペイントで強調した車が多かった。他にも「学校法人せいしんようちえん」「慶事・仏事の懐石料理、割烹・森恒」「鯉料理のよしむ」「シンドバット座間」などサブカル雑誌のシュールな看板企画で取り上げられそうな文字が残った古い車がアフリカの独立国家にある。まさに時空を超えタイムスリップしてきた車のようだ。派手なデコトラをさらに派手にペンキで塗った大型トラックもあった。さらに街をぶらぶらしていると、1988年と記された台座に乗った実物大の戦闘機の記念碑を見つけた。ミグだ。街の人に聞いた話では1988年に南部ソマリア軍がミグに乗りハルゲイサを空爆してきた。その時に撃ち落とした本物の戦闘機らしい。台座にはイラストが描かれていて、兵士の一人が空に銃を向けている。その後ろには両手両足を亡くし血を垂らした怪我人がいる。空には3機の戦闘機が飛び、地上では戦車が走っている。兵士が銃で人を殺している。地表には、砲撃で飛び散った生首、腕、そして多くの死体が描かれていた。今は一時的に治安が良いハルゲイサだが、平和を勝ち取るために犠牲になった多くの人たちの戦いの歴史がそこにはあった。

朝からずっと歩き続けていたので一休みすることにした。市場に戻り、屋台でソマリティーを飲んだ。インドのチャイのようなミルクティーでスパイスが効いて美味しい。すると屋台で働いている18歳位の華奢な男の子が話しかけてきた。訛りはキツいが英語は上手い。

「へぇー、日本人なんだ。初めて会ったよ」

「良い街だね。好きだよ、ここ」

彼はニコリと笑った。リアクションが純粋でシャイな印象を受ける。

「友達は出来た？」

1988年に撃ち落とされた南部ソマリア軍のミグ戦闘機

「いや、まだ2日目なんだ」

「じゃあ、僕の仲間を紹介してあげる。みんないい奴だよ」

「本当？　ありがとう」

ハルゲイサは小さな街なので2日も散歩すると大体のところを見て回れる。観光にも少し飽きていて、そろそろ地元の人たちの中に溶け込みたいと思っていたところだ。

青年は中心街から少し離れた古い廃墟のビルの方へと案内した。その入り口付近で22〜23歳位のヤンチャそうな3人組がカートを食べながらお喋りをしている。カートとはニシキギ科の常緑低木の若葉で、噛むと覚醒作用をおこす成分が含まれている。エチオピアのハラールが原産地として有名だがハルゲイサも市場の至る所で山盛りになって売られていた。たむろっている若者の1人は派手な黒人ラッパーみたいな格好をしていて、残りの2人はダブダブのジーンズにロゴ入りのTシャツを着ている。ハルゲイサの若者はイスラムの服を着ている人が多いので、どちらかと言えばアウトロー集団のようだ。感覚的には暴走族ではなく、田舎のコンビニの前でたむろしているヤンキー。3人ともカートの効果で目が爛々としている。ソマリティー屋の青年は彼らに話しかけた。

「彼は日本から来た旅人で世界を3年も放浪してるんだって」

「ごっつです。よろしく」

一番派手な男が俺の相手をする。

「俺はD-Boyって呼ばれてる。よろしくブラザー」

D-Boyはジャイアンのように太々しく握手を求めてきた。もう1人の背が高い男はイケメンで爽やか。英語が一番うまくて多分頭が良い。残りの1人はごくごく普通な感じ。ソマリティー屋の若者は、このグループに属したいが、体が小さく気が弱いので相手にされてないのび太くんのような感じだ。ヤンキー高校ならパシリとして使われてしまうタイプだろう。

「ごっつ、カート噛む?」

「頂くよ」

「お、いけるねー」

エチオピアのゴンダールでドレッドヘアーのラスタマンたちとエチオピアコーヒーを飲みながら毎日のようにカートを噛み、長時間だべっていた。ゴンダールではカートではなくチャートと言い「チャートを食いながらチャット(お喋り)をするのがエチオピア流だよ」と教えてくれた。エチオピアコーヒーとセットだったので、夜は興奮してなかなか寝付けなかった。4人で1時間ほど雑談をした後、腹が減ったので「飯を食いに行こう」という話になった。屋台ではなくビルの中にあるローカルレストランに入った。俺は「牛の焼き飯」を、他の人たちは「ソマリランド風の牛のパスタ」を注文した。

「ごっつ、日本人だから金あるんだろう? ここ、お前の奢りな」

D-Boyがたかろうとしてきた。

「ごめん、3年旅していて金が全然ないんだ。ここでも君の分を払う気はないよ」

「おい、D-Boyやめろよ。ごっつ、ごめん。こいつこういう奴なんだ」

爽やかなイケメンがフォローした。D-Boyは「何だよ」という顔をする。そして、各自で支払いを済ませた後、街をぶらつくことになった。

「ヘイ、D-Boy！」

「おう！」

D-Boyはこの街で中々の人気者なようで、あちこちの若者から声をかけられる。グーでパンチをしあったりハイタッチをしたり腕を絡ませたりと映画の中の黒人のような挨拶をする。その文化のオリジナルがアフリカなのかアメリカなのかは分からないが、イスラムの街ハルゲイサでは少し異質なように感じた。その光景を見て、なぜか高校時代の思い出が甦る。南部ソマリア軍がミグに乗り、ハルゲイサを空爆してきた年と同じ1988年の思い出だ。ヤンキー文化が盛んな大分の街でいち早く、黒人ヒップホップグループRun-D.M.C.が履いていたスニーカー「アディダスのスーパースター」を買った。ヤンキー達がまだ先の尖ったエナメルの靴を履いていた時代だ。似合わないピカピカのスニーカーを履き、人生で初めてのディスコへと向かう。当時はユーロビートの音楽が盛んだったが、ブラックミュージックに曲が変わるとフロアーに出て、黒人ぽいステップを踏んだ。すると、

「なんか、大分のノリと違う。東京の人みたい」

と言われ、地元のディスコで人気者になり、調子に乗った。青春時代の痛々しい思い出だ。

D-Boyと街の人の絡みは、そのイタい思い出を再現しているようで、少し恥ずかしくなる。

街歩きが終わると、青年と出会ったソマリティーの屋台に戻った。

「ごっつ、ここのエチオピアコーヒーは最高だぜ」

「イイねー」

「おい、エチオピアコーヒー3杯」

D-Boyがシャイな青年にコーヒーを頼む。彼はニコニコしながらコーヒーを持ってくる。

「美味いだろ」

「うん。ソマリランドでも飲めるんだね」

ソマリランドはエチオピアの隣国。カートといいエチオピアの文化も混在しているようだ。屋台でコーヒーを飲みながらカートを噛み、長時間お喋りをした。

「D-Boy仕事は何してるの?」

「まぁ、いろいろと」

「例えば?」

「いろいろだよ」

そう言って話題をそらす。おそらく仕事もせず、ふらふらしている。働いている男が醸し出す本物感がない。空が少し暗くなってきた。ハルゲイサの治安は安定しているとはいえ、陽が落ちてしまうとホテルまでの道のりで何が起きるか分からない。

「みんな、悪い。暗くなる前にホテルに戻るわ」

「まだ大丈夫だよ」

「暗くなると危ないからさ。今日、外国人、俺しかいなかったし」

するとD-Boyは、

「オッケー。明日、街の中心街にある俺の仲間のホテルを紹介するよ。安いよ」

「ありがとう」

「お金。エチオピアコーヒーいくら？」

「いいよ、ブラザー。ここはあいつの店だからお金はかからないんだ」

「まぁ、俺の分だけは払うよ」

俺は青年に自分の分をソマリランドシリングで払った。青年はきっちり受け取る。おそらくD-Boyは弱気な青年にたかっている。自分の分は自分で払うし、決して奢らない。その姿勢を見せておきたかった。

「じゃあみんな、明日またここに来るよ」

D-Boyが握手をしてきた。そしてグーパンチを2回して腕を絡めてお別れの挨拶をした。実はアメリカンな挨拶は高校時代にトムクルーズ主演の『トップガン』を観て、マスター済みだ。終わったあと恥ずかしくて顔が熱くなった。

翌日の午前中、ホテルの近くのローカルの床屋に行った。今まで訪れた全ての国で地元の床屋に行っている。ソマリランドの床屋の特徴はハサミがなく、全てバリカンで仕上げること。アフリカ人は癖が強いチリチリヘアーなのでハサミは使わないという話だ。ソマリランドの「おまかせ」は横の刈り上げが他の国より激しく、ハード目なソフトモヒカンとなった。肌も真っ黒に日焼けし、大分黒人ぽくなってきた。その後、レストランで昨日彼らが食べた「ソマリランド風牛のパスタ」を食べた。パスタ麺に炒めた牛肉・ニンジン・玉ねぎ・芋をソースで味付けしている。中国の焼きそばに似ていて美味しい。ソマリランドに来て、今のところごはんのハズレがない。スーダンやエチオピアより食文化は発達しているようにも感じた。腹ごしらえが終わると、昨日のソマリティーの屋台へと向かった。

「ハローごっつ。あ、髪の毛切ったんだ」

「似合う？」

「うん。ソマリ人みたいだよ」

「サンキュー。ねぇ、昨日少し気になったんだけど、D-Boy達っていつもお金払わないの？」

「うん。ブラザーだからね」

やはりな。あいつらムカつく。

「でも、みんなイイ奴だよ」

微妙な感情が顔に出たのか青年は彼らを必死に庇った。まぁ、そんな文化なのかもしれないが、毎日だと可哀そうだと思った。青年は決して裕福には見えない。ソマリティー屋は、幼い妹とお父さんお母さんも働いている家族経営だ。昨日、D-Boyが来た時、お母さんがあまり歓迎していない表情をしていたのが気になっていた。

「D-Boyは？」

「今日は別のビルにいるって言ってた。俺、仕事しなきゃいけないから案内だけするよ」

青年は親切に彼らの所へ案内してくれた。本当に良い奴だ。3人は昨日とは違う廃墟の前でカートを食べながら煙草を吸っている。

「おう、ごっつ遅かったじゃん」

D-Boyが話しかける。

「うん、散髪してたから」

「ソマリ人みたいでクールだぜ、ブラザー」

アメリカンなグーパンチをして来る。俺も拳を出し重ねる。やはり、このノリは恥ずかしい。1時間ほど3人で雑談をした後、D-Boyの知り合いのホテルを見にいった。

「ごっつは今どこのホテルに泊まってるの？」

「中心から空港に向かって10分ぐらいのところ。Wi-Fi付きで12ドル。綺麗だよ」

「あー、新しく出来たとこか」

「こっちは1泊8ドルだよ」

「Wi-Fiある？」

「Wi-Fiはないな」

D-Boyのお勧めのホテルはモスクの隣にあるかなり古い宿だ。モスクの隣だから治安は悪くないと思うが、とにかく汚い。インドのように治安がそこまで悪くない国なら大丈夫だと思うが、まだハルゲイサをちゃんと把握出来ていない。4部屋ほどチェックさせてもらったが、泊まるのをやめることにした。ソマリランドに来る前、安全に旅するために「お金を節約しすぎない」と決めてきた。

「悪いな、D-Boy」

「気にしなくて良いよ。ごっつが泊まってるホテル、悪くないと思うから」

4人で街ブラをしていると「スワヒリカンフー」という看板を見つけた。黒人体系の影が中国拳法の「型」をしている。スワヒリとはアフリカ東岸部でスワヒリ語を話す人々。スワヒリ出身の華僑がソマリ人にカンフーを教えている教室なのかもしれない。

「ごっつ、カンフー出来る?」

「うん。蛇拳が出来るよ」

「え、教えて」

例の「蛇拳」を見せた。D-Boyは喰らいつくように真似をする。他の2人も見よう見まねで戯れ合っている。他にも「虎拳」「鶴拳」の型を見せ、最後に「酔拳」を教えた。酔拳は酒に酔っ払った動きで相手を撹乱し、突然、蹴りや突きをする拳法だ。

「酔拳は酒に酔えば酔うほど強くなるんだ」

そう言った直後に後悔した。ここはイスラムの国。お酒の話は宗教上よくない。

「ごめん、D-Boy。みんなムスリムだったね」

「気にしなくて良いよ。ハルゲイサでも普通に飲めるとこあるんだぜ」

今まで訪ねたイスラムの国のほとんどに闇酒場があった。どうやらハルゲイサにもあるらしい。

「ごっつ、今晩パーティーがあるんだけど行かないか？」

「何のパーティー？」

「酒が飲めるパーティーだよ。可愛い女の子もたくさんくる」

危険な匂いがする。闇酒場にたむろする人種は柄が悪い。アンダーグラウンドに属するような人たちもいる。さらに、女性が絡むとなると余計タチが悪そうだ。スーダンでは女性の写真を撮影しただけで男達に連れ去られそうになった。

「酒代高いでしょ。俺、金ないからさー」

「いや、女ともセックスできて100ドルくらいだよ。酒もマリファナもある」

D-Boyの目つきが変わる。酒・マリファナ・女。戒律の厳しい敬虔なイスラムの世界では欲望の権化のような場所だ。

「D-Boy、お前、金ないでしょう。そんな高い金どうするの？」

「そこは紹介するからごっつが出してくれよ」

「いや、いい。行かない」

「頼む、ごっつ。行きたいんだ」

「行かない」

「頼む、ブラザー」

今回のD-Boyはマジだ。彼を感覚的にヤンキーぐらいで捉えていたが、そのような場所に出入りしているということはもう少しワルかもしれない。どんな場所か見てみたい気はするが、ここはソマリランド。危険度レベル4の国だ。事件に巻き込まれたら誰も助けてくれない。

「ごめん、D-Boy。俺、行かないわ」

目を見つめ、しっかりと断った。

「何だよ。つまんねー奴だな」

そう言い残すと、D-Boyはふてくされた態度でカートを吐き捨て、そのまま去って行ってしまった。爽やかイケメンが「ごめん」という仕草をする。雰囲気も悪くなったのでその日は解散することとなった。

ホテルに戻り、ツイッターで今日あったことをつぶやいた。すると、すぐにDMが入った。中身を見てみると、空港から街まで送ってくれたビジネスマンからだ。ワッツアップに登録した名前で検索したとのこと。

「ごっつ、今のツイート消した方が良い。政府とか街の人が、君のツイートをチェックしてるよ」

ソマリランドでは政府が国民に言論統制を敷いているという記事を思い出した。心配してかわからないが、一度しか会ってない親切なビジネスマンも俺のSNSをチェックしている。さらに、ソマリアにいるイスラム過激派組織のアル・シャバブは、外国人がどこにいるかなど入国者の動きを監視している可能性もある。俺は慌ててツイートを削除した。

「政治の事とか、この国にとってネガティブな内容はあまりアップしない方が良い。その方が安全だ」

彼はそう付け加えた。改めて1人で危険度レベル4の国にいるという事実を再確認させられた。そして、身を引き締め直した。

翌日もまた、ソマリティーの屋台に行ったが、青年の話だと、今日はD-Boyたちの姿が見当たらないらしい。誰かの家にいるかもしれないが、居場所がわからないということだ。その翌日もソマリティー屋の青年に会いに行くと、D-Boyたちは初日に会った廃墟にいるという。この間の別れ際があまり良くなかったので、1人で溜まり場へ向かうことにした。

「ハイ、ごっつ」

「あれ、D-Boyは？」

「昨日から姿が見当たらないんだ」

「どうかしたの？」

「わかんない。あいつ最近、ヤバイ薬にハマってるから」

イケメンが顔を歪める。

「え、何？　ヤバい薬って。LSDとか？」

「そんな良いものはここにはないよ。でも、その薬、かなりぶっ飛ぶって言っていた」

ぶっ飛ぶ薬ってどんなやつだ。ハルゲイサにそんな物があるのか？

「どこで入手するの？」

「薬局だよ」

「普通の？」

「普通の。どこでも売ってるわけじゃないけど」

D-Boyがルールに縛られない快楽主義者だというのは一昨日のやりとりで理解はしている。気になるのはお金だ。ヤバい薬は値段が高いに決まっている。中毒になっていたならいくらお金があっても足りないはずだ。2人が彼をかなり心配しているのがわかった。

1時間ほどカートを嚙みながら煙草を吸っていると、遠くの方にD-Boyの姿が見えた。体調が悪そうでふらふらしている。

「ハイ、D-Boy体調が悪そうだね」

「あー、歯が痛くてしょうがないんだ。痛くて昨日から寝てない」

「歯医者に行かないの？」

「無理だよ。歯医者は高いんだ」

目が充血している。体調の方も悪そうだ。

「大丈夫か？」

「大丈夫じゃないけど、我慢するしかねーよ」

そう言うと座り込んでうつむいてしまった。

「煙草でも吸う？」

イケメンが煙草を差し出すが、D-Boyはそれを手で払いのける。歯の痛みが本当なら、かなりキツイ。旅中、途上国で数回ほど歯医者に行ったが、日本ほどの腕はなく、金額もバカ高い。フィリピンの英語学校の先生はお金がないから自分で虫歯を引き抜くと言っていた。

「ねぇD-Boy、鎮痛剤っていくらするの？」

「5ドル」

「5ドルか、結構するな」

「なぁ、ごっつ、貸してくれない」

5ドルくらいならお金を出してあげてもいい。袖振り合うも何かの縁だ。ただ、薬屋ではヤバい薬も売っているという。もしその薬が欲しくて演技しているなら、お金を渡すのは逆に良くない。

「薬屋どこにあるの？　俺もついて行くよ」

「貸してくれるの？」

「いや、貸さない。奢ってあげるよ」

「本当、ありがとう。ごっつ、お前は本当に良い奴だぜ」

D-Boyは頬抑えたまま立ち上がった。そして、4人で中心部にある薬屋に向かった。しかし、その日はイスラムの休日らしく、3軒ほど薬屋を回ったが全てが閉まっていた。

「ごっつ、俺、街から少し離れた場所に住んでいて、家の近所に休みでもやってる薬屋があるんだ。そこに買いに行くよ」

「遠いの？」

「20分位かかるから1人で行く」

1人だとヤバい薬を買う可能性がある。だけどこれ以上疑うのも何かが違う。

「オッケー。例の溜まり場で待ってるから、鎮痛剤買ったら戻って来いよ」

「わかった。買ったら必ず戻るよ。約束する」

D-Boyは5ドル札を握りしめると人混みの中に消えて行った。3人はいつもの溜まり場に戻り2時間ほど彼を待ったが、戻って来なかった。仲間の2人はD-Boyがまたヤバい薬を買ったんじゃないかと心配していた。これ以上待っていても埒が明かないので、2人とはお別れをし、ソマリティー屋へ戻った。そして、青年に今日の出来事を話した。5ドルは日本の感覚では大したことではないと思うが、旅中の俺にとっては1泊の宿代だ。ヤバい薬を買うために渡したのであれば納得がいかない。何より「必ず戻ってくる」という男の約束を破ったのがイラつく。

「多分、歯が痛すぎて家で寝てるんだと思うよ」

「そうかな。他の2人は歯が痛いのは本当だけど、それでもヤバい薬を買っている可能性があると言ってたよ」

「僕は、鎮痛剤を買ったと信じるよ」

青年はなぜかD-Boyに心酔している。若者がワルに憧れるのは世界各国共通なようだ。

確かに本当に部屋で寝込んでいる可能性もある。体調もかなり悪そうだったし、家は街から20分はかかると言っていた。鎮痛剤を飲んでそのまま寝込んでしまった。十分にありえる話だ。青年にそう告げると「そうだよね、そうだよね」と頬を緩ませ、無邪気な笑顔を見せた。その後、2人で街の外れのショッピングモールを見に行った。スーダンのショッピングモールが面白かったという話をしたら「ハルゲイサもあるよ」と言い、仕事を抜け出し、そこまで案内してくれるという。大通りを1時間ほど歩くと、小さな鉄筋建のショッピングモールがあった。モールは二階建ての2フロアで、小さな公園くらいの面積しかない。施設には、アイスクリーム屋、電化製品店、眼鏡屋、旅行代理店、ムスリム女性服など、小さなお店が10軒近く入っているだけだ。西洋や日本のメーカーも見当たらない。大きさはスーダンのショッピングモールの5分の1くらい。時間が遅かったのもあり、客は数人しかいなかった。そこは、俺が見てきた世界のショッピングモールの中で、一番小さく、一番寂しいモールだった。

陽が落ちてきたので、2人で足早に中心部へ戻った。知っている景色が見えてきた。そろそろ街に差し掛かってきたようだ。すると、青年が雑居ビルを指差した。

「ごっつ、ここD-Boyの家だよ」

青年はD-Boyの家を知っているらしい。

「行ったことあるの？」

「一回だけ行ったことがある」

そこは、コンクリートで出来た古い雑居ビルで、D-Boyはこのビルの3階で1人暮らしをしているらしい。

「寝込んでるのかなぁ」

「行ってみる？」

「イイの？　突然だけど」

「うん。大丈夫だと思うよ」

昼間のことが気になるのと、D-Boyがどんなとこに住んでいるかという下世話な興味もあり、急遽、彼の部屋を訪ねることにした。太陽が大分傾いてきているので、「少しだけお邪魔したらすぐに帰るつもりだ」と青年には事前に伝えておいた。ついつい長居をしてしまい、夜になったら危険だ。

急な階段を登り3階の部屋の前に到着すると、ドアの奥から爆音のトランスミュージックが聞こえてきた。2人で何度も声をかけるが返事がない。鍵がかかっていなかったので中に入ることにした。

「ハイ、D-Boy」

「D-Boyいる？」

部屋は10畳ぐらいのワンルームで、ほとんど何もなくがらーんとしている。室内にあるのは低いテーブルくらいで、生活用品も見当たらない。料理をしている形跡もなく、唯一人間が生きている痕跡は、無造作に脱ぎ捨てられた洋服くらいだ。外は大分暗いのに、電灯がついてなく、部屋全体が薄暗い。無機質なコンクリートの壁に爆音のトランスミュージックが反響している。甘ったるいほうじ茶のような香りが漂ってきた。小さな窓から差し込んだ外の光で、室内がマリファナの煙で充満していることが分かった。マリファナの匂いだ。どうやらハルゲイサにも大麻が流通しているようだ。

部屋の暗さに少しだけ目が慣れると、3人の男性の姿が見えてきた。手前に1人の男が仰向けに寝ていて、その奥に2人の男がダラーんとした格好で座っている。片足座りをしているイケメンと目があった。

「ハイ、ごっつ」

ゆるい笑顔で俺に向かって片手をあげる。目がとろーんとしている。マリファナがキマっている症状だ。俺は軽く片手をあげる。

「ごっつも吸う？」

マリファナを勧めてくる。

「いや、大丈夫。D-Boyは？」

「そこで寝てるよ」

D-Boyは両手を胸の上に軽く置き、天井を見つめ、頭上すぐそばにあるスピーカーで大爆音のトランスミュージックを聴いている。

「ハイ、D-Boy」

話しかけるが、返事がない。顔を覗き込むと、完全な放心状態で白目を剥いている。意識は朦朧とし、上瞼が細かく痙攣ししている。上瞼に隠れた黒目は中心に戻ったり左右に動いたりと細かく速く動いている。どうやら天国の世界へ逝ってしまっているようだ。寝そべっている彼の周りを観察すると、錠剤を入れる銀の包みが転がっている。白い1センチ位の錠剤が4錠入る包みは2錠ほど開封され、薬がなくなっていた。手にとって薬の成分を見てみたがアラビア語かソマリ語で書かれていてどんなものか判別できない。顔の横には3分の1ほど水が残ったペットボトルが蓋の空いた状態で置かれていた。

「D-Boy、ヘイ、D-Boy」

何度も彼に話しかけるが、一瞬こちらに目線を向けると僅かに微笑み、また天井の方に目線を戻す。そして、自らの世界に没入していった。ひん剝いた白目の中の黒目の動きが気持ち悪く、死人の顔を見たような気持ちになった。俺は、全てを悟った。同じタイミングで青年と目が合う。

「太陽が沈みかけてるから、俺たち帰るわ」

イケメンに挨拶をした。

「一緒に楽しめばイイのに」

彼は軽く引き止めたが、諸々を察したのか、

「ごっつ、また明日いつものとこで会おう」

と片手をあげた。

「楽しんでいるところ、邪魔して悪かったね。またね」

そう挨拶をして部屋を出た。2人は黙って夕暮れの道を歩く。途中、青年が「エチオピアコーヒーを飲んで行かない?」と言うので、「そうだね」と答えた。時間が遅いせいか、いつもにぎわっているソマリティー屋も人がまばらだ。青年は俺の前の席に座った。幼い妹がコーヒーを2杯運んでくる。「ありがとう」と笑顔でお礼を言うと「どういたしまして」と、にっこりとした無邪気な笑顔を見せた。

「D-Boy、やばかったね」

「うん」

コーヒーに口をつけるが、いつもと味が違う。少し変な味だ。

「なー、俺思うんだけど、彼らと縁を切った方がいいよ」

青年は「そうだね」とつぶやいた。

「D-Boyたち、根っこは悪いやつじゃないけど、君には釣り合わないよ。もっとイイ友達がいると思うよ」

「うん。他にも友達がいるから、心配しないで」

彼は反射的に微笑み、すぐに哀しげな表情を見せた。

胃が痛くなってきた。下腹部がキリキリと痛む。ん、これは本当に痛いぞ。

「なんか、体調が悪いから帰るわ。お腹が痛いんだ」

「大丈夫?」

「なんか、今日、コーヒーの味いつもと違わない？」

「いつもと一緒だよ」

「そうか」

席を立ち、お金を払った。そして、いつもコーヒーを入れてくれる妹に別れの挨拶をしに行った。

屋台の奥を覗き込むと、彼女は新しいコーヒーを入れようとしていた。水差しの中には薄茶色のコーヒーが沸騰している。コーヒーにしては薄い色だ。よく見ると、それはコーヒーではなく土の混じったお湯だった。

「それ、お湯？」

「うん」

「ねぇ、いつもコーヒーってその水で作ってるの？」

「そうだよ」

妹は屈託のない笑顔で答える。

「街で売ってる飲料水を使わないの」

「沸騰させるから水道の水を使っているよ」

国連の人から「ソマリランドはコレラ菌が流行っているから気をつけて下さい」とアドバイスを受けたのを思い出した。青年に質問してみる。

「お腹、平気？」

「うん。全然大丈夫」

やはり地元の人は地元の菌に耐性があるようだ。俺自身が疲れていて免疫力が下がっているだけかもしれない。

「ごっつ、今日はゆっくり休みな」

「そうするよ。じゃあ明日、また来るよ」

そう言って青年と握手をしてお別れをした。

予想した通り、その夜から嘔吐と水のような下痢が続き、38度の高熱が出た。部屋のトイレに30分毎に行く日々が3日ほど続く。こんな時は、脱水症状にならないよう沢山水を飲み、下痢が止まるまで出し続けた方がいい。水を飲んだら直ぐに排便するという生活をひたすら繰り返した。しかし、3日目の夜には熱が引き、4日目の夜になると、下痢が止まった。5日目の昼、外に出てホテルの近くの薬屋に行った。ネットで調べたコレラ菌用の抗生物質はないかと相談すると、薬屋はとても親切に症状を聞き、適切な薬を安価で出してくれた。もし、D-Boyが歯の鎮痛剤をお願いすれば、きっと的確な薬を提供してくれるに違いない。薬を飲むとすごいスピードで体調が回復していった。親切なビジネスマンから電話がかかり、症状を話すと、少し笑い、ここではよくある話だから水と薬を飲んでしばらくはゆっくり休みなさいと言われた。6日も経つと症状は完璧に治り、普通にごはんを食べられるようになった。

元々の計画では、ここハルゲイサで安全なルートを作り、海賊のいるプントランドまで行く予定だった。D-Boy達がいい奴なら一緒に旅をしたかった。しかし、病気で完全に気力が失せてしまった。新しい土地に移動し、現地に溶け込むにはかなり大きなパワーが必要となる。今はそのエネルギーがない。

「くやしいなぁ……」

いろんな思いをして何とか潜入したソマリランド。このまま去るのは勿体無い。勝負に負けたような気持ちにもなった。しかし、何となく去るタイミングが来たような気がしていた。自分の旅は、いろんな場所を転々とするのではなく、一つの場所に長く滞在するというスタイルだ。そちらの方が、人々の生活や価値観、人間関係がよく見える。初めて会った時は「いい人だな」と思っても、1ヶ月も一緒にいると、街の人に嫌われている性格の悪いやつだったりする。勿論、逆のケースも多々あるのだが。長くいると人を通して国が見える。そして、自分のルールとして必ずその街のローカル食、常食を食べる。値段が一番安いということもあるし、人々の生活の「普通」が見える。しかし、いつの日かその味に飽きてしまい「もうこれ以上、この飯食えないわ」という瞬間が訪れたら、その時がその街を去るタイミングだ。そして、仲良くなった人々にお別れを告げ、別れ際が湿っぽくならないよう、素早く別の街に移動する。それが「俺流の旅」となっていた。

今回のように食中毒を起こしてしまうと、ローカルフードを食べるのに若干の恐怖が芽生える。ハルゲイサでは残念ながらそのような感じになってしまった。今は、清潔で安全なごはんが食べたい。塩昆布のおにぎりが食べたくて食べたくてしょうがない。ネットで検索するとケニアのナイロビで日本食レストランを見つけた。そしてそのまま、衝動的に2日後のケニアの首都ナイロビ行きの飛行機のチケットを予約した。

ハルゲイサ滞在の最終日、お別れの挨拶をするためソマリティーの屋台に顔を出したが青年の姿が見当たらない。妹に「いつ帰ってくるか」と聞いても「わからない」と言う。D-Boyたちにもお別れの挨拶をしたいので、彼らの溜まり場や行きつけのレストランなどを回るが姿がない。日も暮れてきた時間に、もう一度ソマリティーの屋台に行ったが青年の姿はなかった。妹に「お腹を壊して寝込んでいた」ということと「明日、ケニアに行くのでお別れの挨拶に来た」そして「いろいろと親切にしてくれてありがとう」とお礼を伝えて貰うようにお願いをした。


翌日の早朝、タクシーで空港に向かった。出発2時間前なのに空港には電気がついておらず鍵がかかっている。待っている人に聞くと、まだ空港が開いてないとのことだった。出発1時間前に空港の職員がやってきて、空港の鍵を開け、カウンターでノートパソコンを開き、搭乗手続きが始まった。

出国ロビーで大学生の男の子が話しかけてきて、

「いつか、ソマリランドを出て世界で働きたい。今、一生懸命勉強している」

と、純粋で綺麗な目を輝かせながら夢を語った。

「日本に来たら必ず連絡してね」

と言い、ボールペンで書いた連絡先を渡した。そして一緒に記念写真を撮った。飛行機は来た時より小さい30人くらいのプロペラ機で、ソマリアの首都モガディシュにあるアデン・アッデ国際空港で乗り換えをしなければならなかった。飛行機の荷台からバスのように自分で荷物をおろし、次の飛行機まで歩いて移動し、自分の手で荷台にバックパックを詰め込んだ。アデン・アッデ国際空港に入る時、ソマリランド共和国とソマリア連邦共和国は国が違うということで、再度入国検査があった。そして、飛行機に乗り、ケニアの首都ナイロビへと飛び立った。

　機内の窓からソマリアの街を眺めた。砂漠の薄いからし色と、首都モガディシュに面するインド洋のコバルトブルーの透き通った水の色が、絶妙にマッチしていて芸術作品のようだ。紛争さえなければ、砂漠だけでなく海が綺麗で緑も多い、魅力的な観光スポットになるに違いない。閉じられた国特有のキューバにも似た牧歌的なノスタルジーがここにはある。ソマリランドに入る前は、怖くて怖くて仕方がなかった。しかし、美しい街並みやそこで暮らす人々の生活が垣間見えると「やっぱり、来てよかったなぁ」と心の底から思えた。危険を冒して旅をしたという達成感もある。やがて、飛行機の高度が上がると、砂漠の中にある灰色の街並みと緑が徐々に混じり合い、最後には綺麗な砂漠の薄いからし色に包まれた。

「まさか、ソマリランドの一番の思い出が、白目を剝いてぐるぐる回

機内から見たソマリアの首都モガディシュ

るD‐Boyの目ん玉だとは予想ができなかったな」
そう思うと何だか笑えてきて、一人でニヤニヤとしてしまった。

13章 帰国

２０１９年４月30日午前10時。平成最後の日。約３年７ヶ月ぶりに日本へ到着した。

タイのチェンマイからソウルの仁川国際空港に入国するまでの間、どこかで財布を無くしてしまったようで、最後の国、韓国で完全に無一文になってしまった。長旅をしても物忘れをするという間抜けな性格は最後まで変わらなかった。「韓国の仁川国際空港で無一文になり、ずっと水道水を飲んでいます」とフェイスブックに書き込むと、タンザニアのザンジバル島で仲良くなった韓国の友達が来てくれて、２万円分のウォンを借してくれた。その後、１週間程彼の家へ泊めてもらい、ソウルの街を２人でほとんど金を使わず遊び、旅で出会った何人かの韓国の友達と再会した。皆、俺が英語を流暢に操る姿に驚いていた。

そしていよいよ航空チケットを買い、九州の大分空港へと飛んだ。バックパックを担ぎ、到着口から大分の大地に再び足をつけると、これがなんとも、感動すらない。他の国に移動し到着した時とさほど変わりはなかった。空港からバスに乗り大分市を目指すと、懐かしい別府湾が見えた。昔はホバークラフトが空港から大分市まで走っていて、それに乗って帰ることもあったが、バスから眺める別府湾の景色が好きなので、時間のかかるこの道で帰ることが多かった。海岸線にある高崎山から急勾配で深くなる海は、明らかに瀬戸内海の海の色で、紺色の水に深緑の水彩絵の具が溶けたような色合いは、懐かしい郷土の海だ。雲一つない晴天だったので、空の透き通った水色と濃い青緑色のグラデーションが、とても清々しく美しく感じられた。

高校を卒業し、大分の街を離れた時もやはり晴天で、この別府湾の光り輝く海を見ながら青春時代らしく、寂しさや希望を感じながら上京した。テレビの仕事をしてからは年末年始の特番が終わり、毎年大晦日か元旦に帰郷していたのだが、この別府湾を眺めると「あー、大分に帰って来たんや」と思ったものだ。だいたいこの辺りで東京弁から大分弁に脳のスイッチが切り替わる。今回は英語から大分弁へとスイッチが切り替わった。そんな特別な風景なので、徐々に日本というより「大分に帰って来たんやなぁ」と感じるようになった。

バスはトラックの駐車場になっている旧ホバークラフト基地前のバス停に到着した。

「兄ちゃん、お帰りなさい」

五つ下の妹が車で迎えに来てくれていた。

午前中だったので部屋着にメガネという出立ちだ。

「お母さん、来んかったんや」

「うん、家で待っちょんわー」

車のトランクを開け、バックパックを詰め込んだ。旅立つ時は新品だったのに随分と汚れている。きっと世界中の砂や埃、泥、菌が染み込んでいるのだろう。綺麗に掃除された妹の車に乗せるのが申し訳ないと思った。

「痩せたなー兄ちゃん」

「うん、多分12、3キロは痩せたと思う」

「若返ったわー」

「本当？」

「うん、だけど肌がボロボロやな」

旅をしている間は、スキンケアなど一度もしていないし、アフリカは移動と地球の公転が丁度重なり、9ヶ月近く真夏の太陽の下で過ごした。今は真っ黒だが、おそらく将来、シミ・そばかすが出来るだろう。しかし、そんなことはどうでもいい。

車の運転をしながら、妹がこんなことを言った。

「兄ちゃん、外人の匂いがするわー」

「え？　どんな匂い？」

「うーん、わからん。スパイスっぽいちゅうか、日本人の匂いじゃないわー」

自分の腕の匂いを嗅いだ。別にいつもの匂いだ。旅する前に六本木あたりで嗅いだ、外国人の匂いを思い出した。そういえば、スリランカに入国した時、街に漂う香辛料の匂いと現地の人々の鼻につく体臭が途中から気にならなくなった。それ以降、外国人の匂いが気になった記憶がない。清潔なヨーロッパ人は勿論、まぁまぁキツかったと思えるインド人やアフリカ人の匂いも、全くと言って良いほど気にならなかった。食べてる物が身体に影響しているのか、体質が変わってしまったのか。とにかく、俺の身体からは日本人らしからぬ匂いが漂っているらしい。ちなみにアフリカでは、現地の匂いがする人に、マラリアを運ぶ蚊は寄って来ず、新参者の匂いを好む。蚊も野生に生きる術を知っている。車は小道を抜け、国道22号に入った。もう家が近い。

「お母さん、元気にしちょんかえ？」

「あー、お母さんな。もう、昔のお母さんと一緒っち思わん方が良いよ」

「え、何で？　どこか悪いん？」

「うーん。元気が無くなっちょんわー」

「そうなんや……」

懐かしい実家が見えた。車から降りると再びバックパックを背負う。さすがは実家、ドアを開けるのに緊張感が全くない。

「ただいまー、帰って来たでー」

返事がない。昔の母なら「おかえりー」と元気に迎えてくれそうなものなのだが。

靴を脱いで、1階の食卓のある部屋に入った。

「ただいまー」

「おかえりー」

母の反応がかなり薄いのにちょっとだけ驚いた。少し小さくなっているようにも感じた。

「帰ってきたで」

「長かったなー」

「平成のうちに帰ってこようと思って」

テレビではお昼のワイドショーが、平成最後の日に、平成に起きたことを振り返っている。

俺は懐かしいテレビ番組を観ながら、ある違和感に気づいた。スタジオにいる司会者やコメンテーターの顔つきが、不自然で嘘をついている表情に見えるのだ。大自然や動物と一緒に生活をしている人々に共通する〝穏やかな人間らしい顔〟をしていない。人間の表情は危険回避においてかなり貴重な情報だったので、洞察力は相当にアップしているはず。多分、旅先でこんな顔つきの人たちに話しかけられたら、きっと何かを察し、無視をしていただろう。大物司会者が誰かを突っ込むと、スタジオにいる全員が人工的に笑った。テレビ画面の中で巻き起こる嘘の大爆笑が何とも不気味で、背中がゾワッとする。俺はリモコンを手に取り、テレビを消した。

「もう、あんた一生帰って来んと思っちょったわ」

「長すぎたわな、ごめんな」

「まぁ、無事に帰って来て良かったわ」

母の反応が小さい理由がわかった。天邪鬼なので嬉しそうな姿を見せたくないという気持ちもあるが、長旅をしてずっと家を空けていたことに、少し怒っていたようだ。寂しかったに違いない。勿論、そんな態度は微塵も見せないのだが……。

1時間ほど母と妹の3人で話をしていると、最後に会ったときには中学1年生だった姪っ子が女子高生の制服を着て学校から帰って来た。

「リュウイチロウ、帰って来ちょんやん」

姪っ子は家族の中で、唯一俺だけを呼び捨てにする。

「おーカンナ、大人になったなー」

「つーか、リュウイチロウの髪型、変じゃね」

「変？」

「うん、超謎な髪型やわー」

「やろー」

妹がディスりに加わって来た。妹は俺の前では従順なのに、一度姪っ子がディスり出すとそれに乗っかってくる。これも後藤家の日常だ。

「そんなに変？」

「日本人の髪型のセンスやないわー」

世界中のローカル床屋で髪の毛を切り続けて来た俺には、どの髪型がイケてる、いや、モテる髪型なのか、最後の方はさっぱりわからなくなっていた。ちなみに最後に切ったのはタイのチェンマイだ。横をバリカンで刈り上げて短くすれば、もはやどんな髪型でも構わなかった。

「カンナ、お兄ちゃん、外国人の匂いがせん？」

「する。なんかスパイスの匂いがする。くせー、ちょっと風呂に入ってよ」

小さい頃、ずっと俺の後ろを付いて回っていた可愛い姪っ子は、もう普通の女子高生になっていた。

「隆一郎、お湯を溜めたけん、お風呂に入ってきよ」

「わかった。そうするわ」

母が準備してくれた熱いお風呂に入った。最後にシャワーではなくお風呂に入ったのは、ちょっと思い出せないが、多分、南米ペルーのマチュピチュ村にある天然温泉だ。しかし、マチュピチュ温泉は少しぬるかった。

「あーーー！　気持ちイイー」

久しぶりの湯船は本当に気持ちがイイ。シャワーでは絶対に感じられない特別な何かがある。俺はお湯に潜って頭も温めた。体が芯まで緩んでくる。久しぶりにシャンプーとリンスを使い、ボディーソープで体を入念に洗った。旅中は全て石鹸だったので、それらが贅沢品のように思えた。最後に湯船に浸かり、風呂から出ようとした時、思わず仰天した。

「お湯が茶色やん……」

透明だった湯船のお湯が茶色に濁っているのだ。旅をしている間、毎日とは言わないがそれなりに気をつけて石鹸で体をピカピカにしていた。ドバイモールにある無印良品で、背中をゴシゴシするタオルも買った。しかし、シャワーだけでは垢が落ちきれてなかったようだ。

「見て見て、湯船が垢でまっ茶色になっちょん」

風呂上がりに子供のように喜んで、家族に茶色のお湯を見せた。

「あー本当や」

母と妹はびっくりしたり笑ったりしたが、姪っ子のカンナだけは、

「汚ねー。リュウイチロウすぐに風呂掃除して」

と冷ややかな目で俺を見た。改めて姪っ子は、すっかり年頃の女子高生になっているなと思った。

それから1日3回は風呂に入ったが、染み付いた体の垢は5回風呂に入るまで完全には落ちなかった。

俺には帰国前からずっと楽しみしていたことがある。それは日本に帰って一番初めに何を食べるかだ。これについては長期旅人と世界中の宿で語り合った。日本から物理的・時間的に距離がある国に行けば行くほど、日本食に飢えた旅人がいた。

「俺、ラーメン二郎の本店で、脂こってりのニンニクましましを、一気にズルッと行きたいっス」

2年近く日本を離れている若い旅人が、少し興奮気味に語った。俺は少しニヤつき、冷めた表情を見せる。実はこの話題を盛り上げるには少しばかりのコツがある。

「本当に一食目それでいいの？」

「それしかないっス」

「じゃあ、ガチにイメージしてみて。格安航空券で帰るから到着って早朝か深夜でしょ。東京だったら成田からの終電で東京まで戻るじゃん。二郎やってないぜ。次の日まで何も食わずに待つ？」

「いや。そう考えると……」

「でしょ。腹へって、空港のコンビニで、シャケおにぎりとか塩昆布とか一個だけ買わない？」

「塩昆布のおにぎり食いたいっスねー」

いつもこんな調子で、その人の食べたい物を聞き、時には飛行機の時間まで調べて、実際に一食目を何にするか？　という大喜利で盛り上がった。そこまでこだわると、向こうからも同じ質問がくる。

「じゃあ、ごっつさんは何を食うんですか？　リアルに」

「俺、完璧に決まってる物があるんだよねー」

「何スか？」

「日本の焼肉」

「あー、確かに。それ、ありっスね～」

世界を旅していると、結構多くの国に日本食屋があることを知る。値段が高くて中々いけないのだが、食べようと思えば、寿司、ラーメン、カツ丼、親子丼、天丼、唐揚げ定食、お好み焼きなど、大抵の物を食べることが出来る。納豆さえも意外と食べられる。しかし、一つだけないのが日本の焼肉だ。その代わりに、世界中に韓国料理の店があり、サムギョプサルなどが安く食べられる。日本人が海外でレストランを開く場合、世界で有名な韓国の焼肉と戦うのを避けているのか、寿司とかラーメンとか既に人気がある店を開く方が合理的なのか、旅の中で、日本の焼肉屋をほとんど見つけることが出来なかった。勿論、見つけても旅人にとっては高級だから食べなかったと思うが。

しかも、日本の焼肉は老若男女が好きなので、「焼肉！」と言うと、皆一様に盛り上がり納得した。

しかし、事件が起きた。ペルーから帰る途中にタイを経由したのだが、チェンマイに「チェンマイホルモン」という焼肉屋があり、牛角の半分くらいの金額で焼肉が食えるのだ。俺は誘惑に負け、残りわずかなお金を叩き、ウーロンハイを片手に焼肉を食べてしまった。それから毎日、日本に帰ってからの一食目を考え続けた。母の作る大分名物のとり天にするか、リュウキュウと呼ばれる刺身を漬け込んだ漁師飯にするか、薄味の鳥のそばにするか、未だに答えが出ていなかった。

「お母さん、お腹空いたんやけど、何か作ってもらおうかと思って」

「あー、もう出来たよ。はい、これ」

俺がお願いする前に、ごはんを作ってくれていた。母の作った料理は「高菜チャーハン」。

小さい頃、よく作ってくれたとか、俺が好きとか、そんな思い出も思い入れもない一品だ。

「冷蔵庫の高菜が、そろそろ賞味期限切れになるけん」

「ありがとう。頂きます」

母の作った高菜チャーハンは、とても優しい味で、後藤家の常食、日常の味だった。他県の人に自慢するような郷土料理でもない、ごくごく普通の味だ。食べやすく、絡み合う高菜とごはんと卵の味がとても美味しい。それは特別な味ではない、特別な味だった。その味から、特にアピールすることもなく、絶え間ない愛情を与え続けてくれる母の優しさを感じた。そして、ごはんを食べ終え、満腹になってやっと

「あー、3年7ヶ月の旅が終わり、帰国したんやなぁ」

という実感が湧いた。

夕方になってから、奇人の遺伝子を授けてくれた親父にも、無事の帰国を報告した。父は特にソマリランドでの話に興味を持ち、熱心に耳を傾けた。

その後、高校時代の旧友に帰国の報告をしたり、親戚への挨拶回りをしたり、1週間ほど忙しい日々を過ごすと、何となく帰国のバタバタが落ち着いたので、バックパックの荷物を整理することにした。出発の時、23キロだった荷物は最終的に18キロになっていた。途中、10キロまで減らしたのだが、荷物を足したり捨てたりしているうちに、18キロが俺にとって「丁度良い重さ」となった。

途中で捨てられず生き残った荷物。パスポート2枚とウエストポーチ。パスポートは途中で期限が切れてしまったので、イタリアのローマで新しいものを発行した。古いパスポートには、日本で接種した黄熱病ワクチンの証明書が添付されている。これがないと、アフリカでは入国できない国が多いので、常に2枚を持ち歩いた。

紙幣などの貴重品入れのウエストポーチは、肌身離さず付けていたので、ゴムがヨレヨレになっていた。

半袖のTシャツ2枚に長袖のTシャツ2枚。出発前に買ったモンベルの山登り用のモノを最後まで使った。なにしろ乾くスピードが早くて軽い。パンツ3枚。これはロンドンで買ったもので、重さを減らすため、ものすごく小さい黒いパンツを履いた。見ようによっては女性用Tバックのパンティーにも見える。

ドバイで買った背中をゴシゴシするタオルとハンドタオル2枚。ハンドタオルは1枚だと、湿気の多い国や移動が続く時、その日のうちに乾かない。最低でも2枚は必要だった。タイパンツにウィンドブレーカー。軽くて楽に着れた。一番長い時間着たかもしれない。

冬物。ダウンジャケットにペルーで買ったアルパカのセーター、深い鍔のあるニットハット。アフリカから南米ペルーのクスコに移動すると、寒かったので現地でセーターと帽子を購入した。ナウシカのユパ様が着ているような茶色いマント。寒い時、肩から羽織るだけでなく、冷房の効いた長距離バスの中ではブランケットとして、また、ドミトリーではカーテンとして使用し、個室を作った。

山登り用のズボンとジーンズ。ジーンズや洋服に穴が空いたら、パッチやつぎはぎをして修繕した。どこかの国で、旅人に針の通し方や玉結びのやり方を教えてもらい、簡単な修繕は自らの手でやった。穴が空いた衣服は、直せば直すほど思い入れや愛着が深くなる。それと同時に、流行り廃りで買い替える都会のセンスを少し冷ややかに見るようになった。衣服は意外と重く、荷物を減らすための最初の候補にあがる。減らすのは簡単なのだが、その分洗濯の回数が増え、それはそれでかなり面倒臭い。試行錯誤の末、今の量に落ち着いた。

ナイキエアマックスのスニーカーとサンダル。80%くらいの時間をサンダルで過ごした。滑りやすい濡れた道や、鼻緒がとれるような急な坂道では細心の注意を払った。水を汲んで体を洗うような汚いシャワールームでは、サンダルを履かないと足の裏が汚れてしまう。しかしなぜか、サンダルを履いてシャワーを浴びた汚い宿ほど思い出が深く、懐かしさが残っている。ヨーロッパなど石畳が多い街ではスニーカーを履いた。

小さなタコ足コードや充電バッテリーなどのデジタルガジェット。iPhoneの充電ケーブルは根っこが必ずダメになるので、ボールペンのコイルを付け根元に巻き補強した。しかし、iPhoneもチェンマイのソンクランと呼ばれる水掛け祭りで無くしてしまい、その時にコードも捨てようかと思ったが、一応1本だけ持って帰った。

「世界一周花嫁探し」の連載を書いたMacBook Air。旅の戦友。こいつと一緒に世界中のカフェで悪戦苦闘した。色んな意味で重かった。

薬やコンタクトレンズ。解熱剤はどこの国でも街の薬屋で買えるのだが、抗生物質は買える国と買えない国がある。途上国など物価の安い国にいる時、足りなくなってしまった薬を必要な分だけ補充した。コンタクトは2週間用で事足り、アフリカを除く、どの国でも買えた。きっとアフリカ人は目が良いのだろう。

懐中電灯。これは本当に役に立った。途上国では必ず停電が起きる。夜道や山道を歩く時、スマホの明かりでは映し出せない遠くが見えるので、近くでないと気づかない「道に突如開く穴」などを未然に発見することができた。

世界各国のコイン。どこかの国を去る時、通貨を次の国の通貨に両替するのだが、どうしても僅かなコインが余る。すれ違う旅人と通貨を交換したり、あげたりもしたが、それでも結構なコインが残った。コインは重いので何度も捨てようとしたが、やはりお金を捨てることは出来なかった。

電気棒とマグカップ。マグカップは、インスタントラーメン一杯分の水が入るものを、トルコで安く購入した。それに電気棒を突っ込み、お湯を沸かし、ラーメンを食べたりコーヒーを飲んだりするのだが、たまにビリッと感電すると、自分の骸骨が見えた気がした。

S字フック。ドバイの無印で結構な金額を出して買った。出発前に100均で買っておけば良かったと後悔した。

シルクのトラベルシート。主に南京虫がいる安宿のベッドで使用した。

テントと寝袋。ケニヤで安く購入した。アフリカ中南部は宿が高いので、テントを張って宿代を浮かせることが多かった。本当にお金がなかったので「1週間前に、この辺でテントを張っているバックパッカーが強盗に拳銃で撃たれたぞ」という話を聞かされたが、すごく悩んだ末、最終的にお金を節約して、テントで寝泊まりした。

ここまでの荷物は最低限の必需品。だが、一般的に無駄だと思える物が四つほどあった。

一つ目は「ソニー製の小さなBluetoothスピーカー」。北インドのヒマラヤで、一緒に滝に登ったマサさんが使っているのを見て、イイなぁと思い、ドバイモールで2日かけて同じモノを探した。音楽を聴くにはイヤホンで充分なのだが、あえてスピーカーを持ち歩くのには理由がある。旅宿のテラスなどの共用スペースでこのスピーカーを使い、音楽を聞いていると、必ず誰かが話しかけてくる。そして、一緒に音楽を聴き、「君の一番好きな曲を聞かせて」とお願いする。その際、自分の国ではこれが流行っているとか、きっとこの曲を聞かせたら喜ぶだろう、とかじゃなく「あなたの魂が震える究極の一曲を選んでくれ」と言う。そして、彼ら彼女らの選んだ魂ソングに耳を澄ませ、途中で決して遮ることとなく真剣に聴き、その曲の素晴らしさを語り合う。もちろん俺も、ごっつの魂ソングをかける。そんな感じで曲を通して魂と魂を共鳴させると、国境や年齢・性別を超え、ソウルメイトになれた。どうやら俺にとって音楽は独りでイヤホンで「音や楽器の演奏を楽しむ」というより「音を通じてみんなと楽しむ」ことが大切なようだ。このスピーカーのおかげでアジア・中東・ヨーロッパ・アフリカ・南米などの素敵な曲と、実りあるバイブスに出会えた。

二つ目は「旅人との思い出の品」。長旅をしていると、思いがけず一緒に旅をする「気の合う人」が現れる。そんな友とお別れする時、手紙を貰ったり、自分で作ったアクセサリーを貰ったり、日本から持って来て「いつかどこかで食べよう」と思っているチキンラーメンを貰ったりする。俺はそれらを捨てることが出来ず、コインと一緒に貴重品として持ち歩いた。チキンラーメンに関しては「いつ食べようかいつ食べよう」と楽しみにしていたが、結局食べることはなく、麺がバラバラの状態で持ち歩いた。

三つ目は「携帯用浄水器」。マヨネーズの入れ物のような形をしていて、泥水を入れてもフィルターで透明の飲み水に変えることが出来るサバイバルグッズだ。しかし、水は世界中で買え、旅の間、これを使用することは一度もなかった。これに関しては何度も捨てようかと思ったが、使われないそいつが何とも不憫で、捨てることが出来なかった。マヨネーズの入れ物と同じくらい軽いのと、意外とネタになり、笑いが取れるというのがデカかった。

四つ目は「タロットカード」。ロンドンに住むタロット占い師のソニックさんという方に頂いた。旅に出る時、「スラムダンクの最終巻」を一冊だけ持っていき、面白い旅人と紙の本の交換をしていった。南インドに、ダルシャ（抱擁）をして人々を救うアンマというスピリチュアルパワーを持つ有名な女性がいるのだが、彼女のアシュラムに滞在していた時、そこで修行をしている尼さんと「カルマヨーガ」という本を交換した。やがて、その本は、ロンドンの占い師ソニックさんの「ダリのタロットカード」と交換された。その後、タロット占いを勉強し、上達すると、世界中の旅宿で「占ってくれ！」と頼まれるようになった。俺が勉強したのは、4枚のカードが表すメッセージを組み合わせて占いをする方法。占ってほしい人の相談を聞き、四つのメッセージとその人の人生をうまく構成して、物語を作り、そのままその人に伝えた。タロットを通じて、占ってほしいことを話し合い、その人の深い部分を知る。そして、その人格を形成してきた文化・宗教・価値観などの背景を探りながら、即興でお話を作るのだが、それは今、この文章を書く上で、取材力や構成力を向上させるのに役立った。世界中の人を占ったので、英語力も向上した。世界の人々の悩みの大半は、恋愛とお金（仕事）、そして、将来の自分についてだった。ちなみに、自分にはスピリチュアルの力など全くないし、そういうものを民俗学としかみていないのだが、タンザニアのザンジバル島に長期滞在した時、島に出稼ぎに来ているマサイ族の間で、「東洋からすごいシャーマンがやって来た」と噂が広がり、連日、マサイ族の戦士が押しかけて来るという奇妙な現象も起きた。彼らの悩みの多くは、他の国の人と同じで、恋愛とお金であったが、お金は貨幣ではなく、彼らの財産を意味する牛に関することだった。

このタロットカードを通じて、世界の人々に共通する「深い意識」を学ぶことができた。そして、何より「占いを楽しむ」ことで、多くの人と仲良くなった。

無駄に思える四つの品々を含め、改めてこれらの全ての荷物を冷静に見つめ直すと、長期旅人にしては「少し重め」なのかもしれない。この辺が俺の個性なのだろう。


旅する前、離婚をきっかけに今更ながら自分探しを始めた。「我とは何者なのか？」という普遍的で青臭い答えを求め、自分を客観的に分析するために、友人たちに「俺を漢字一文字で表すなら何？」と聞いて回った。剛、時、渦、考、情、愛… 人によってその印象が変わった。選んでくれた漢字は、おそらく、その人の中の一部と俺自身との間で共鳴する何か、もしくは、そうあって欲しい一文字なのだろうと思った。多分、その日の気分や感情で選ぶ漢字も変わる。

仏教の教えの中に「無我」という概念がある。人間は永続的な不変の自己を持っている訳ではなく、人間の本当の自己は、一時的で流動的な存在であり、身体や心の集合体として現れるものだという考え方だ。離婚直後、元妻から「奇」という一文字をもらった。きっとあの時、あの瞬間、彼女は俺に何らかの「奇跡」を求めていたのだろう。しかし、俺はその一文字を「奇人」の「奇」だと勘違いし、3年7ヶ月の間、世界一周までして自分を探した。何とも間抜けな話だ。

さらに、当初の予定として「世界一周花嫁探しの旅」という恋愛物語を書きながら旅をすることで、自分を見つめ直し、その結末までを書くつもりだったが、最終的に「我とは何者なのか？」についてツラツラと書いているという「奇」なるお話に変わってしまった。予想外の結末に自分自身が一番びっくりしている。しかし、よくよく考えてみると、それこそが本当のドキュメンタリーなのではないか思う。台本やプロットがある訳でもないし、無理矢理ハッピーエンドやバッドエンドに導く訳でもない。あるがままを記述しているのである。

予定が予定通りに行かない。それは、旅によく似ている。自分の定義では、計画通りに進むのが旅行。予定が狂い、計画変更が繰り返され、予想もつかないような場所へと行き着いてしまうのが旅だ。そういう意味においては、今書き綴っている文章は、まさに「旅そのもの」ともいえる。人の考えも時間と移動の旅をしながら移り変わっていく。まさに無我を言い表すものであり、諸行無常だ。

仮に「後藤隆一郎とは一体何者なのか？」の答えを無理矢理出すのなら、3年7ヶ月かけた世界一周旅を終えた今、この瞬間に明示するものは「旅の軌跡と共に変化していったバックパックの中の荷物」であり、「痩せた身体」「匂いが変わった体質」「ワイドショーのコメンテーターの顔つきに違和感を覚える感覚」「当たり前だと思っていた家族の愛を改めて感じることの出来るようになった心」だと言える。

それが、3年7ヶ月かけ、世界一周をしながら自分探しの旅をした49歳の男の結論である。

と、ここで終わりたい所なのだが、長い時間をかけ、感情移入もしながら「世界一周花嫁探しの旅」を真剣に読んで頂いた読者の皆様にとっては「花嫁は見つかったの？」という答えこそが知りたいのではないかと思う。そのような方にとっては、不完全燃焼な結末になってしまったことをお詫びしなければならない。

そこで、わざわざここまでお付き合いして頂いたのだから「我とは何か?」の答えではなく、「別の価値ある何か?」を提供しなければと考えた。やはり、長年エンターテインメントの世界でテレビディレクターをやってきた職業病というのは世界一周くらいでは治らないものだ。

ということで、「世界一周花嫁探しの旅」が、自分にとってどのような意味を持ったのか? を振り返ってみたいと思う。それで皆様がご納得して頂けるかはわからないが、自分なりに慎重に書き進めて行きたいと思う。

最終章　「世界一周花嫁探しの旅」

旅が終わって4年の月日が経った。やっとあのころの熱狂が冷め、旅先での経験が自分の中で沈殿し、フラスコの中のアリの巣のように「あの旅」を冷静に観察できるようになってきた。現在は、東京でYouTubeを作ったり、たまに広告の仕事をしたり、本を書いたりと、コツコツと質素な生活をしながら社会復帰を試みている。あと、ふらふらと散歩している。という訳で、少し生活が落ち着いた今だからこそわかる「世界一周花嫁探しの旅」について、なぜ途中でやめたのか？　なども含め、その裏話を述べていきたいと思う。

今になって冷静に振り返ると、出国前はかなりのパニック状態にあった。交際期間も含めると15年間の月日を共に過ごした女性との決別で、困惑、混乱し、様々な判断能力を失っていた。おそらく、ショックとストレスにより思考力が低下していたのだろう。脳みそがバグっていたからこそ、おじさんになって人生初のバックパッカーになり「世界一周花嫁探しの旅」に出るという、クレージーな決断をしたに違いない。しかし、東京から実家への帰路の途中、中学・高校バスケ部のチームメイトであり親友の中道に、

「あ？　世界一周花嫁探し？　調子乗るなよ。そんな連載を見た奥さんの気持ちも考えろ」

と説教を食らった。あの時は抵抗したが、実はこの連載を書くことで、元妻が傷つくということは何となく分かっていた。じゃあ、なぜそういう旅をしようかと思ったかというと、おそらく、その根底には、夫婦だったんだから許してくれるだろうという元妻への「甘え」と、突きつけてきた離婚に対する「怒り」があったのではないかと思う。長年同じ船に乗って戦ってきた伴侶が、突如、次の港で降りると決断したことへの「怒り」。バスケでいうと、共に優勝を目指そうと誓い合ったチームメイトがバスケ部をやめた。しかも、うちのチームのエースだった。それに近い、いや、それをはるかに超える「怒り」だと思う。そして、その「怒り」の奥深い底には「深い悲しみ」が流れていて、傷ついた心を防御するため感情を変換したのだと考える。まぁ、人間の感情に同じ状態なんてある訳がなく、ドロドロとしたもので、決してキッパリと語れるものではないのだけど……。

勿論、男女の別れにおいて、どちらに罪があるとかを論じるのは意味のないことだ。離婚をした直後、多くの人から「なんで離婚したの？」「原因は？」などと、想像力が欠如した質問を数多く受けた。多分、離婚を経験なされた方ならわかると思うが、明確な答えなんかある訳がない。ほんの些細な何かが噛み合わなくなり、ズレていき、すれ違っていった。それを簡略化して言語化するなんて、全くもってナンセンスだ。とにかく、「怒り」がきっかけとなり、「世界一周花嫁探しの旅」という企画が生まれ、旅に出ようと思った。何らかの形で自分の闇を吐き出してしまわないと良くない力に飲み込まれてしまいそうだったから。そして、元妻のいる日本にいると自暴自棄になってしまいそうで、それが怖く、一刻も早く離れたかった。そんな理由で旅の準備を短時間で済ませ、逃げるように日本を離れ、「世界一周花嫁探しの旅」に出た。そして、その内容を面白おかしく伝えることで、周りから自分自身がヤバい状態にあるということを悟られないよう、皆に心配をかけないよう気をつけながら、自分自身もポジティブになれる文章を書いた。九州男児だからなのか昔からの性分なのかわからないが、自分の弱みを人に見せるのを極度に嫌う傾向がある。しかし、国を移動し、環境が変わり、多くの時間が流れ、少しずつ興奮状態が収まっていくと、「あー、あれだけ長く一緒にいた優しい元妻に対し、なんてひどいことをしているんだ」と後悔と自責の念を繰り返すようになる。文章を書く度に心が傷む。それは、元妻だけでなく、連載に登場した女性に対しても同じだった。初めは仕事のつもり、まるでドキュメンタリーバラエティーを撮るように、文章を書いていたのだが、この連載の肝の部分、つまり核心が、「恋を通じて人間の心を覗く」ということだと理解すると、その「覗きみる」という行為に対し、自分の奥底にある正義感が激しい抵抗を示した。想像して頂ければわかると思うのだが、自分の恋愛を友人や恋人などが、別の視点から語ると、本当に顔から湯気が出るほど恥ずかしい。それを多くの人が読む文章で記述されてしまった相手の気持ちを考えると、胸が痛くなり苦しくなった。勿論、俺もマスコミにいた人間なので「作家なんだから、それを曝け出せ！」という意見も分かっている。しかし、その言葉、その言葉を発する人に対して、強い嫌悪感を抱いた。

今、書いているような「自身の奥底にある恥部を曝け出す」という行為と「他人の心を覗き、暴露する」ということは全然違う。多分、平気でその言葉を口にする人は、元々の倫理観が欠如しているか、面白いもの至上主義なのか、ただ浅はかなのかはわからないが、多分、何かに洗脳されている。

なぜ、そう断言できるかというと、自分自身が、そういう言葉を平気で口に出来るような種類の人間だからだ。だからこそ、その言葉を使う側にいる何かに洗脳された人の気持ちが痛いほどわかる。俺は、昭和からテレビの現場にいた制作者なので、強烈な影響力を持っていた「あの頃のテレビ」「あの頃のマスコミ」を知っている。今のような大人の仮面を被ったテレビではなく、ヤンチャで剝き出しだった頃のテレビだ。巨大な影響力と資金を背景に、特権意識を持ち、一般視聴者を狂喜乱舞させながら、番組を作る製作者として傍若無人に振る舞っていた。面白いもの至上主義に従って、口八丁手八丁で一般視聴者に近づき、笑えるコメントを引き出し、撮影した。

例えば、素人バラエティー番組に出演して頂くにあたり、勿論、事前に許可は頂くのだが、テレビに出たい、有名になりたい、という人を除けば、放送された番組を観て「こんなつもりで喋った訳ではないのに」と後悔されている方が多かったと思う。一般の方は編集上がりをイメージ出来ないのだから当然のことである。テレビ業界に入ったばかりのADの頃は、そのやり方に疑問を抱き、「可哀想だな」と思っていたが、半年もすると、それが仕事なのだなと思い、やがて何も感じなくなっていった。テレビの世界では、その交渉や手法が上手ければ上手いほど、腕の良いディレクターとして評価され、多分、俺はその評価を得ていた。器用なディレクターだったので、いろんな番組にカメレオンのように対応できたが、一番の得意技は「ドキュメンタリーバラエティー」だった。「世界一周花嫁探しの旅」のような企画は一番得意とするジャンルだ。

俺は、長年培ったテレビの手法を使い、何か面白い事件が起きそうな場所、読者にとって引きがある情報を独特の嗅覚で嗅ぎ分け、そこにいる取材対象者、今回は素敵な女性を探した。もしくは、偶然出会った素敵な女性と旅するチャンスを逃さないようにした。誤解を受けないよう、あらかじめ言っておくが、今回の書いた内容に嘘偽りはない。実際に起きたことを正確な情報で伝え、自分の内面と本気で向き合い、覗きみた女性が悪く映らないよう負の感情だけを取り除き、誠心誠意、正直な気持ちを書いてきたつもりだ。しかし、連載が人気になるにつれ、どうやったら読者が面白がってくれるか？　どこを面白いと思っているのか？　をまず考え、それに従い、行動していたというのも事実だ。それが、旅をしながら書いた「世界一周花嫁探しの旅」である。純粋に旅先を選び、そこで起きたことをありのままに記述するのではなく、ある程度の狙いを持って旅をしていたのだ。

しかし、徐々に、長年培ったテレビの手法を使うことが「薄汚い」と感じるようになってゆく。薄汚い手法を使い読者を魅きつけ、人気雑誌のウェブ版に連載されるということで興味を惹かせ、一緒に旅した女性に掲載の許可を得る。そして、恋を通じてその人の心を覗き、行動を観察し、恋物語として文章を書く。これが、俺のやってきた下劣な行為なのである。しかも、長年連れ添った元妻を傷つけながら。真面目に糞野郎だと思う。今回、「世界一周花嫁探しの旅」を書籍化するにあたり、自ら書いた文章を書き直し、推敲しながら、何度も反吐が出そうになった。言い訳がましいのだが、この文章を書いている途中、ストレスで、血便・過呼吸・耳鳴りが止まらなくなった。そんな理由で、旅先では、何度も筆が止まり、連載が止まった。それでも、一度始めた連載でもあるし、プロの仕事として最後まで書き切らねばならない。恋を通じて人の心を覗く「卑劣な主人公ごっつ」を嫌悪しながら、世界の旅先で恋物語を書き、その原稿を編集者に送った。しかし、自身が引き起こした自己矛盾へのストレスは徐々に高まってくる。その最高潮に達したのが、インドの最南端にあるカンニャークマリで綺麗な夕陽を見た直後だった。そういう理由で、るりちゃん編を最後に、旅を始めて6ヶ月と11日後、「世界一周花嫁探しの旅」をやめることを決めた。

今更ですが、この場を通じて謝罪させて下さい。

「本作品に登場した元妻を始めとする女性の方々、そして恋敵として登場した男性の方々には大変ご迷惑をおかけしました。申し訳なく存じます」

話を元に戻します。

しかし、原稿は完全にリアルタイムに書いているのではなく、起きた事象を数ヶ月後に書き、公開するというスケジュールになっていた。恋をしながら移動し、文章を書くと、どうしてもそうなってしまう。そういう訳で、9ヶ月かけて縦断したインド、ネパール、アラブ首長国連邦、オマーン、ヨルダン、トルコ、ギリシャ、マルタ共和国、イギリス、フランス、ポルトガル、スペイン、モロッコ、イタリア、エジプト、スーダンを旅している間も、旅した最初の半年分にあたる「世界一周花嫁探しの旅」の原稿を書き続けることとなった。国を替え、移動を続けながら、「卑劣な主人公ごっつ」と客観的に向き合い、恋物語を書き続けるうちに、ある日、ふと、自身の心の奥底に隠されていた「もう一人の自分」に気づいてしまう。正直に告白すると、この連載は自分にとって、別の意味合いを持っていた。それは旅立つ前に遡る。離婚直後、自暴自棄になり、起死回生のアイディアとして「世界一周花嫁探しの旅」という企画を思いついた。それを、『週刊SPA!』の編集長であり、大学時代からの親友でもある金泉に相談したところ、彼からこんな言葉をもらった。

「後藤、これからしばらく仕事を離れるじゃん。日本社会って、一度そこから離れた人に厳しいから、この連載で社会との繋がりを持っていた方がいいよ。そしたら、帰ってきた時に仕事に復帰しやすいと思うから」

こうした友の好意で、この連載が始まった。エンターテイメント業界は生き馬の目を抜く世界で、一旦仕事から離れると復帰がかなり難しくなる。長年、業界の一線で戦って来た俺には、一年も現場を離れると、時代を読む感覚がズレてしまうということが痛いほど分かっていた。しかし、連載を書いていればその感覚は保たれる。媒体は違えど、作品を作り続けていると業界内にアピールできる。そんな打算が働いたのだ。しかし、それは完全に自分のエゴであり、そのために他人を犠牲にし、不快な思いをさせている。また、そんな自分勝手な人間だから元妻に愛想を尽かされてしまった。こうした自分自身の問題点に気づいたのだ。仕事を全うするプロの誇りや、読者のためと言いながら、結局は、あの魅惑的な、人々を狂喜乱舞させるテレビというおもちゃ箱に戻る手段として連載を書き続けていた。

俺は自分を育ててくれたテレビを心底愛している。25年の間、番組作りという、大人にならなくても良い特殊な世界を与えてくれ、子供のように次から次へと楽しいことに没頭することを許してくれた。それは、幼い頃、実家の前の空き地に近所の子供が集まり、コロンコロンゲーム、宝物を探す迷路、空き地全部を使った野球盤など、自ら考案したゲームで遊んだのと同じだった。自分が考えた遊びでみんなが喜ぶと、それが、うれしくてうれしくて、また新しい遊びを考えた。そんな少年は、子供の心を持ったまま、おじさんになり、テレビの世界で面白い遊びを考えながら世の中の人を楽しませた。多分、楽しんで頂けたと思う。また、テレビはチームプレーなので、高校バスケ部のような、厳しさや楽しさもあった。「勝利」を「面白さ」に置き換え、チーム一丸でゴールを目指す。厳しい局面も多かったので、時には、喧嘩したり、愚痴を言ったりもしたが、楽しいもの、面白いものを作りたいという仲間の心の奥には、子供のような純粋さがあった。そして、面白い物を作りさえすれば、学歴も肩書きも関係ない。東大生が中卒の元暴走族にセンスがないと怒られる。パーティーピーポーがいじめられっ子に、観察力やオリジナリティーがないとダメ出しをされる。そんな特殊な世界だから「奇人」の俺が、何も飾らず、社会人への去勢手術もされず、お金を稼ぎながら、「ありのままの奇人」でいられたのだ。そんな居心地の良い場所が、面白い変人が集まる場所が、俺にとってのテレビだった。大学を卒業して、そのままテレビの世界へと入ったので、他の社会を知らない生粋のテレビマンは、自分の居場所がなくなるということに対し、明確なイメージさえも湧かなかった。そして、それがもし実際に起きたならと考えると、暗黒の森で仲間からはぐれてしまったようなドス黒い恐怖が身体をギュッと締め付けつけた。しかし、旅を続けるうちに、特にインドに多かったのだが、その日暮らしを全く気にもせず、活き活きと楽しそうに生きている人々を知る度に、また、厳しい自然環境の下にも関わらず、たくましく生きている人たちと出会う度に、以前の居場所に固執している自分がなんだか弱い人間のように感じていった。今でも頭に残るのは、ヒマラヤ山脈の標高4000メートルに位置するスピティーバレーという渓谷で、チベットのご夫婦のところにホームステイさせてもらった時のことだ。

そこは冬の間、深い雪が積もるため、夏の2ヶ月弱しか行くことが出来ない、気が遠くなるほどの雄大な自然が溢れるチベット仏教の影響を色濃く受けた空気の薄い集落だ。村にポツリポツリとある十数軒の家は、急斜面の崖を削った僅かな平地の上に建てられていて、遠くから見るとボルダリングの壁のようにも見える。外出する時には細心の注意が必要で、一度足を滑らし、3メートル近く転げ落ちてしまった。剝き出しの大自然は、癒しとか地球のパワーとかではなく、ただただ厳しく、圧倒的で、平気で人間を殺す。そんな環境なので、電力も乏しく、夜になると真っ暗になる。代わりに蠟燭を使うのだが、それも貴重なため本当に必要な時しか使わない。朝になると、お母さんが崖を下り、その日使う分だけの水を川から汲んできて、トイレ、水浴び、飲み水、料理に必要な水を確保する。標高が高いため、米や麦などの農業地も少なく、動物タンパク質は、放牧された山羊や、ヤクと呼ばれる標高4000〜6000メートル級の山岳に生息する絶滅危惧種の毛に覆われた牛の乳から摂取する。食事はチャパティーに少量の野菜カレーなど、質素なものがほとんどだ。それでも、ご夫婦や村の人々は、優しく、大らかで、それでいて強い。その強さの根源は、権力やお金、社会の地位などで得た二次的な強さではなく、動物として生き抜く野生の強さだ。そこには、人間がただの動物であるというリアリティーがあった。死と隣り合わせで野生動物のように生きる毎日は、自身の奥底に眠るひり付くような感覚を呼び起こさせ、なぜかワクワクした。そして、そこでしばらく過ごすうちに「俺、高級で美味しい料理を食べたり、快適すぎる生活をしなくても、このくらいで充分かもしれない」と感じるようになった。勿論、価値観はドラマや映画のように一気に変わることはない。貧乏旅をしながら、似たような経験を繰り返すうちに、徐々に、質素に倹約しながら生きるという行為が体に染み込んでいった。

そして、道のりが険しい風変わりな場所に行くと、そこには必ず、荷物の少ない「風の旅人」がいた。何十年も世界を放浪し続けている「風の旅人」は、意外にも、高学歴の読書家や、かつてはバリバリと働いていたエリートが多かった。その人達もまた、自国の社会にあきれ、自由な生き方を選択していた。彼らはヒップスターのようにコミュニティーを作ることを嫌い、旅をしながら世界を点々としていた。お金の稼ぎ方は人それぞれだが、料理人が一番自由そうに見えた。

そんな、質素倹約しながら大自然と共に生きる人や、「風の旅人」のような、何よりも自由を愛する人の影響を受け、自身の意識が少しずつ変化すると、テレビとの唯一の繋がりである「世界一周花嫁探しの旅」に固執している自分が、段々と馬鹿らしく滑稽に思えてくる。戻るべき場所を確保しながら旅をするなんて覚悟が足りない。そんな旅をしていたら尊敬すべき人間にはなれない。自分を本気で変えるなら、一度、全てを破壊しなければならない。そう思うようになった。

そして、同時並行的に、自分の体に巻き付き食い込んだ荊棘のような窮屈な日本社会のことを考えることが段々と面倒臭くなっていく。この辺りから、徐々に旅の魅力に取り憑かれていったと思う。旅は純粋に、ただただ、楽しかった。見たことのない刺激的な世界、全く違う価値観で生きる異国人、地球を感じる美しい大自然、時折出会う命の危険。無邪気に旅する奇人は、まるで晩ごはんの時間になって、お母さんが何度声をかけても帰ってこない子供のように、旅での遊びを追求した。そうした無邪気な時間を過ごしているうちに、元妻への「怒り」は少しずつ消えていき、やがて、完全に消え去った。そして、怒りの炎が燃え去った後の灰を手のひらで握りしめ、指の間からすり抜けさせると、そこには元妻への感謝の香りが立ち込めていた。それはとても優しく穏やかな匂いだった。そして、旅を始めて2年と11ヶ月後、ずいぶんと時間がかかったが、「世界一周花嫁探しの旅」の最終回の記事を書き終えた。最後の文章が世の中に公開されると、様々な重荷から逃れ、心が軽やかになった。その時、「世界一周花嫁探しの旅」が、背負ってきたどんな荷物より重かったのだと改めて痛感した。その後、リミッターが外れたごとく、心の自由度はさらに加速し、自身で制御が出来なくなっていく。それが、アフリカ縦断の旅だ。やがて、今回の旅で最も危険な国ソマリランドに入国をすることを選択する。きっと今までの俺なら、情報収集の結果を冷静に分析し「危険を犯すメリットが少ないから行かない」という結論に至っていたに違いない。しかし、これまで真摯に学び続けてきた旅への自信と、日本社会よりも自分の旅を選んだこと、つまり「世界一周花嫁探しの旅」の連載をやめ、戻れる場所を捨てた覚悟が、自分の内面にある何かを変えたのだろう。知らない場所を自分の目で見たい、人々が生活する匂いを嗅ぎたい、そこにあるものを己の手で触ってみたい。そんな心の奥底に潜む欲望に耳を傾け、それらを優先させた結果が危険な旅へ導いたと思う。天秤にかけられた勇気の重量が増えた分、無謀への重みも増えたとも言える。

ソマリランドの首都ハルゲイサで見つけた様々な物は、自身の知的好奇心に充分な満足を与えた。異世界のような美しい街並み、別次元の価値観で生きている人々、それらを直に感じた時、スリルや楽しさは絶頂に達し、脳内から快楽物質がドバドバと出るのを感じた。それはセックスで絶頂に達したような快楽にも近かった。

しかし、ソマリランド出国をきっかけに、旅が面白くなくなっていく。常に新しい刺激を求め、旅を続けるが、あんなに追い込まれる経験はできない。アフリカの大草原で、象やキリン、ライオンを見ても感動すらしなかった。安全な車の窓から野生動物を見るくらいでは生ぬるくてつまらない。ナミビアで張ったテントで寝ている時、夜中にピューマか何かの肉食動物が、俺の寝ているテントの周りをウロウロとしたのだが、それでも刺激は足りなかった。まるで、薬物中毒者のように新しい刺激を求め、アフリカ大陸をふらふらと放浪する姿は「旅ジャンキー」のように見えていたに違いない。

ところが、エジプトを出発し、9ヶ月ほどかけたアフリカ縦断のゴール地点である南アフリカ共和国に到着した時、自身に芽生えた「ある異変」に気づくことになる。

それは、南アフリカの首都ケープタウンの宿に滞在していた時のことである。ケープタウンに到着した初日、ここは、今まで旅してきたどの街よりも危険だと感じた。昼間、一人で歩いていると、見知らぬ誰かが後を付けて来て、恐怖を感じさせないように尾行し、一人になった時に襲おうとしているのを勘づいた。そのやり方に、どこか薄気味悪さを感じた。これまで、拳銃やナイフを持つ悪い奴がいた国はいくつもあったが、その手口は何となく予想が付き、注意をしていれば、未然に防ぐことが出来た。一方、この街にいる人は、きちんとした教育を受けていて頭が良い。白人文化も発達していて、街並みだけ見れば、ヨーロッパ諸国とそんなに変わらない。だからこそ、自分では手に負えない犯罪に巻き込まれてしまう可能性を感じた。おそらく、俺が感じた恐怖は「知性ある悪」だと思う。そんな場所だから、宿泊していたバックパッカー宿の入り口には、牢屋のような鉄格子があり、外部からの侵入者を防いでいた。日が落ち、暗くなると危険度が増すため、宿のスタッフは宿泊客に対し「外出しないように」とアドバイスをした。その代わり、宿の中にバーがあり、夜の12時まで飲むことが出来る。宿の共用スペースでは、毎晩のように爆音の音楽が流れるパーティーが開かれていた。宿泊客はヨーロピアンが多く、長期バックパッカーというより、短期バックパッカー、もしくは、若い旅行者が多かった。俺は、昼間は南アフリカの街を観光し、夜はそのバーで旅人と酒を飲み、宿のスタッフと仲良くなった。スタッフはその宿に住む長期滞在者で、世界中から集まったアーティスト達だ。皆、作品作りをしながら、スタッフとして働いていた。

ところが、その宿に2週間くらい滞在したあたりで、宿のスタッフもまた狂っていることに気づく。バーテンダーとして働く、アムステルダム出身の20歳の金髪と緑色の瞳が綺麗な女の子は、一晩に数回は裸になり、透き通るような白い肌とピンク色の乳房を晒す。そして、旅で浮かれたヨーロッパの若い女の子にも脱ぐように促す。一晩に数人の女性がそのノリに合わせ、上半身をはだけ乳房を晒した。スタッフの陽気な男性がパーティーのノリで酒を飲ませると、別の部屋には、マリファナ、コカイン、MDMA、LSDなどが用意されている。そして、スタッフだから大丈夫だろうという安心感を抱いた宿泊客の女性たちは、そこで様々な薬物をやり、いとも簡単にセックスへと持ち込まれてしまうのだ。そして、夜の12時にバーが閉まると、スタッフと薬物でキマった人たち、元々何かが狂っているイカれた人たちで外出し、危険な夜の繁華街にあるクラブに踊りに行った。

「旅ジャンキー」になってしまった俺は、危険と刺激を求め、ビール3杯分、南アフリカ10ドル札を握りしめ、彼らと一緒に夜の街に繰り出した。南アフリカのクラブは、天井が高く、アフリカンヒップホップやブラックミュージックが流れる大箱だった。店内は、音楽とダンスが大好きな人々で大盛況だ。黒人たちのダンスは、東洋人とは違う独特のリズムがある。男女ともに美しいステップを踏みながら、分厚い上半身と下半身が連動しているような滑らかな曲線を描き、野生動物のように踊る。クラブは入場時に厳しい持ち物検査があるので入店さえしてしまえば安全に遊べた。宿の仲間でしばらく踊ると、自由人たちは各自バラバラになり、最終的に、一人で宿に戻ることになった。しかし、宿に戻る夜道は予想通り危険で、強盗に襲われた。ナイフのようなものを突きつけられ、金を出すよう脅される。

「いいよ。ポケットに入っている金を持っていって」

と言い、ビールを飲んだ後に残ったお金、数百円を渡した。彼らに解放された後、宿への道を進むと、数分後には違う強盗数人に路地裏に引っ張りこまれ金を要求された。

「ごめん、他の人に全額持っていかれちゃった」

と冗談めいて言うと、「しょうがないな」と薄気味悪く笑い、いとも簡単に解放された。宿の入り口付近でも数人に脅された。彼らは合理的なので、お金がないとそれ以上のことをしなかった。俺が、自らの「異変」を感じたのが、この辺りだ。知らず知らずのうちに、命を失うような犯罪をスリルとして楽しんでいたのだ。純粋な知的欲求から得られる快楽は、剝き出しで野蛮な「欲望の塊」というバケモノに変貌しつつあった。それから毎日のように夜の街に繰り出すようになると「今日はどんな奴に襲われるんだろう」とワクワクし、強盗の手口を知ることで、この国の犯罪者から醸し出される「知性ある悪」を理解しようとした。両手をあげ、数百円を取られながら、「こいつ、実は拳銃持ってないな」とか「ナイフはちらりと見せるだけか」とか興味深く犯行の手口を観察した。知らないことを知りたいという渇望は、命懸けでしか手に入れられない、より希少性の高い情報を得るための行動を選択させた。しかし、翌朝、酒が抜け冷静になると、「昨夜の俺はなんであんな行動をしたんだ」「多分、このまま危険と刺激を求め続けると、俺はいつか死ぬ」と後悔をする。そして夜になると、新たな刺激を求め街に繰り出してしまう。そんな日々が続いた。やがて、特にきっかけがあった訳ではないのだが、「これ以上ここにいるのは危険だ」「そろそろ旅をやめないと俺はダメになる」と思うようになる。おそらく、動物としての危険察知能力が本能にアラートを鳴らしていたのだろう。俺は急いで荷物をまとめ、逃げるようにアフリカ大陸を去り、南米大陸のペルーへと飛んだ。インカ帝国の首都クスコにある安宿に到着をすると、金も残り少ないので、これ以上移動をすることをあきらめ、沈没した。旅宿で出会う人たちとシェア飯を作り、虚無な状態でダラダラと怠惰な生活を過ごす。

「ごっつさん、一緒に旅しましょうよ」

何度か可愛い女の子に誘われた。しかし、

「一緒に行きたいけど、まだこの宿でダラダラしたいから、気分が向いたら追いかけるね」

と、やんわりと断った。この頃、何もかもが面倒臭くなっていた。移動するのも面倒臭い。好奇心は摩耗し、求めるのは刺激だけだ。アフリカ大陸縦断を終え、高校バスケの最後の大会を終えた直後のような燃え尽き症候群になっていた。多分、どこかで旅をやめる決断をしなければならない。そのキッカケが欲しかった。そして、「旅の終わり方」がとても重要だということは理解していた。藤子不二雄Ⓐ先生の『笑うセールスマン』に登場する喪黒福造のような「旅の番人」が現れ、「ドーン！」という言葉と共に、旅の終わりを告げられ、元の世界に戻ることが出来れば楽だと思った。


俺は、旅で出会ったある女性に「一緒に旅をしませんか」と誘った。

「旅の幕引きをしたいので、どうか一緒に旅をして欲しい」とお願いをした。

その女性は、「世界一周花嫁探しの旅」をやめた後に出会った、この旅で一番好きになった人だ。優しい彼女は、その申し出を快く受け入れてくれ、数日間、一緒に旅をした。

しかし、以前出会った時よりも、より強烈な奇人に変貌し、何かがおかしくなってしまった俺を、彼女は、清く正しく確かな目で冷静に見ていた。困惑した彼女の表情がそのことを物語っていた。その人は、正確な時間に起床し、時間をかけきっちりと歯磨きする「まともな人間」だった。だからこそ自身に宿った「社会とのズレ」を感じることが出来た。その女性との旅は、最後の旅に相応しく、ソマリランドや南アフリカの繁華街などよりも、危険で、刺激的で、甘い匂いがした。そして、何より楽しかった。

最終日の夜、「あなたが世界で一番素敵な女性だと思う」と告白し、そして、フラれた。

「世界一周花嫁探しの旅」をやめ、自由な旅をした結果、自分がどんな姿になっているかわからなくなった。刺激だけを求める化け物のような存在になっているのではという恐怖に怯えていた。しかし、彼女との旅を通して映し出された自分は、年老いても必死に生き残ろうとするただの野生のおじさんだった。別の見方をすれば、青春時代のように純粋に恋を求める幸せそうな中年男だった。少し哀れで痛々しい、普通のおっさんだった。自分の殻を破るため、脱いで脱いで脱いだ結果、恋に落ちてしまった全裸のおっさんが、大自然の草原の上で幸せそうにニコニコと笑っていた。

そろそろ、日本に帰って、服を着るタイミングが来たようだ。

無駄なものが削ぎ落とされた体型に合わせ、社会に似合う服を着よう。

そして、働こう。しかも、イイ感じで。

時間をかけてキチンと歯磨きが出来る「まともな人間」になるために。
彼女のおかげで、旅をやめる決断ができた。
こうして、3年7ヶ月かけた「世界一周花嫁探しの旅」が終わった。

おわり

あとがき

本作品に登場していただいた世界中の方々、そして、初心者の私に一から旅を教えてくださった諸先輩方、一緒に旅をしてくださった方々に心から感謝申し上げます。また、「世界一周花嫁探しの旅」の連載を担当していただいた、学生時代からの友人である週刊SPA元副編集長の田辺様、元編集長の金泉様にも感謝を申し上げます。お二人は連載で悩んでいた私を察し、モロッコまで来て頂き、一緒に旅をしながら話を聞いて下さいました。そして、本作品を編集していただいた産業編集センターの及川様にも、心より感謝を申し上げます。

今回、世界一周の旅と同様に、人生初めての本を書くという旅に出ました。それは思っていた以上に大変で、苦しかったですが、とても刺激的でワクワクする経験でした。おかげで、もう一回世界一周の旅を楽しむことができました。

読者の皆様には、短い人生の貴重な時間を割いていただき、心から感謝申し上げます。

後藤隆一郎

本書は、ウェブサイト「日刊 SPA!」(扶桑社) で連載された
「バツイチおじさんが挑む世界一周花嫁探しの旅」に大幅に加筆・修正を施し
再編集したものです。第2部は書き下ろしとなります。

後藤隆一郎（ごとう・りゅういちろう）

1969年大分県生まれ。『スラムダンク』全盛期の少し前、高校時代はバスケに明け暮れた。明治大学卒業後、IVSテレビ制作(株)のADとして日本テレビ「天才たけしの元気が出るテレビ！」の制作に参加。続いて「ザ！鉄腕！DASH!!」(日本テレビ)の立ち上げメンバーとなり、その後フリーのディレクターとして「ザ！世界仰天ニュース」(日本テレビ)「トリビアの泉」（フジテレビ）をチーフディレクターとして制作。2008年に映像制作会社「株式会社イマジネーション」を創設し、「マツケンサンバⅡ」のブレーン、「学べる‼ニュースショー！」（テレビ朝日）「政治家と話そう」（Google）など数々の作品を総合演出やCM監督として手掛ける。離婚をきっかけにディレクターを休業し、世界一周に挑戦。その様子を「日刊SPA！」にて連載し人気を博した。現在は、映像制作だけでなく、YouTuber、ラジオ出演など、出演者としても多岐に渡り活動中。

わたしの旅ブックス

047

花嫁を探しに、世界一周の旅に出た

2023年8月25日第1刷発行

著者――――――後藤隆一郎

デザイン――――松田行正＋杉本聖士（マツダオフィス）

DTP　―――――金崎仁美（産業編集センター）

編集――――――及川健智（産業編集センター）

発行所―――――株式会社産業編集センター
〒112-0011
東京都文京区千石4-39-17
TEL 03-5395-6133　FAX 03-5395-5320
https://www.shc.co.jp/book

印刷・製本 ―――株式会社シナノパブリッシングプレス

ISBN978-4-86311-377-0 C0026